年 号 索 引

承安 1171－1175
承応 1652－1655
承久 1219－1222
承元 1207－1211
承徳 1097－1099
承平 931－938
承保 1074－1077
承暦 1077－1081
承和 834－848
貞永 1232－1233
貞応 1222－1224
貞観 859－877
貞享 1684－1688
貞元 976－978
貞治 1362－1368
貞和 1345－1350
神亀 724－729
神護景雲 767－770

せ

正→しょう
斉→さい

た

大永 1521－1528
大化 645－650
大治 1126－1131
大正 1912－1926
大同 806－810
大宝 701－704

ち

治安 1021－1024
治承 1177－1181
治暦 1065－1069
長寛 1163－1165
長久 1040－1044
長享 1487－1489
長元 1028－1037
長治 1104－1106
長承 1132－1135
長徳 995－999
長保 999－1004
長暦 1037－1040
長禄 1457－1460
長和 1012－1017

て

貞→じょう
天安 857－859
天永 1110－1113
天延 973－976
天応 781－782
天喜 1053－1058
天慶 938－947
天元 978－983
天治 1124－1126
天授 1375－1381
天正 1573－1592
天承 1131－1132
天長 824－834
天徳 957－961
天和 1681－1684
天仁 1108－1110
天平 729－749
天平感宝 749
天平勝宝 749－757
天平神護 765－767
天平宝字 757－765
天福 1233－1234
天文 1532－1555
天保 1830－1844
天明 1781－1789
天養 1144－1145
天暦 947－957
天禄 970－973

と

徳治

に

仁安 1166－1169
仁治 1240－1243
仁寿 851－854
仁和 885－889
仁平 1151－1154

は

白雉 650－654

ふ

文安 1444－1449
文永 1264－1275
文応 1260－1261
文化 1804－1818
文亀 1501－1504
文久 1861－1864
文治 1185－1190
文正 1466－1467
文政 1818－1830
文中 1372－1375
文和 1352－1356
文保 1317－1319
文明 1469－1487
文暦 1234－1235
文禄 1592－1596

へ

平治 1159－1160
平成 1989－

ほ

保安 1120－1124
保延 1135－1141
保元 1156－1159

宝暦 1751－1764

ま

万延 1860－1861
万治 1658－1661
万寿 1024－1028

め

明応 1492－1501
明治 1868－1912
明徳 1390－1394
明暦 1655－1658
明和 1764－1772

も

文→ぶん

よ

養老 717－724
養和 1181－1182

り

暦応 1338－1342
暦仁 1238－1239

れ

霊亀 715－717
歴→りゃく

わ

和銅 708－715

奈良古社寺辞典

二〇〇九年（平成二十一）十月十日　第一刷発行
二〇二一年（令和　三　）四月一日　第四刷発行

編　者　吉川弘文館編集部
発行者　吉　川　道　郎
発行所　株式会社　吉川弘文館
郵便番号一一三―〇〇三三
東京都文京区本郷七丁目二番八号
電話〇三―三八一三―九一五一〈代表〉
振替口座〇〇一〇〇―五―二四四番
http://www.yoshikawa-k.co.jp/
印刷＝株式会社　東京印書館
製本＝誠製本株式会社
装幀＝清水良洋・黒瀬章夫

ISBN978-4-642-08026-2

索　　　引

＊配列は，読みの五十音順とした．
＊項目名は太字であらわし，本見出しは先頭に「・」を付した．
＊項目のページを太字であらわし，先頭においた．
＊ａｂは，それぞれ上段・下段をあらわす．

あ

い

き

さ

す

せ

そ

た

な

に

ぬ

ね

は

ひ

ふ

へ

ほ

ま

み

む

付　　録

1　奈良年中行事一覧
2　奈良史跡一覧
3　奈良国宝一覧
4　奈良文化財公開施設一覧
5　奈良略年表
6　平城京復元図
7　正倉院とその宝物
8　仏像の部分名称
9　建築様式
10　伽藍配置復原図

付録1　奈良年中行事一覧

日	行　　事
1　月	
1	大神神社繞道祭
1	春日大社元日神事
1	長谷寺天下泰平祈願開帳法要
1- 3	法隆寺舎利講
1- 3	薬師寺修正会
1- 7	長谷寺修正会
1- 7	長谷寺仁王会
1- 8•15 旧	大安寺羅漢供
1-15	薬師寺国宝吉祥天女画像特別公開
2(または 4)	とびひき
5	五 日 戎
7	東大寺修正会
8-10	長谷寺仏名会
8-14	法隆寺金堂修正会
11 旧	長谷寺滝蔵三社権現祭礼
12 旧	法隆寺夢殿お水取り
14	陀々堂の鬼はしり◎
14	吉祥草寺左義長(茅原のとんど○)
15 旧	石上神宮御田植神事
15	西大寺大茶盛
15	長谷寺大般若会
16	白毫寺えんまもうで
16-18	法隆寺上宮王院修正会
16-18	法隆寺夢殿修正会
16-21 旧	大安寺修正会
19	観音寺行い荒れ
23	大安寺光仁会
25	篠原踊○•惣谷狂言
26	法隆寺金堂壁画焼損自粛法要

日	行　　事
初卯 旧	大神神社御田植祭
成人式前日	若草山山焼き
当月中 旧	興福寺心経会
2　月	
1 旧	金峯山寺花会式
1- 3	法隆寺西円堂修二会
1- 7 旧	薬師寺修二会
1- 7 旧	興福寺修二会
1-14 旧	東大寺修二会
3	金峯山寺節分会・鬼火
3	薬師寺節分会
5 旧	興福寺三蔵会
5	法隆寺三蔵会
6	大神神社御田植祭
8	春　　事
8-14	長谷寺修二会
11	広瀬神社砂掛祭
13	花 鎮 講
14 旧	興福寺報恩会
14	長谷寺だだおし
15 旧	興福寺常楽会
15 旧	談山神社涅槃会
15	長谷寺常楽会
15	法隆寺涅槃会
16 旧	興福寺法華会
26	長谷寺滝蔵三社権現祭礼
上申 旧	春 日 祭
上酉 旧	率 川 祭
節分	春日大社万燈籠
節分	興福寺鬼追い
第一日曜	飛鳥坐神社おんだ祭
上旬-3月中旬	鹿 寄 せ
当月中 旧	鳴雷神祭

日	行　　事
3　月	
1-15	東大寺修二会
7-13 旧	薬師寺最勝会
11-4月15日 (この間3日間) 旧	東大寺受戒
13	春 日 祭
14	長谷寺遺経会
15	春日大社御田植祭
15	東大寺二月堂達陀帽
15	徳融寺涅槃会
15	長谷寺常楽会
16(以降4日間) 旧	東大寺法華会
18 旧	大神神社鎮花祭
21	長谷寺正御影供
22-24	法隆寺お会式
23 旧	薬師寺万燈会
25•26	安倍文殊院文殊お会式
28	薬師寺お身ぬぐい
30-4月5日	薬師寺修二会
春分	菅原天満宮筆祭り
春分	長谷寺彼岸会
第三土曜-6月 第三日曜	若草山春の開山
第四土•日曜	大神神社講社崇敬会大祭
中旬の10日間 旧	長谷寺千部経法会
下旬-4月上旬	法華寺国宝十一面観音立像特別開扉
月末	源九郎稲荷神社白狐渡御祭
4　月	
1	大和神社チャンチャン祭

日	行　　事
1- 7	法華寺雛会式
2-10	長谷寺千部経法会
3	橿原神宮神武天皇祭
3	龍田大社滝祭
6• 7 旧	大安寺大般若会
8	飛鳥寺花会式
8	興福寺仏生会
8	新薬師寺おたいまつ
8	東大寺伎楽会
8	法隆寺仏生会
8	薬師寺仏生会
8	八 日 花
8-10	大 神 祭
11•12	金峯山寺花会式
11-5月18日	法隆寺夢殿救世観音特別開扉
15-7月15日 旧	東大寺夏安居
17	興福寺放生会
18	大神神社鎮花祭
19	林神社饅頭祭
23	岳 登 り
25	興福寺文殊会
29	談山神社春の蹴鞠祭
29	阪 本 踊◯
上申 旧	当 麻 祭
中卯 旧	石上神宮卯祭神事
第一日曜	源龍寺吉野川ながし雛
第二土•日曜	西大寺大茶盛
第二日曜	談山神社神幸祭
下旬-5月初旬	興福寺北円堂特別開扉
5　月	
1- 5	鉦 念 仏
2 旧	東大寺御斎会
2	東大寺聖武天皇祭
3	大峰山寺大峰山戸開式
3	久米寺練供養

日	行　　事
3- 7 旧	長谷寺仁王会
4	薬師寺最勝会
4	人麿神社すすつけ祭
5	野神祭(大和の野神行事○)
5	薬師寺玄奘三蔵会大祭
5	薬師寺万燈会
11・12	興福寺薪御能
14	当麻寺聖衆来迎練供養会式
14	当麻寺二十五菩薩来迎会○
16-8月15日	法隆寺夏安居
19	唐招提寺梵網会
28 旧	石上神宮舎利講
28	不退寺業平忌
31	長谷寺聖憲尊師御恩法要
末日-6月上旬	唐招提寺鑑真和上坐像・御影堂障壁画全面特別開扉

6　月

日	行　　事
5・ 6	唐招提寺開山忌
5-11 旧	長谷寺報恩講
6	秋篠寺大元帥明王像特別開扉
7・ 8	龍泉寺三宝院門跡花供入峰
14 旧	東大寺万華会
17	大神神社三枝祭
18 旧	長谷寺蓮華会
20・21 旧	興福寺檏揚講
23 旧	東大寺千花会
23	大安寺竹供養
25	菅原天満宮菅原道真誕生祭
28 旧	東大寺解除会
30	石上神宮神剣渡御祭
初旬-上旬	法華寺国宝十一面観音立像特別開扉

7　月

日	行　　事
3	信貴山朝護孫子寺毘沙門天王御出現大祭
5	東大寺俊乗忌
7 旧	石上神宮七夕神事
7	金峯山寺蓮華会
7	金峯山寺蛙飛び
7	興福寺弁才天供
14(盆月)	刺　　鯖
14	マンドロ
15	東大寺伎楽会
16	白毫寺えんまもうで
16・17	天河大弁財天社例大祭
17	小房観音十七夜
19 旧	東大寺梵網会
22・23	当麻寺中将姫蓮華法要
24-9月4日	興福寺長講会
28	東大寺解除会
30・31	大神神社御祓祭
第一日曜	龍田大社風鎮大祭

8　月

日	行　　事
2・ 3	行者まつり
5-14	なら燈花会
7	東大寺大仏様お身ぬぐい
13-15	十津川の大踊◎
13-15	薬師寺盂蘭盆会
14・15	春日大社万燈籠
15	高円山大文字送り火
15	東大寺万燈供養会
15	ほうらんや火祭
15	阪 本 踊○

日	行　　事
17 旧	元 服 祭
17	太鼓踊り
21	広瀬神社大忌祭
23	阪 本 踊○
23・24	元興寺地蔵会式
23・24	矢田寺地蔵会式
9　月	
1	吉田寺放生会
3 旧	東大寺手搔会
3-12月19日	融通念仏宗御回在
6 旧	長谷寺伝法会竪義
23	大峰山寺大峰山戸閉式
31-10月6日	興福寺法華会
秋分	長谷寺彼岸会
第二土曜-11月第四日曜	若草山秋の開山
第四土・日曜	大神神社講社崇敬会大祭
仲秋の名月	采 女 祭
仲秋の名月	唐招提寺観月会
仲秋の名月	万葉の明日香路に月を観る会
10　月	
3- 5	西大寺光明真言土砂加持大法会
5	東大寺手搔会
5	東大寺勧進所八幡殿国宝僧形八幡神坐像特別公開
8	奈良豆比古神社の翁舞◎
8	薬師寺天武忌
8	薬師寺万燈会
8-11月10日	薬師寺国宝吉祥天女画像特別公開
10-16 旧	興福寺維摩会

日	行　　事
10-16 旧	談山神社維摩八講
12	題 目 立◎
15	石上神社ふる祭
18 旧	東大寺竜樹供
22-11月22日	法隆寺夢殿救世観音特別公開
23-25	大 神 祭
24	玉置神社秋季大祭
25-11月 9日	興福寺北円堂特別開扉
25-11月 9日	法華寺国宝十一面観音特別開扉
第二日曜	西大寺大茶盛
第二日曜	談山神社嘉吉祭
第三日曜	宇太水分神社秋祭
上旬	長谷寺伝法大会
初旬-中旬	長谷寺伝法灌頂
下旬から2週間	信貴山朝護孫子寺国宝信貴山縁起絵巻特別出陳
下旬-11月上旬	奈良国立博物館正倉院展
当月中	春日大社鹿の角伐り
当月中	神 発 ち
当月中	長谷寺伝法会竪義
11　月	
3	春日大社舞楽演奏会
3	談山神社秋の蹴鞠祭
13	興福寺慈恩会
13	法隆寺慈恩会
13	薬師寺慈恩会
14 旧	東大寺千燈会
14	大神神社酒まつり
15	徳融寺十夜会
16 旧	東大寺華厳講
17	談山神社談山祭
22	石上神宮鎮魂祭
27 旧	春日若宮おん祭(春日若宮おん祭の神事芸能◎)

日	行　　事
上申 旧	春 日 祭
上申 旧	当 麻 祭
上酉 旧	率 川 祭
中卯 旧	石上神宮卯祭神事
当月中 旧	鳴雷神祭
12　月	
1	アカラガシラ
1	乙子朔日
5-11 旧	長谷寺報恩講
8	法隆寺お身ぬぐい
8(以降7日間)	興福寺方広会
11 旧	興福寺淄洲会
11	長谷寺陀羅尼会
12	長谷寺御仏事
14	東大寺仏名会
15	唐招提寺お身ぬぐい
16	東大寺方広会
16	東大寺開山堂良弁忌
16	東大寺法華堂国宝執金剛神立像特別公開
16	東大寺俊乗堂重源上人坐像特別公開
17	春日若宮おん祭(春日若宮おん祭の神事芸能◎)
23	ダイジョウゴ
29	薬師寺お身ぬぐい
30-1月3日	ホ タ 祭
31	福丸呼び
31-1月3日	唐招提寺修正会
31(または1月14日)	夜寝ん講
毎　月	
1	東大寺八幡殿講問
1・11・12	春日大社旬祭
2	東大寺天皇殿講問
5	東大寺念仏堂俊乗忌読経
5	長谷寺派祖専誉僧正回向
6	東大寺鑑真講式
12	東大寺公慶忌講問
12	長谷寺中興祖覚鑁上人回向
14・29 旧	東大寺大乗布薩
15	東大寺華厳経読経
15・30 旧	東大寺小乗布薩
16	東大寺良弁忌講問
17	東大寺観音講式
18	東大寺二月堂講問
18	東大寺観音縁日会
21	長谷寺弘法大師御影供

◎　重要無形民俗文化財　　○　選択無形民俗文化財

改暦前に行われていた行事や，現在も旧暦をもって行われている行事には，日付の後に「旧」を付した．

付録2　奈良史跡一覧

文化財種類	名　　　称	所　在　地
特別史跡	平城宮跡	奈良市佐紀町・北新町・法華寺町
特別史跡・特別名勝	平城京左京三条二坊宮跡庭園	奈良市三条大路
史　跡	正長元年柳生徳政碑	奈良市柳生町
史　跡	石のカラト古墳	奈良市神功・京都府木津川市兜台
史　跡	歌姫瓦窯跡	奈良市歌姫町・京都府木津川市
史　跡	塩塚古墳	奈良市歌姫町・佐紀町
史　跡	瓢箪山古墳	奈良市佐紀町
史　跡	北山十八間戸	奈良市川上町
史　跡	西大寺境内	奈良市西大寺町
史　跡	法華寺旧境内　法華寺境内　阿弥陀浄土院跡	奈良市法華寺町
史　跡	鶯塚古墳	奈良市春日野町
史　跡	東大寺旧境内	奈良市手貝町・雑司町
史　跡	東大寺東南院旧境内	奈良市雑司町
史　跡	平城京朱雀大路跡	奈良市二条大路南・三条大路
史　跡	興福寺旧境内	奈良市高畑町・登大路町
史　跡	春日大社境内	奈良市春日野町
史　跡	元興寺極楽坊境内	奈良市中院町・中新屋町・芝突抜町・鵲町
史　跡	元興寺塔跡	奈良市芝新屋町
史　跡	元興寺小塔院跡	奈良市西新屋町
史　跡	頭　　塔	奈良市高畑町
史　跡	春日山石窟仏	奈良市高畑町
史　跡	地獄谷石窟仏	奈良市高畑町
史　跡	唐招提寺旧境内	奈良市五条町・尼辻町
史　跡	薬師寺旧境内	奈良市西ノ京町
史　跡	大安寺旧境内附石橋瓦窯跡	奈良市大安寺・東九条町・京都府綴喜郡井手町
史　跡	太安萬侶墓	奈良市此瀬町
史　跡	小治田安萬侶墓	奈良市都祁甲岡

文化財種類	名　　称	所　在　地
史跡・名勝	慈光院庭園	大和郡山市小泉町
史　跡	額田部窯跡	大和郡山市額田部北町
史　跡	赤土山古墳	天理市櫟本町
史　跡	西山古墳	天理市杣之内町・勾田町
史　跡	黒塚古墳	天理市柳本町
史　跡	櫛山古墳	天理市柳本町
特別史跡	藤原宮跡	橿原市高殿町・醍醐町・縄手町・木之本町
特別史跡	本薬師寺跡	橿原市城殿町
史　跡	藤原京朱雀大路跡	橿原市別所町・上飛騨町
史　跡	新沢千塚古墳群	橿原市鳥屋町・北越智町・川西町
史　跡	植山古墳	橿原市五条野町
史　跡	丸山古墳	橿原市五条野町・大軽町
史　跡	菖蒲池古墳	橿原市五条野町
特別史跡	文殊院西古墳	桜井市阿部
特別史跡	山田寺跡	桜井市山田
史　跡	珠城山古墳	桜井市穴師
史　跡	纒向古墳群	桜井市
史　跡	茅原大墓古墳	桜井市茅原
史　跡	大神神社境内	桜井市三輪・三輪元馬場方
史　跡	桜井茶臼山古墳	桜井市外山
史　跡	花山塚古墳	桜井市粟原
史　跡	吉備池廃寺跡	桜井市吉備
史　跡	艸墓古墳	桜井市谷
史　跡	安倍寺跡	桜井市阿部
史　跡	天王山古墳	桜井市倉橋
史　跡	メスリ山古墳	桜井市高田・上之宮
史　跡	粟原寺跡	桜井市粟原
史　跡	藤原武智麿墓	五條市小島町
史　跡	宇智川磨崖碑	五條市小島町
史　跡	栄山寺行宮跡	五條市小島町
史　跡	大峯奥駈道	五條市大塔町・吉野郡吉野町・黒滝村・天川村・十津川村・下北山村・上北山村・川上村・和歌山県田辺市本宮町・新宮市熊野川町

文化財種類	名　　称	所　在　地
史　跡	宮山古墳	御所市室
史　跡	巨勢山古墳群	御所市室・城山台・西寺田・條・多田・朝町
史　跡	巨勢寺塔跡	御所市古瀬
史　跡	金　剛　山	御所市高天
史　跡	水泥古墳	御所市古瀬
史　跡	高宮廃寺跡	御所市鴨神
史　跡	行　基　墓	生駒市有里町
史　跡	尼寺廃寺跡	香芝市尼寺
史　跡	平野塚穴山古墳	葛城市平野
史跡・名勝	当麻寺中之坊庭園	葛城市当麻
史　跡	二塚古墳	葛城市新庄
史　跡	屋敷山古墳	葛城市新庄
史　跡	大野寺石仏	宇陀市室生区大野
史　跡	文禰麻呂墓	宇陀市榛原区八滝
史　跡	宇陀松山城跡	宇陀市大宇陀区春日・拾生・岩清水
史　跡	松山西口関門	宇陀市大宇陀区下茶・下本
史　跡	見田・大沢古墳群	宇陀市菟田野区見田・大沢
史　跡	森野旧薬園	宇陀市大宇陀区上新
史　跡	毛原廃寺跡	山辺郡山添村毛原
史　跡	烏土塚古墳	生駒郡平群町西宮
史　跡	三井瓦窯跡	生駒郡斑鳩町三井
史　跡	三　　井	生駒郡斑鳩町三井
史　跡	法起寺境内	生駒郡斑鳩町岡本
史　跡	中宮寺跡	生駒郡斑鳩町法隆寺北
史　跡	法隆寺旧境内	生駒郡斑鳩町法隆寺山内
史　跡	藤ノ木古墳	生駒郡斑鳩町法隆寺西
史　跡	島の山古墳	磯城郡川西町唐院
史　跡	唐古・鍵遺跡	磯城郡田原本町唐古・鍵
史　跡	市尾墓山古墳・宮塚古墳	高市郡高取町市尾
史　跡	高取城跡	高市郡高取町高取
特別史跡	石舞台古墳	高市郡明日香村島庄
特別史跡	高松塚古墳	高市郡明日香村平田
特別史跡	キトラ古墳	高市郡明日香村阿部山
史　跡	大官大寺跡	高市郡明日香村小山

文化財種類	名　　称	所 在 地
史　跡	飛鳥水落遺跡	高市郡明日香村飛鳥
史　跡	飛鳥寺跡	高市郡明日香村飛鳥
史　跡	飛鳥池工房遺跡	高市郡明日香村飛鳥
史　跡	酒船石遺跡	高市郡明日香村岡
史跡・名勝	飛鳥京跡苑池	高市郡明日香村岡
史　跡	伝飛鳥板蓋宮跡	高市郡明日香村岡
史　跡	岡 寺 跡	高市郡明日香村岡
史　跡	川原寺跡	高市郡明日香村川原
史　跡	橘寺境内	高市郡明日香村橘
史　跡	定林寺跡	高市郡明日香村立部
史　跡	飛鳥稲淵宮殿跡	高市郡明日香村稲淵
史　跡	牽牛子塚古墳	高市郡明日香村越
史　跡	岩屋山古墳	高市郡明日香村越
史　跡	マルコ山古墳	高市郡明日香村真弓
史　跡	中尾山古墳	高市郡明日香村平田
史　跡	檜隈寺跡	高市郡明日香村檜前
特別史跡	巣山古墳	北葛城郡広陵町三吉
史　跡	乙女山古墳	北葛城郡広陵町寺戸・河合町佐味田
史　跡	牧野古墳	北葛城郡広陵町馬見北
史　跡	大塚山古墳群(大塚山古墳・城山古墳・高山塚一号古墳・高山塚二号古墳・高山塚三号古墳・高山塚四号古墳・九僧塚古墳・丸山古墳)	北葛城郡河合町川合
史　跡	ナガレ山古墳	北葛城郡河合町佐味田
史　跡	佐味田宝塚古墳	北葛城郡河合町佐味田
史　跡	宮滝遺跡	吉野郡吉野町宮滝
史跡・名勝	吉 野 山	吉野郡吉野町
史　跡	比曾寺跡	吉野郡大淀町比曾
史　跡	大峰山寺境内	吉野郡天川村洞川

ご氏名《ふりがな》	年齢　　歳　男・女
〒□□□-□□□□ ご住所	電話
ご職業	所属学会等
ご購読新聞名	ご購読雑誌名

今後、吉川弘文館の「新刊案内」等をお送りいたします(年に数回を予定)。
ご承諾いただける方は右の□の中に✓をご記入ください。 □

注文書

月　　日

書　名	定　価	部　数
	円	部
	円	部
	円	部
	円	部
	円	部

配本は、○印を付けた方法にして下さい。

イ. 下記書店へ配本して下さい。
(直接書店にお渡し下さい)

(書店・取次帖合印)

書店様へ＝書店帖合印を捺印下さい。

ロ. 直接送本して下さい。
代金(書籍代＋送料･代引手数料)は、お届けの際に現品と引換えにお支払下さい。送料・代引手数料は、1回のお届けごとに500円です(いずれも税込)。

＊お急ぎのご注文には電話、FAXをご利用ください。
電話 03−3813−9151(代)
FAX 03−3812−3544

料金受取人払郵便

本郷局承認

4511

差出有効期間
2023年1月
31日まで

郵便はがき

113-8790

東京都文京区本郷7丁目2番8号

吉川弘文館 行

愛読者カード

本書をお買い上げいただきまして、まことにありがとうございました。このハガキを、小社へのご意見またはご注文にご利用下さい。

お買上**書名**

＊本書に関するご感想、ご批判をお聞かせ下さい。

＊出版を希望するテーマ・執筆者名をお聞かせ下さい。

お買上書店名　区市町　書店

◆新刊情報はホームページで　http://www.yoshikawa-k.co.jp/

◆ご注文、ご意見については　E-mail:sales@yoshikawa-k.co.jp

本の豊かな世界と知の広がりを伝える

吉川弘文館のPR誌

本郷

定期購読のおすすめ

『本郷』（年６冊発行）は、定期購読を申し込んで頂いた方にの直接郵送でお届けしております。この機会にぜひ定期のご購読をお願い申し上げます。ご希望の方は、何号からか購読開始の号数を明記のうえ、添付の振替用紙でお申し込み下さい。お知り合い・ご友人にも本誌のご購読をおすすめ頂ければ幸いです。ご連絡を頂き次第、見本誌をお送り致します。

●購読料●　（送料共・税込）

1年（6冊分）	1,000円	2年（12冊分）	2,000円
3年（18冊分）	2,800円	4年（24冊分）	3,600円

ご送金は４年分までとさせて頂きます。

※お客様のご都合で解約される場合は、ご返金いたしかねます。ご了承下さい。

見本誌送呈　見本誌を無料でお送り致します。ご希望の方は、はがきで営業部宛ご請求下さい。

吉川弘文館
〒113-0033 東京都文京区本郷7-2-8／電話03-3813-9151

吉川弘文館のホームページ http://www.yoshikawa-k.co.jp/

➡キリトリ線

振替払込請求書兼受領証

口座記号番号	00100＝5　244
通常払込料金加入者負担	
加入者名	株式会社　吉川弘文館
金額	※ 千　百　十　万　千　百　十　円
ご依頼人	おなまえ ※　様
料金	
備考	
日附印	

この受領証は、大切に保管してください。

記載事項を訂正した場合は、その箇所に訂正印を押してください。

切り取らないでお出しください。

払込取扱票

02　東京

口座記号番号	00100＝5　244
加入者名	株式会社　吉川弘文館
金額	※ 千　百　十　万　千　百　十　円
料金	
備考	
通常払込料金加入者負担	

◆「本郷」購読を希望します

購読開始　　号より

1年 1000円（6冊）　2年 2000円（12冊）　3年 2800円（18冊）　4年 3600円（24冊）

（ご希望の購読期間に○印をお付け下さい）

日附印

ご依頼人・通信欄

フリガナ ※
お名前

郵便番号 ※　電話

ご住所

※

〈この用紙で書籍代金ご入金のお客様へ〉
代金引換便、ネット通販ご購入後のご入金の重複が増えておりますので、ご注意ください。

裏面の注意事項をお読みください。（ゆうちょ銀行）（承認番号東第53889号）

これより下部には何も記入しないでください。

各票の※印欄は、ご依頼人において記載してください。

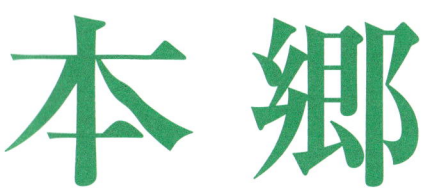

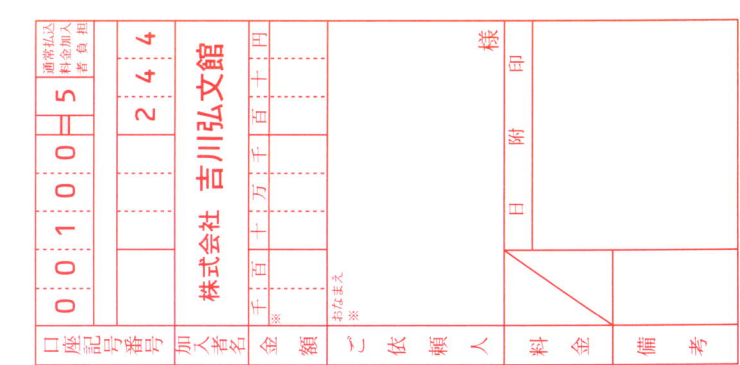

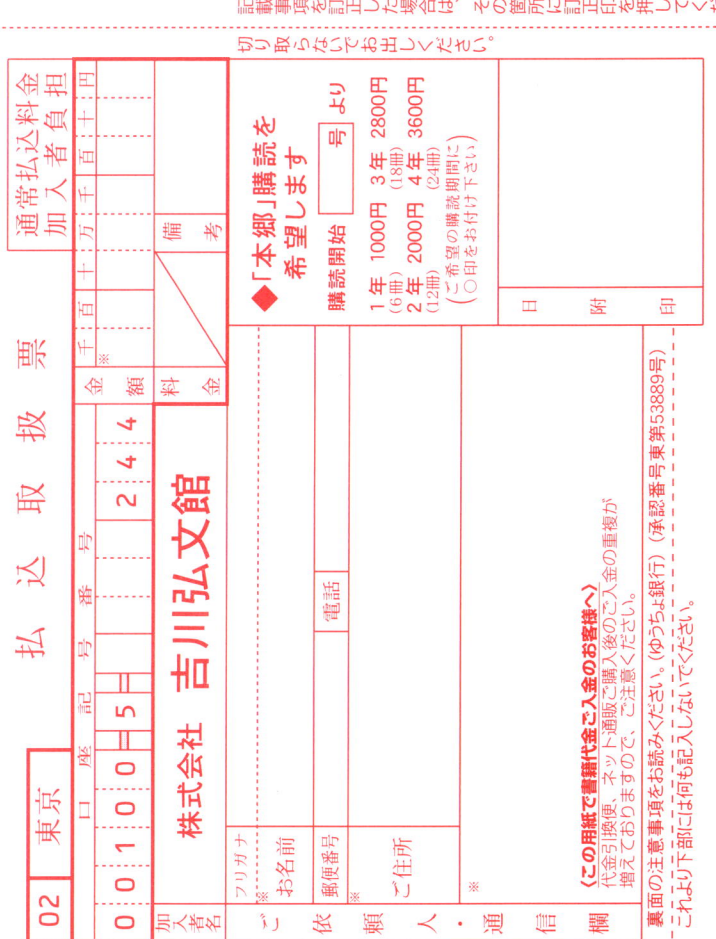

（ご注意）
・この用紙は、機械で処理しますので、金額を記入する際は、枠内にはっきりと記入してください。また、本票を汚したり、折り曲げたりしないでください。
・この用紙は、ゆうちょ銀行又は郵便局の払込機能付きＡＴＭでもご利用いただけます。
・この払込書を、ゆうちょ銀行又は郵便局の渉外員にお預けになるときは、引換えに預り証を必ずお受け取りください。
・ご依頼人様からご提出いただきました払込書に記載されたおところ、おなまえ等は、加入者様に通知されます。
・この受領証は、払込みの証拠となるものですから大切に保管してください。

収入印紙
課税相当額以上
貼　付
印

この用紙で「本郷」年間購読のお申し込みができます。

◆この申込票に必要事項をご記入の上、記載金額を添えて郵便局でお払込み下さい。
◆「本郷」のご送金は、４年分までとさせて頂きます。
※お客様のご都合で解約される場合は、ご返金いたしかねます。ご了承下さい。

この用紙で書籍のご注文ができます。

◆この申込票の通信欄にご注文の書籍をご記入の上、書籍代金（本体価格＋消費税）に荷造送料を加えた金額をお払込み下さい。
◆荷造送料は、ご注文１回の配送につき500円です。
◆キャンセルやご入金が重複した際のご返金は、送料・手数料を差し引かせて頂く場合があります。
◆入金確認まで約７日かかります。ご了承下さい。

振替払込料は弊社が負担いたしますから無料です。

※領収証は改めてお送りいたしませんので、予めご了承下さい。

お問い合わせ　〒113-0033・東京都文京区本郷７－２－８
吉川弘文館　営業部
電話03-3813-9151　FAX03-3812-3544

この場所には、何も記載しないでください。

付録3　奈良国宝一覧

所　蔵　者	名　　称
秋篠寺 （奈良市秋篠町757）	秋篠寺本堂
石上神宮 （天理市布留町384）	石上神宮摂社出雲建雄神社拝殿 石上神宮拝殿 七支刀
宇太水分神社 （宇陀市菟田野区古市場245）	宇太水分神社本殿
栄山寺 （五條市小島町503）	栄山寺八角堂 梵　　鐘
円成寺 （奈良市忍辱山町1273）	円成寺春日堂・白山堂 木造大日如来坐像（運慶作）
岡　　寺 （高市郡明日香村岡806）	木心乾漆義淵僧正坐像
海竜王寺 （奈良市法華寺町897）	海竜王寺五重小塔
春日大社 （奈良市春日野町160）	春日大社本社　本殿 金装花押散兵庫鎖太刀（中身無銘・貞治四年の年紀がある） 金地螺鈿毛抜形太刀 黒韋威矢筈札胴丸（兜、大袖付） 若宮御料古神宝類 赤糸威鎧（兜、大袖付） 赤糸威鎧（兜、大袖付） 菱作打刀（中身無銘） 本宮御料古神宝類 沃懸地獅子文毛抜形太刀（中身無銘） 沃懸地酢漿平文兵庫鎖太刀（中身無銘） 沃懸地酢漿紋兵庫鎖太刀（中身無銘） 籠　　手
元興寺 （奈良市芝新屋町12）	木造薬師如来立像

所　蔵　者	名　　　称
元 興 寺 (奈良市中院町11)	元興寺極楽坊五重小塔 元興寺極楽坊禅室 元興寺極楽坊本堂
金峰神社 (吉野郡吉野町吉野山2498)	金銅藤原道長経筒
金峯山寺 (吉野郡吉野町吉野山2498)	金峯山寺二王門 金峯山寺本堂 大和国金峯山経塚出土品
宮 内 庁	正倉院正倉
興 福 寺 (奈良市登大路町48)	興福寺五重塔 興福寺三重塔 興福寺東金堂 興福寺北円堂 乾漆十大弟子立像 乾漆八部衆立像(内一軀下半身欠失) 銅造仏頭(旧山田寺講堂本尊) 板彫十二神将立像 木心乾漆四天王立像(所在北円堂) 木造(天燈鬼・竜燈鬼)立像 木造(無著菩薩・世親菩薩)立像(運慶作・所在北円堂) 木造維摩居士坐像(定慶作・所在東金堂) 木造金剛力士立像 木造四天王立像(所在東金堂) 木造四天王立像(康慶作・所在南円堂) 木造十二神将立像(所在東金堂) 木造千手観音立像(旧食堂安置) 木造不空羂索観音坐像(康慶作・南円堂安置) 木造文殊菩薩坐像(所在東金堂) 木造法相六祖坐像(康慶作・所在南円堂) 木造弥勒仏坐像(運慶作・北円堂安置) 華 原 磬 金銅燈籠 梵　　鐘 日本霊異記上巻 興福寺金堂鎮壇具

所　蔵　者	名　　　称
子島寺 (高市郡高取町観覚寺544)	紺綾地金銀泥絵両界曼荼羅図(子島曼荼羅)
西大寺 (奈良市西大寺芝町1-1-5)	絹本著色十二天像 金銅宝塔・金銅宝珠形舎利塔・赤地二重襷花文錦小袋・水晶五輪塔(赤地錦小袋共)・水晶五輪塔(織物縫合小裹共)・金銅筒形容器 金銅透彫舎利塔 舎利瓶・鉄宝塔 金光明最勝王経 大毘遮那成佛神変加持経
十輪院 (奈良市十輪院町27)	十輪院本堂
聖林寺 (桜井市下692)	木心乾漆十一面観音立像
新薬師寺 (奈良市高畑町1351)	新薬師寺本堂 塑造十二神将立像(宮毘羅大将像を除く・所在本堂) 木造薬師如来坐像(本堂安置)
当麻寺 (葛城市当麻1263)	当麻寺西塔 当麻寺東塔 当麻寺本堂(曼荼羅堂) 塑造弥勒仏坐像(金堂安置) 綴織当麻曼荼羅図 当麻曼荼羅厨子 梵　　鐘
当麻寺奥院 (葛城市当麻1263)	倶利伽羅竜蒔絵経箱
手向山八幡宮 (奈良市雑司町434)	唐　　鞍
談山神社 (桜井市多武峰319)	大和国粟原寺三重塔伏鉢
中宮寺 (生駒郡斑鳩町法隆寺北1-1-2)	木造菩薩半跏像(伝如意輪観音・本堂安置) 天寿国繡帳残闕
長弓寺 (生駒市上町4445)	長弓寺本堂

所　蔵　者	名　　称
朝護孫子寺 (生駒郡平群町信貴山2280)	紙本著色信貴山縁起
長　福　寺 (生駒市俵口841)	金堂能作生塔
天理大学附属天理図書館 (天理市杣之内町1050)	宋刊本欧陽文忠公集(金沢文庫本) 宋版劉夢得文集 南海寄帰内法伝(巻第一、第二) 日本書紀神代巻(上下・吉田本) 播磨国風土記 類聚名義抄
唐招提寺 (奈良市五条町13-46)	唐招提寺金堂 唐招提寺経蔵 唐招提寺鼓楼 唐招提寺講堂 唐招提寺宝蔵 乾漆鑑真和上坐像(開山堂安置) 乾漆盧舎那仏坐像(金堂安置) 木心乾漆千手観音立像(金堂安置) 木心乾漆薬師如来立像(金堂安置) 木造(梵天・帝釈天)立像(所在金堂) 木造四天王立像(所在金堂) 舎利容器
東　大　寺 (奈良市雑司町406-1)	東大寺開山堂 東大寺金堂(大仏殿) 東大寺鐘楼 東大寺転害門 東大寺南大門 東大寺二月堂 東大寺法華堂 東大寺本坊経庫 絹本著色倶舎曼荼羅図 紙本著色華厳五十五所絵巻 乾漆(梵天・帝釈天)立像(法華堂安置) 乾漆金剛力士立像(法華堂安置) 乾漆四天王立像(法華堂安置) 乾漆不空羂索観音立像(法華堂安置) 塑造(日光仏・月光仏)立像(所在法華堂)

所蔵者	名称
東大寺 (奈良市雑司町406-1)	塑造四天王立像(所在戒壇堂) 塑造執金剛神立像(法華堂安置) 銅造誕生釈迦仏立像・銅造灌仏盤 銅造盧舎那仏坐像(金堂安置) 木造金剛力士立像(所在南大門) 木造俊乗上人坐像(俊乗堂安置) 木造僧形八幡神坐像(快慶作・八幡殿安置) 木造良弁僧正坐像(開山堂安置) 花鳥彩絵油色箱 金銅八角燈籠(大仏殿前所在) 葡萄唐草文染韋 梵　鐘 賢愚経巻第十五(四百六十七行) 東大寺文書 東大寺金堂鎮壇具
奈良国立博物館 (奈良市登大路町50)	絹本著色十一面観音像 紙本著色地獄草紙 紙本著色辟邪絵 紙本墨画淡彩山水図(伝周文筆) 木造薬師如来坐像 牛皮華鬘 刺繍釈迦如来説法図 蓮唐草蒔絵経箱 金剛般若経開題残巻(弘法大師筆・三十八行) 紫紙金字金光明最勝王経 日本書記巻第十残巻 伝教大師筆尺牘(弘仁四年十一月廿五日)
長谷寺 (桜井市初瀬731-1)	長谷寺本堂 銅版法華説相図(千佛多寳佛塔) 法華経・観普賢経・無量義経・阿弥陀経・般若心経
般若寺 (奈良市般若寺町221)	般若寺楼門
文化庁	奈良県藤ノ木古墳出土品
法隆寺 (生駒郡斑鳩町法隆寺山内1-1)	法隆寺廻廊 法隆寺金堂

所　蔵　者	名　　　称
法 隆 寺 （生駒郡斑鳩町法隆寺山内1-1）	法隆寺経蔵 法隆寺五重塔 法隆寺綱封蔵 法隆寺三経院及び西室 法隆寺鐘楼 法隆寺食堂及び細殿　食堂 法隆寺聖霊院 法隆寺西円堂 法隆寺大講堂 法隆寺中門 法隆寺東院鐘楼 法隆寺東院伝法堂 法隆寺東院夢殿 法隆寺東室 法隆寺東大門 法隆寺南大門 乾漆行信僧都坐像（所在夢殿） 乾漆薬師如来坐像（西円堂安置） 塑造塔本四面具（五重塔安置） 塑造道詮律師坐像（所在夢殿） 銅造阿弥陀如来及両脇侍像（伝橘夫人念持仏）・木造厨子 銅造観音菩薩立像（夢違観音） 銅造釈迦如来及両脇侍像（止利作・金堂安置） 銅造薬師如来坐像（金堂安置） 木造観音菩薩立像（九面観音） 木造観世音菩薩立像（百済観音） 木造観世音菩薩立像（夢殿安置） 木造四天王立像（金堂安置） 木造釈迦如来及両脇侍坐像（上堂安置） 木造聖徳太子（山背王・殖栗王・卒末呂王・恵慈法師）坐像（聖霊院安置） 木造地蔵菩薩立像 木造毘沙門天立像（金堂安置）・木造吉祥天立像（金堂安置） 木造薬師如来及両脇侍坐像（講堂安置） 玉蟲厨子 黒漆螺鈿卓 四騎獅子狩文錦

所　蔵　者	名　　称
法　起　寺 (生駒郡斑鳩町岡本1873)	法起寺三重塔
法　華　寺 (奈良市法華寺町882)	絹本著色阿弥陀三尊及童子像) 一木造十一面観音立像(本堂安置)
室　生　寺 (宇陀市室生区室生78)	室生寺金堂 室生寺五重塔 室生寺本堂(灌頂堂) 板絵著色伝帝釈天曼荼羅図(金堂来迎壁) 木造釈迦如来坐像 木造釈迦如来立像(金堂安置) 木造十一面観音立像(所在金堂)
文部科学省	高松塚古墳壁画
薬　師　寺 (奈良市西ノ京町457)	薬師寺東院堂 薬師寺東塔 絹本著色慈恩大師像 麻布著色吉祥天像 銅造観音菩薩立像(東院堂安置) 銅造薬師如来及両脇侍像(金堂安置) 木造(僧形八幡神•神功皇后•仲津姫命)坐像 仏　足　石 仏足跡歌碑
大和文華館 (奈良市学園南1-11-6)	絹本著色帰牧図(李迪筆•騎牛) 紙本金地著色風俗図(六曲屏風) 紙本著色寝覚物語絵巻 一字蓮台法華経(普賢勧発品)
吉野水分神社 (吉野郡吉野町吉野山2498)	木造玉依姫命坐像
霊　山　寺 (奈良市中町3879)	霊山寺本堂

所蔵者のうち，国所有のものは保管者・所管者を記した．

付録4　奈良文化財公開施設一覧

名　　称	郵便番号	住　　所	電話番号
奈良国立博物館	630-8213	奈良市登大路町50	0742-22-7771
奈良文化財研究所			
平城宮跡資料館・遺構展示館	630-8577	奈良市佐紀町	0742-30-6756
都城発掘調査部（飛鳥・藤原地区）展示資料室	634-0025	橿原市木之本町宮ノ脇94-1	0744-24-1122
飛鳥資料館	634-0102	高市郡明日香村奥山601	0744-54-3561
奈良県立橿原考古学研究所附属博物館	634-0065	橿原市畝傍町50-2	0744-24-1185
奈良市写真美術館	630-8301	奈良市高畑町600-1	0742-22-9811
元興寺総合収蔵庫	630-8392	奈良市中院町11	0742-23-1377
興福寺国宝館	630-8213	奈良市登大路町48	0742-22-5370
名勝大乗院庭園文化館	630-8301	奈良市高畑町1083-1	0742-24-0808
春日大社宝物殿	630-8212	奈良市春日野町160	0742-22-7788
西大寺聚宝館	631-0825	奈良市西大寺芝町1-1-5	0742-45-4700
大安寺収蔵庫	630-8133	奈良市大安寺2-18-1	0742-61-6312
橿原神宮宝物館	634-8550	橿原市久米町934	0744-22-3271
大神神社宝物収蔵庫	633-8538	桜井市三輪1422	0744-42-6633
当麻寺奥院宝物館	639-0276	葛城市当麻1263　奥院	0745-48-2008
当麻寺中之坊霊宝館	639-0276	葛城市当麻1263　中之坊	0745-48-2001
信貴山霊宝館	636-0923	生駒郡平群町信貴山2280-1	0745-72-2277
法隆寺大宝蔵院	636-0115	生駒郡斑鳩町法隆寺山内1-1	0745-75-2555
如意輪寺宝物殿	639-3115	吉野郡吉野町吉野山1024	0746-32-3008
なら奈良館	630-8215	奈良市東向中町28　近鉄奈良駅ビル４・５階	0742-22-7070

付録5　奈良略年表

西暦	和　暦	事　　　　項
538		百済から仏教が公伝される(『日本書紀』では552年)
587		坂田寺，鞍作多須奈により創建されるという(606年，多須奈の子鞍作鳥によるとの説もあり)
588		法興寺，蘇我馬子により造立始まる
593		聖徳太子，摂政となる．等由良宮を寺とし，等由良寺(豊浦寺)と名付ける
601		聖徳太子，斑鳩宮造営
606		橘寺，この年に創建されるという(天智朝ごろの説あり)
607		法隆寺の薬師如来像，この年に造立されるという
638		法起寺金堂，この年に建立されるという
639		大宮(百済宮)と大寺(百済大寺)の造営が始まる
643		山田寺金堂建立
645	大　化元	中大兄皇子・中臣鎌足ら蘇我入鹿を暗殺，蘇我蝦夷自害
646	2	改新の詔発布
662	天智天皇元	禅院，道昭(照)により建立
669	8	山階寺(後の興福寺)がこの年に建立されるという
670	9	法隆寺火災
672	天武天皇元	壬申の乱起きる．飛鳥浄御原宮に遷宮
673	2	高市大寺建立
675	4	丹生川上神社，大和神社の別社として創立
677	6	高市大寺を大官大寺に改称，藤原京時代に大安寺と改称．談山神社十三重塔，藤原鎌足の廟所として建立
680	9	橘寺の尼坊十房が焼ける．薬師寺，天武天皇により皇后の病気平癒のために創建
681	10	当麻寺建立
692	持統天皇6	当麻寺，現在地に移り，禅林寺と号す
694	8	藤原宮に遷都．粟原寺，この年より創始されるという
701	大　宝元	大宝律令完成．聖霊院，定恵により建立(後の談山神社)
709	和　銅2	氷室神社創建(和銅3年などの説あり)
710	3	平城京に遷都
711	4	禅院，平城京に移される
712	5	『古事記』完成
716	霊　亀2	大安寺，平城京に移る
718	養　老2	法興寺，平城京に移され元興寺となる．薬師寺，平城京に移動

西暦	和暦	事項
720	養老4	『日本書紀』完成．興福寺，官寺に列せられる
722	6	菅原寺，行基により創始
723	7	興福寺内に施薬院・悲田院がおかれる
729	天平元	長屋王の変
741	13	国分寺建立の詔．法華寺建立
743	15	盧舎那仏造立の詔
747	19	新薬師寺，この年に光明皇后により建立されるという
749	天平勝宝元	梨原宮に神殿を作り神宮(手向山神社)とする
752	4	東大寺大仏開眼供養
754	6	鑑真ら来日
755	7	鑑真，東大寺に戒壇を設置
759	天平宝字3	唐招提寺，鑑真により建立
760	4	子島山寺(子島寺)，この年に建立されるという
764	8	西大寺，孝謙上皇発願により造営開始
768	神護景雲2	春日社，春日御蓋山麓に創建
776	宝亀7	秋篠寺創建(宝亀11年説あり)
780	11	葛木寺，金堂などを焼失．新薬師寺，落雷により西塔焼失
781	天応元	室生寺，この年から延暦2年のころに創建されるという
784	延暦3	長岡京に遷都
794	13	平安京に遷都
795	14	菩提寺(橘寺)火災
846	承和13	西大寺，講堂焼失
847	14	不退寺，在原業平により平城天皇御所跡に建立
860	貞観2	西大寺，主要堂舎を焼失
895	寛平7	鳳閣寺に真言院創建
917	延喜17	東大寺，講堂・僧坊を焼失
934	承平4	東大寺，西塔を焼失
949	天暦3	大安寺火災，後に復興
954	8	東大寺，吉祥堂を焼失
962	応和2	新薬師寺，台風により金堂はじめ諸堂が倒潰
973	天延元	薬師寺，火災により南大門・経楼・鐘楼・僧坊を焼失
989	永祚元	薬師寺，大風により金堂が被害にあう
1017	寛仁元	大安寺火災，後に復興
1026	万寿3	円成寺，命禅により創建
1041	長久2	大安寺火災，後に復興
1096	永長元	壺阪寺火災．薬師寺，地震で回廊が倒れる
1135	保延元	秋篠寺，講堂以外の建物を焼失．春日大社に春日若宮創建
1148	久安4	橘寺の塔，雷火で焼ける

西暦	和　暦		事　　　　項
1156	保元元		保元の乱おこる
1159	平治元		平治の乱おこる
1180	治承 4		平重衡の南都攻めにより東大寺・興福寺ほか諸寺焼亡
1184	元暦元		当麻寺，金堂再興
1185	文治元		東大寺，大仏開眼供養会
1187	3		興福寺東金堂衆が山田寺の金堂丈六薬師三尊像を奪う
1192	建久 3		源頼朝，征夷大将軍となる
1195	6		東大寺，大仏殿落慶供養会開催，以後復興が進む
1196	7		飛鳥寺，雷火で金堂と塔が焼ける
1203	建仁 3		橘寺，塔の再建に着手．運慶・快慶ら，東大寺仁王門金剛力士像を完成
1207	承元元		壺阪寺，火災
1235	嘉禎元		西大寺，叡尊による復興開始
1277	建治 3		松尾寺，本堂焼失
1283	弘安 6		岡寺，多武峯衆徒により焼かれる
1303	嘉元元		当麻寺，金堂再建
1305	3		達磨寺，興福寺衆徒に焼かれる
1309	延慶 2		中宮寺，火災にあい以後退転
1332	正慶元	元弘 2	護良親王，吉野で挙兵
1333	2	3	鎌倉幕府滅亡．吉水院，兵火により全焼
1334		建武元	建武の新政
1336	3	延元元	後醍醐天皇，吉野に移る（南北朝分立）
1337	4	2	松尾寺，本尊とともに再興
1338	暦応元	3	足利尊氏，征夷大将軍となる
1341	4	興国 2	宗像神社，社殿を兵火で失い衰微
1348	貞和 4	正平 3	金峯山寺，高師直により蔵王堂焼失
1361	康安元	16	薬師寺，地震で金堂破損，中門・回廊・西院倒壊
1362	貞治元	17	東大寺，東塔焼失
1382	永徳 2	弘和 2	春日社，失火で全焼
1392	明徳 3	元中 9	後亀山天皇，京都に戻る（南北朝合一）
1395	応永 2		朝護孫子寺，本堂焼失，のち再建
1438	永享10		多武峯（談山神社），兵火で一山焼亡
1441	嘉吉元		多武峯（談山神社），復興成就
1445	文安 2		薬師寺，大風で金堂など倒壊
1446	3		東大寺，戒壇院焼失
1449	宝徳元		大安寺，地震で塔が倒壊
1451	3		元興寺金堂・興福寺大乗院，土一揆により焼失
1459	長禄 3		超昇寺，塔坊から出火

西暦	和　暦	事　　　項
1464	寛正 5	不退寺火災
1466	文正元	円成寺，本堂・塔・真言院など焼失
1467	応仁元	応仁の乱おこる
1472	文明 4	久米寺，台風で塔が転倒．御霊神社，本殿建立
1475	7	般若寺，筒井舜覚の陣営となって堂舎が大破
1490	延徳 2	般若寺，出火で本尊の文殊菩薩を焼失
1497	明応 6	子島寺，ほとんどの堂舎を焼失．白毫寺火炎
1498	7	竹林寺，兵火で炎上
1499	8	菅原寺焼亡
1502	文亀 2	西大寺，兵火によって主要伽藍を焼失
1506	永正 3	橘寺，多武峯僧徒に放火される．広瀬神社，兵火で社殿焼失
1508	5	東大寺，講堂・僧坊を焼失
1511	8	円成寺再興
1528	享禄元	薬師寺，兵火で金堂・講堂・中門・西塔・僧坊を焼失
1534	天文 3	金峯山寺，一向宗徒の焼掠にあう
1543	12	高鴨神社，本殿建立
1544	13	菅原寺再建
1545	14	広瀬神社復興．薬師寺，仮金堂が建てられる
1554	23	栄山寺，八角堂以外の諸堂・塔を焼失
1567	永禄10	松永久秀と三好三人衆の戦いにより東大寺・法華寺など焼亡
1573	天正元	室町幕府滅亡
1577	5	朝護孫子寺，織田信長の信貴山城攻略の際，多くの寺坊を焼失
1578	6	超昇寺，兵火により焼失
1584	12	伝香寺，筒井順慶菩提所として創立
1601	慶長 6	法華寺，豊臣秀頼・淀君の支援により本堂再興
1602	7	朝護孫子寺，豊臣秀頼の寄進により本堂など再興
1603	8	徳川家康，征夷大将軍となる
1627	寛永 4	広瀬神社造替
1642	19	手向山神社，大火により焼亡
1644	正保元	勝手神社，豊臣秀頼修造の社殿を焼失
1645	2	法輪寺，金堂・講堂などが倒壊
1650	慶安 3	如意輪寺，文誉鉄牛により再興
1665	寛文 5	興福院，この年から元禄14年にかけ，現在の佐保山山腹に移動
1667	7	東大寺，二月堂焼失，2年後再建．般若寺，本堂再建
1672	12	室生竜穴神社，本殿再興
1691	元禄 4	手向山神社，復興成り遷座祭開催
1692	5	東大寺，大仏開眼供養会開催
1698	11	室生寺，真義真言宗豊山派の一本寺として独立

西暦	和　暦	事　　　　項
1709	宝永 6	東大寺，大仏殿落慶供養会
1717	享保 2	興福寺，講堂から出火して焼亡
1729	14	璉城寺，本堂再興
1848	嘉永元	薬師寺，この年から嘉永5年にかけて講堂再興
1859	安政 6	元興寺，五重塔・観音堂焼失
1864	元治元	橘寺，再興始まる
1867	慶応 3	大政奉還
1868	明治元	神仏判然令(廃仏毀釈運動始まる)
1874	7	葛木坐火雷神社，笛吹神社に合祀して郷社火雷神社と号す
1875	8	吉水院，神仏分離令により廃寺，吉水神社と改称
1878	11	東大寺，惣持院の建物・建具を売却．法隆寺，皇室に宝物献納
1880	13	奈良公園開設
1882	15	大安寺，再興が発願される．法隆寺，真言宗から法相宗へ独立
1884	17	岡倉天心・フェノロサ，法隆寺夢殿等調査
1889	22	吉野神宮，官幣中社吉野宮として創立
1890	23	橿原神宮創建
1897	30	古社寺保存法制定
1899	32	吉野山口神社，勝手神社に改称
1900	33	大野寺，火災により焼失
1911	44	東大寺，大仏殿上棟式
1915	大正 4	東大寺，大仏殿落慶供養会
1929	昭和 4	国宝保存法制定
1934	9	法隆寺，大修理開始
1942	17	奈良県護国神社社殿竣工
1948	23	金峯山寺，天台宗より離脱
1949	24	法隆寺，金堂炎上により壁画を焼損
1950	25	文化財保護法制定
1951	26	朝護孫子寺，本堂全焼．霊山寺ほか高野山真言宗の寺院が分派
1952	27	高円神社，奈良県護国神社に復す
1958	33	朝護孫子寺，本堂再興
1968	43	中宮寺，新本堂を建立
1971	46	薬師寺，金堂復元起工(昭和51年落慶)，以後復興が進む
1980	55	東大寺，大仏殿落慶法要
1981	56	薬師寺，西塔落慶
1985	60	法隆寺，大修理成り，落慶法要
1993	平成 5	「法隆寺地域の仏教建造物」，ユネスコ世界文化遺産に登録
1998	10	室生寺五重塔など，台風被害を受ける．興福寺伽藍再建事業開始．「古都奈良の文化財」8件が世界文化遺産に登録

付録6　平城京復元図

平城宮内

内　裏

朱雀門

東院庭園

造酒司

宮内省

兵部省

佐伯門

遺構館

佐紀盾列古墳群

垂仁天皇陵

西の京

勝間田池

西　市

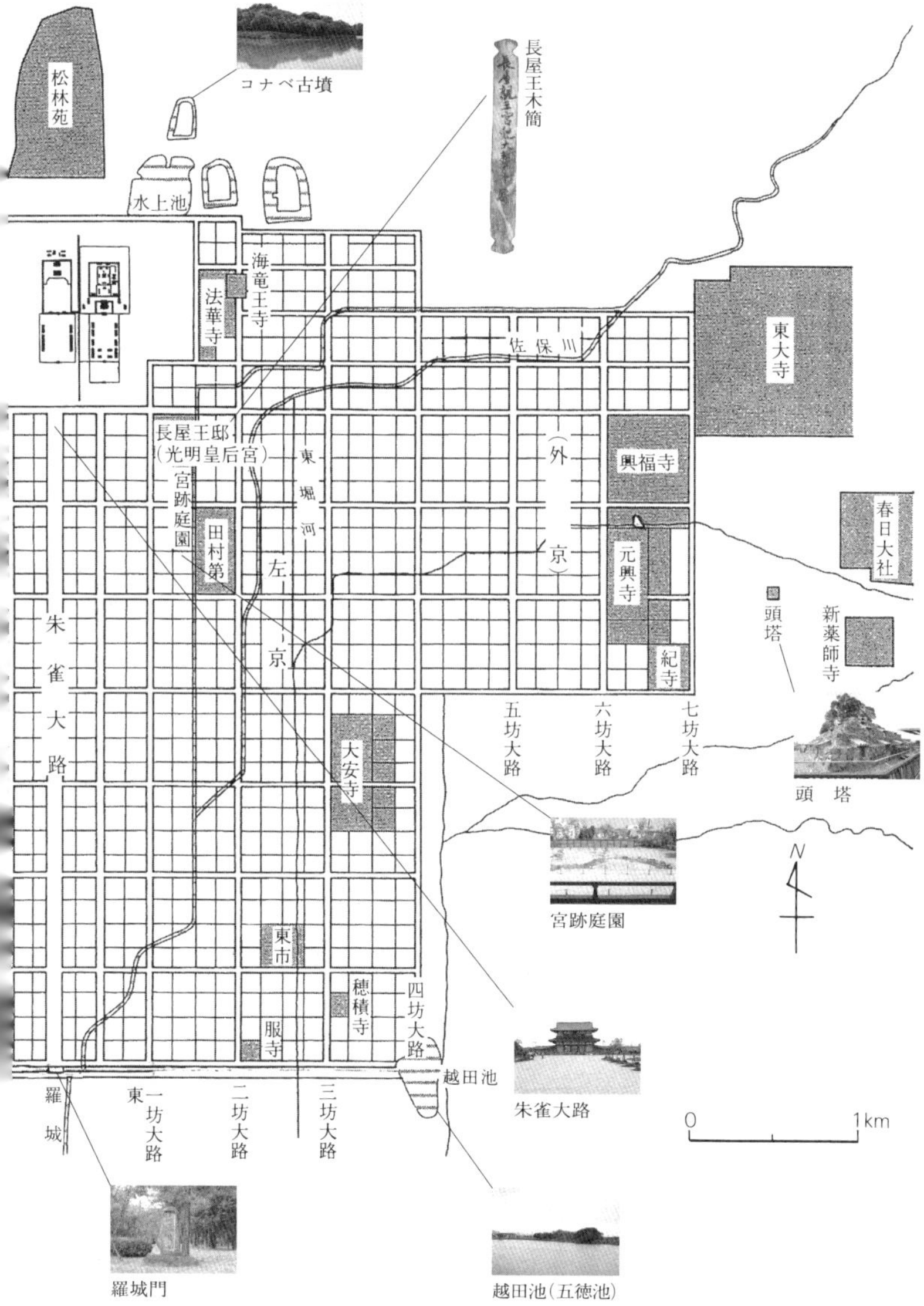
松林苑
コナベ古墳
長屋王木簡
水上池
海竜王寺
法華寺
佐保川
東大寺
長屋王邸
(光明皇后宮)
宮跡庭園
東堀河
(外京)
興福寺
春日大社
田村第
左京
元興寺
頭塔
新薬師寺
朱雀大路
紀寺
五坊大路
六坊大路
七坊大路
頭塔
大安寺
N
宮跡庭園
東市
穂積寺
四坊大路
服寺
越田池
朱雀大路
羅城
東一坊大路
二坊大路
三坊大路
0
1km
羅城門
越田池(五徳池)

平城京復元図

付録7
正倉院とその宝物

聖武天皇の遺愛品，東大寺大仏の開眼会関係品などが保存され，国際色豊かで精巧な技術を持った天平文化の様子を知ることができる．毎年秋に奈良国立博物館で正倉院展が開かれている．

正倉院

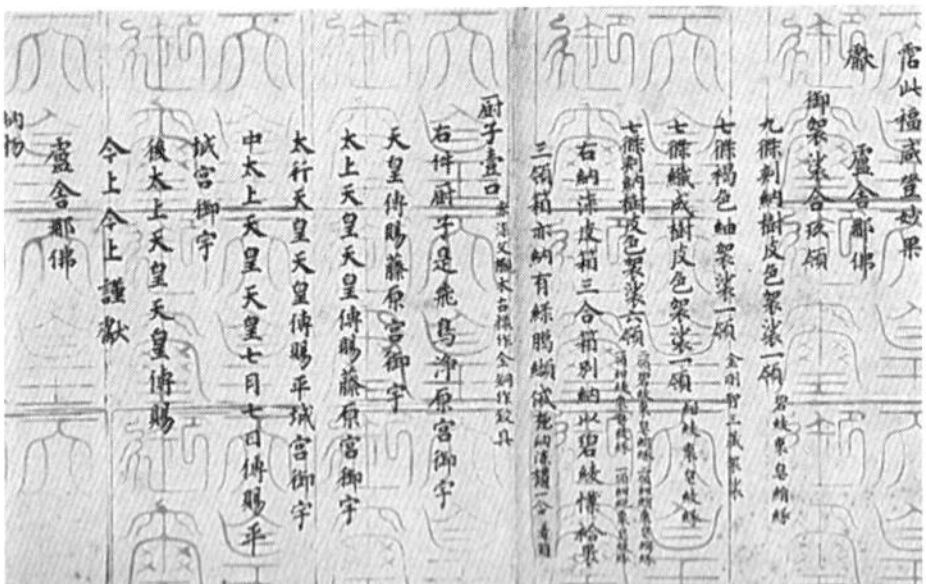

国家珍宝帳

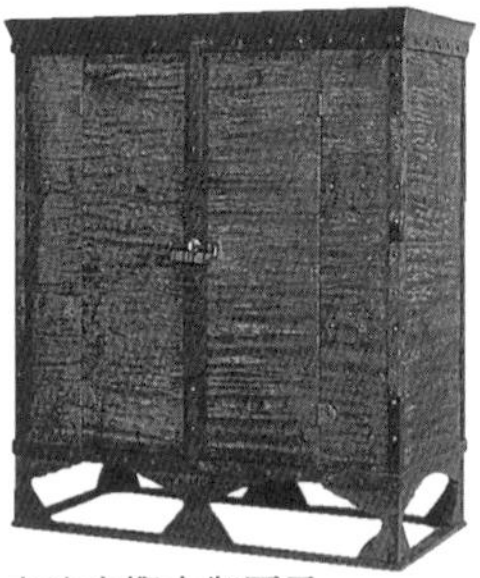

赤漆文欟木御厨子

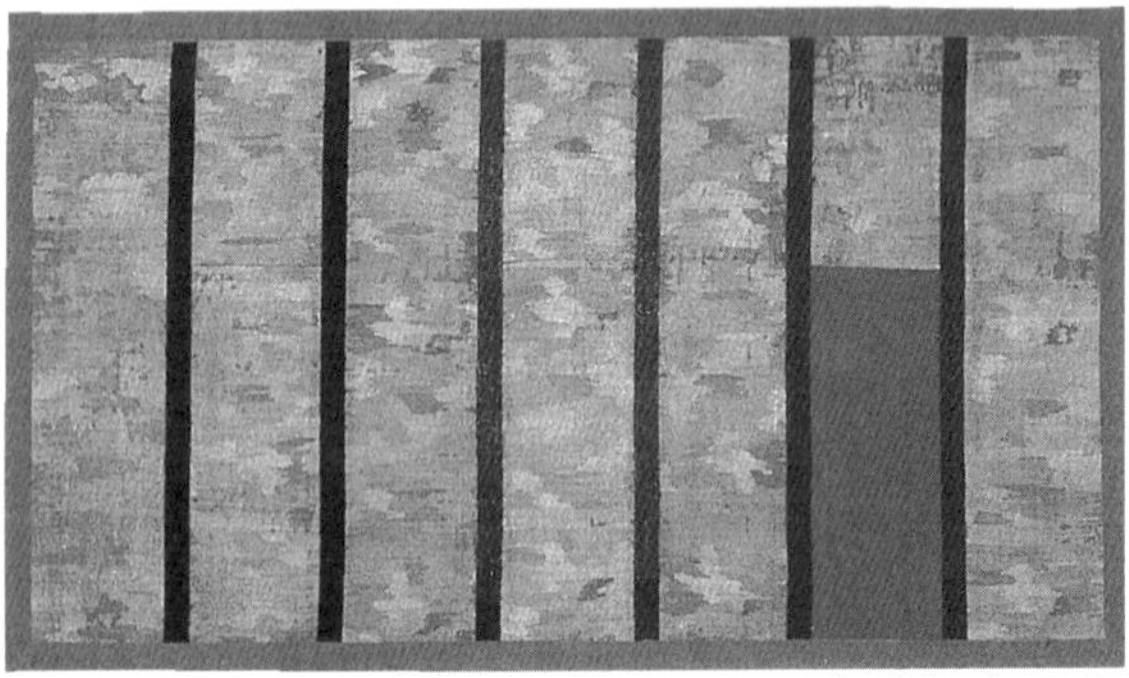

七条織成樹皮色袈裟

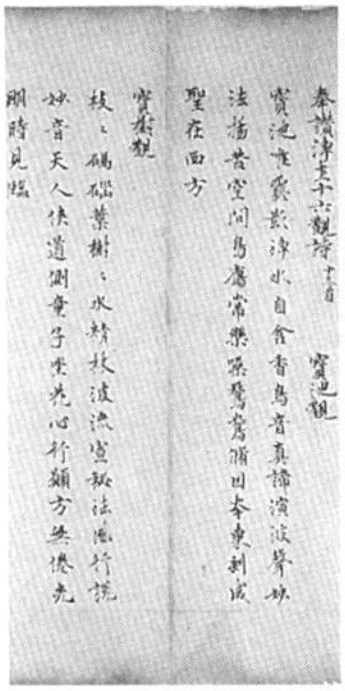

雑集(聖武天皇筆)

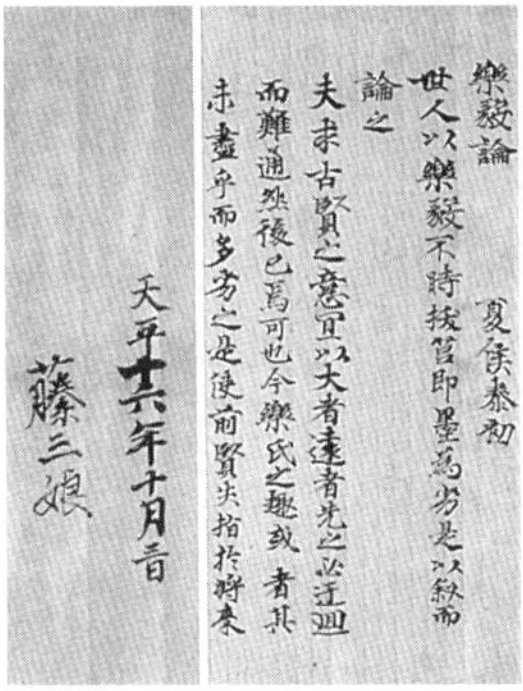
樂毅論　夏侯泰初
世人以樂毅不時拔莒即墨爲劣是以叙而
論之
夫求古賢之意宜以大者遠者先之必迂迴
而難通然後已焉可也今樂氏之趣或者其
未盡乎而多劣之是使前賢失指於將來

天平十六年十月三日

藤三娘

楽毅論(光明皇后筆)

平螺鈿背円鏡

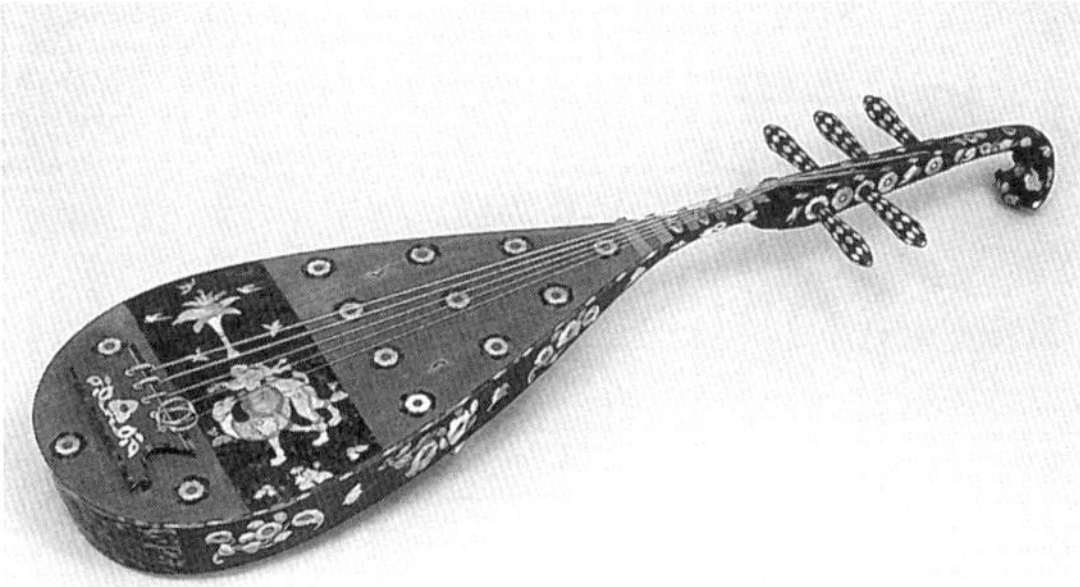

螺鈿紫檀五絃琵琶

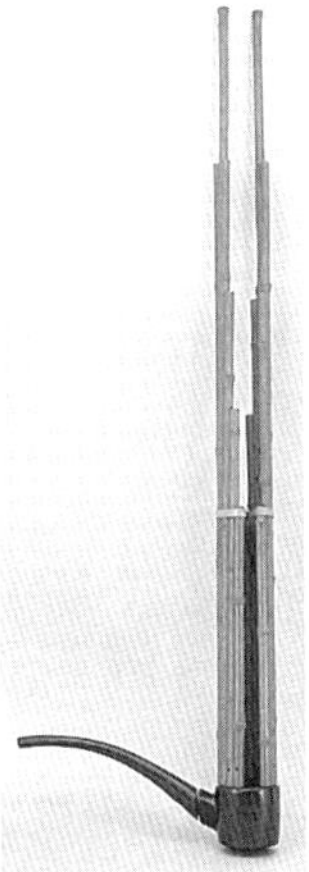

吳竹竽

彫石横笛

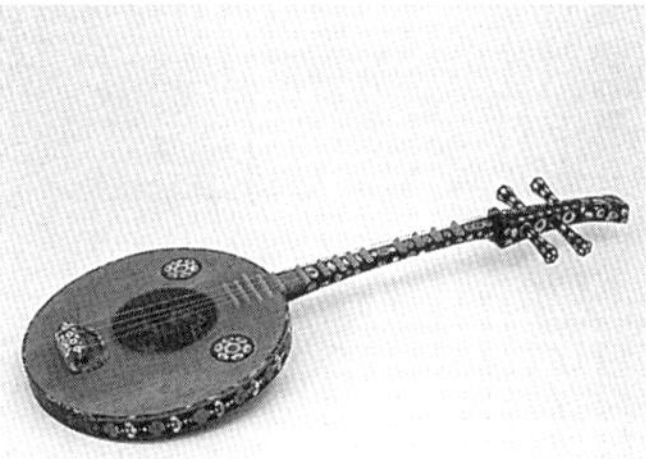

螺鈿紫檀阮咸

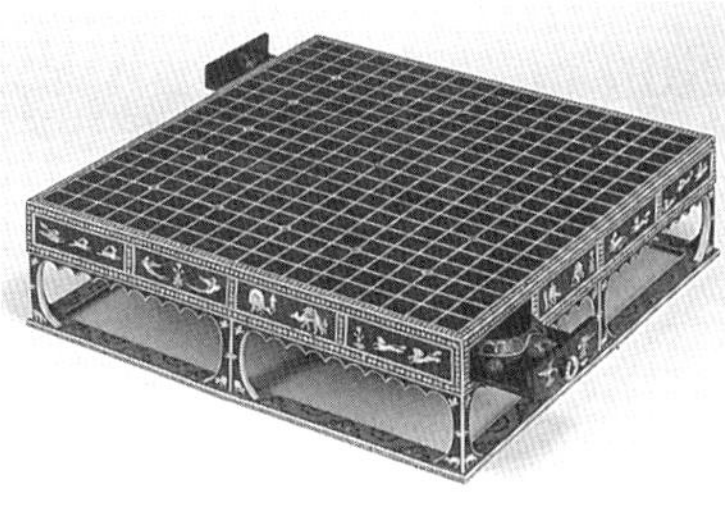

木画紫檀棊局

鳥毛立女屏風(部分)

臈纈屏風

花　氈

紫地鳳形錦御軾

漆胡瓶

墨絵仏像

桂　心

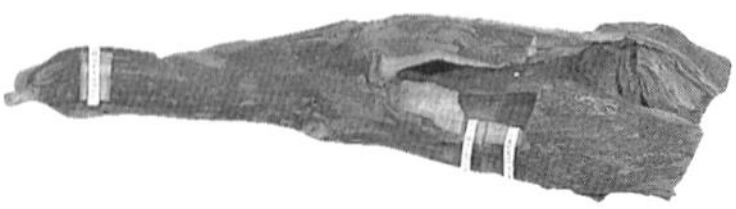

黄熟香(一名蘭奢待)

銀　壺

密陀彩絵箱

彩絵長花形几

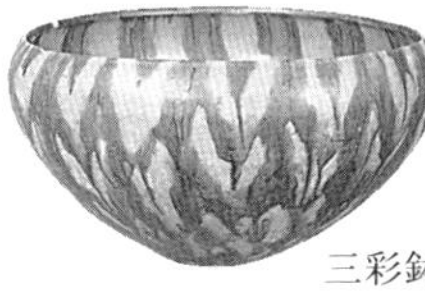

三彩鉢

馬　鞍

白瑠璃碗

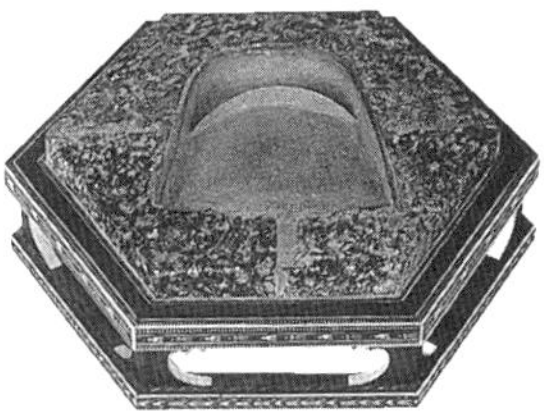

青斑石荘硯

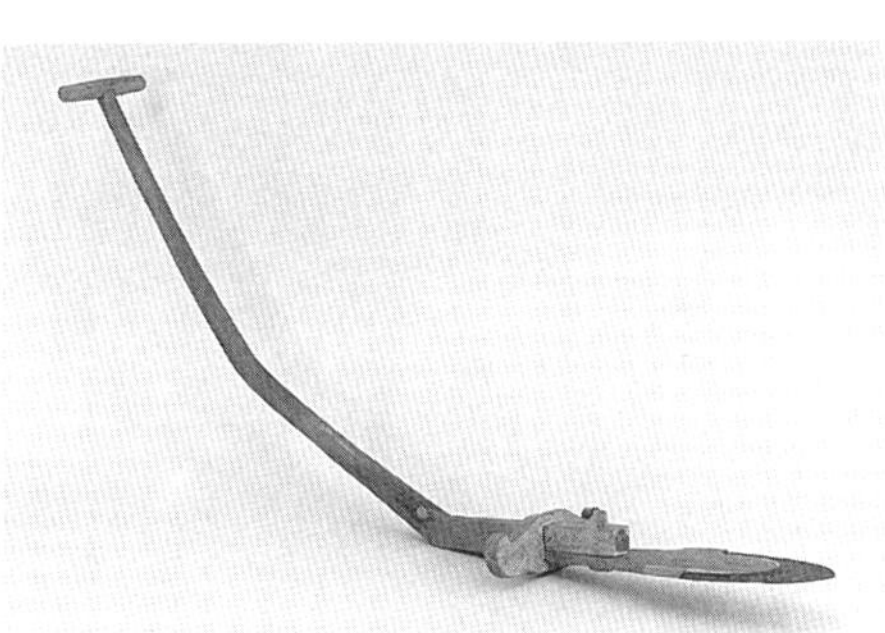

子日手辛鋤

付録8　仏像の部分名称

法隆寺釈迦三尊像

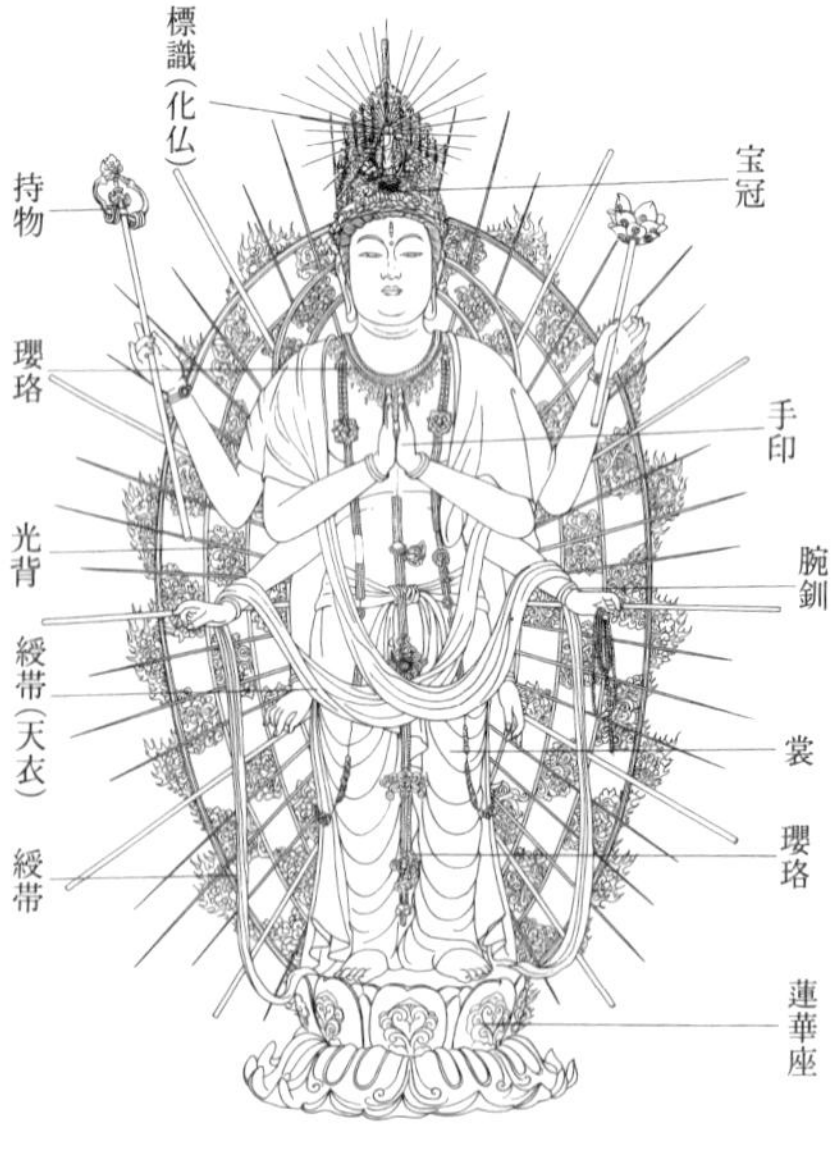

東大寺法華堂不空羂索観音像

付録9　建築様式

〈神　社　建　築〉

大社造
(出雲大社本殿)

住吉造
(住吉大社本殿)

神明造
(皇大神宮正殿)

正面

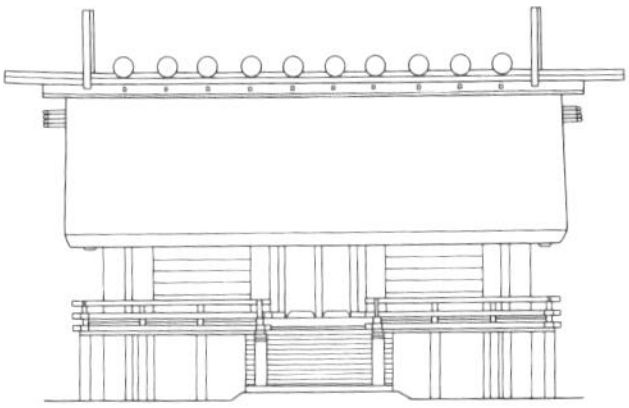

平面

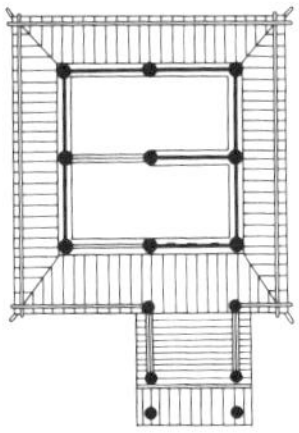
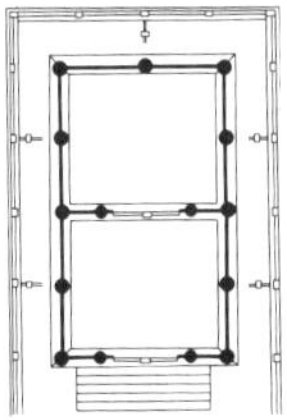
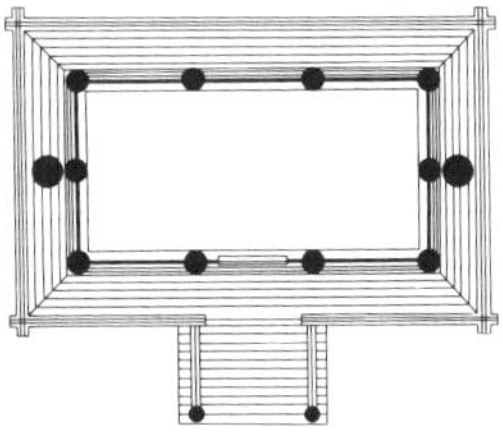

側面

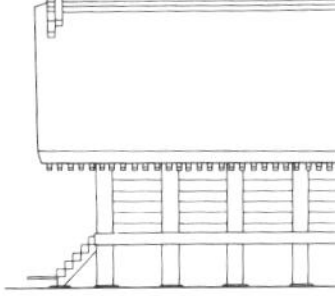

春日造
(春日大社本殿)

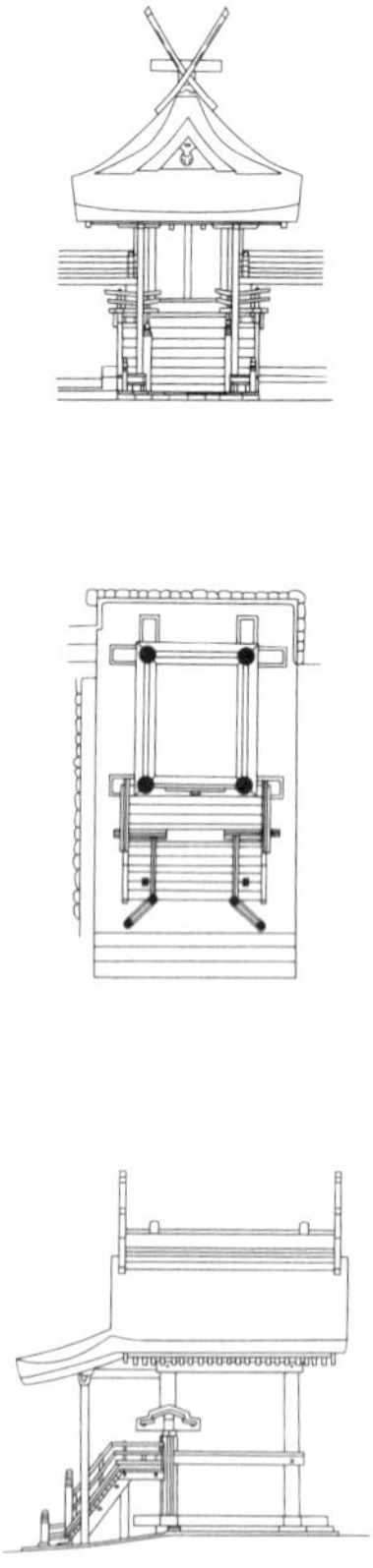

流造
(賀茂御祖神社本殿)

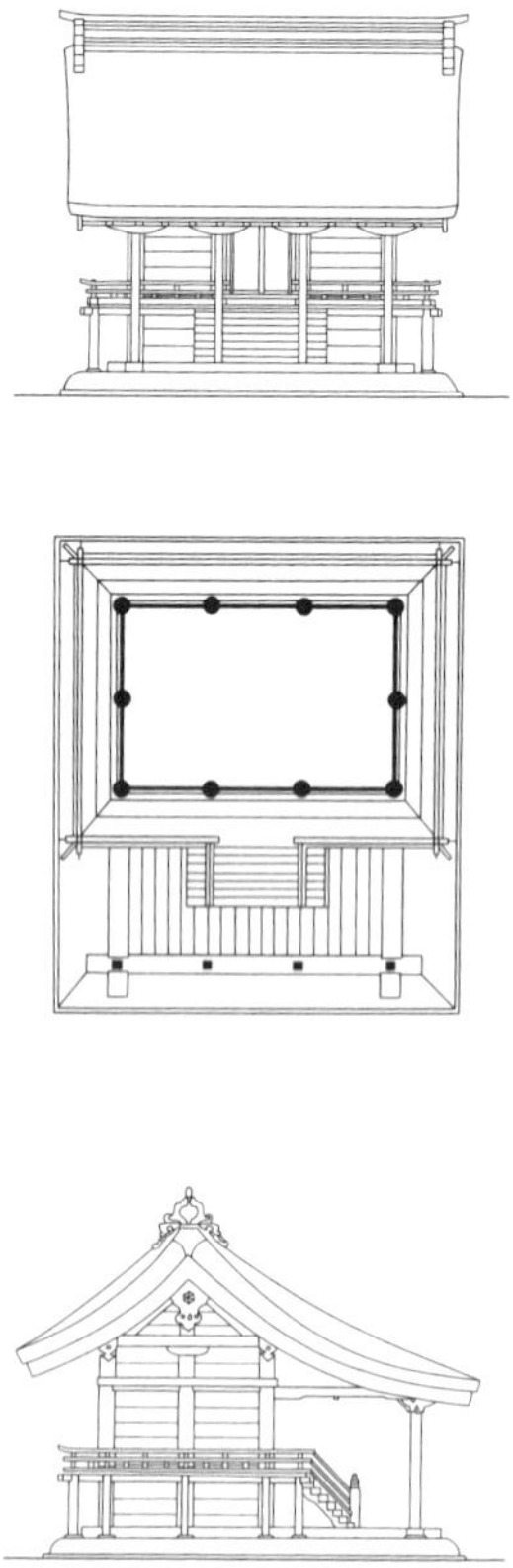

八幡造
(宇佐神宮本殿)

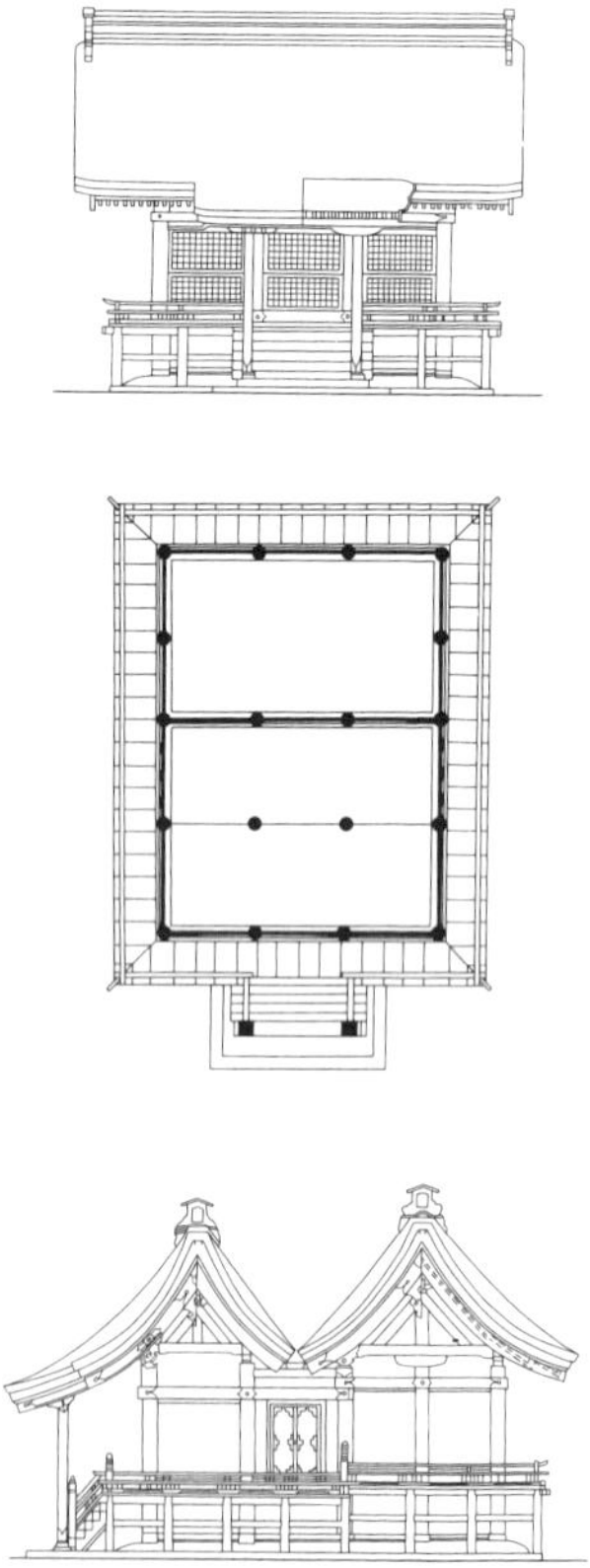

〈鳥　居〉

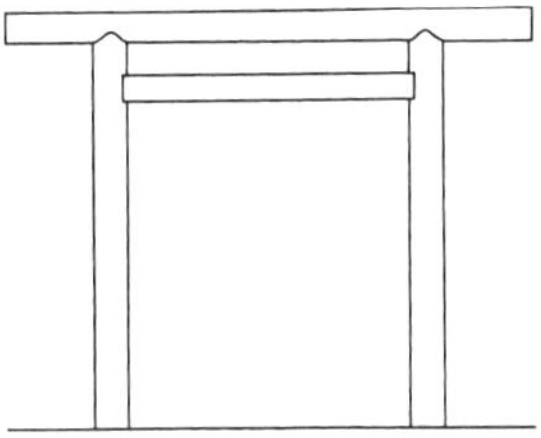

神明鳥居

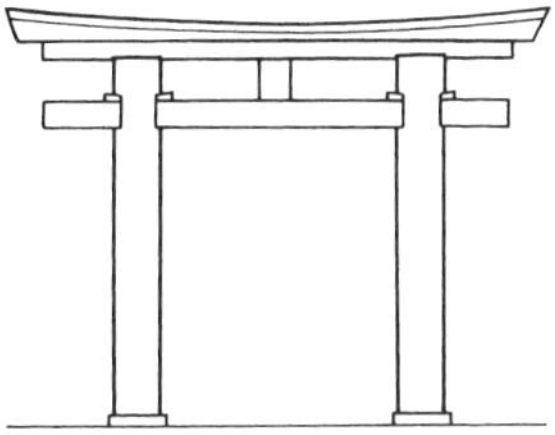

春日鳥居

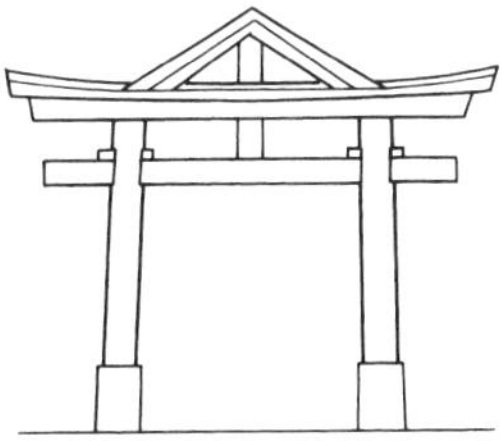

山王鳥居

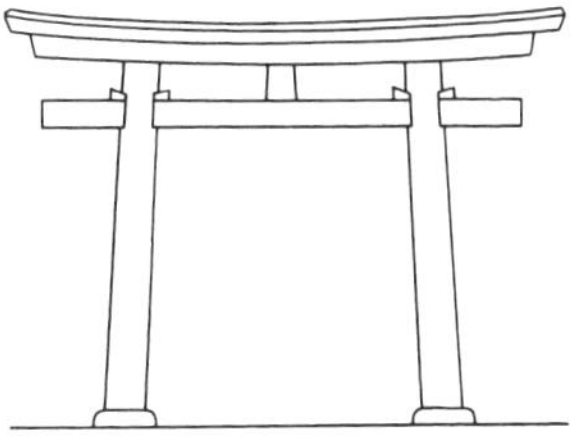

明神鳥居

〈屋　根〉

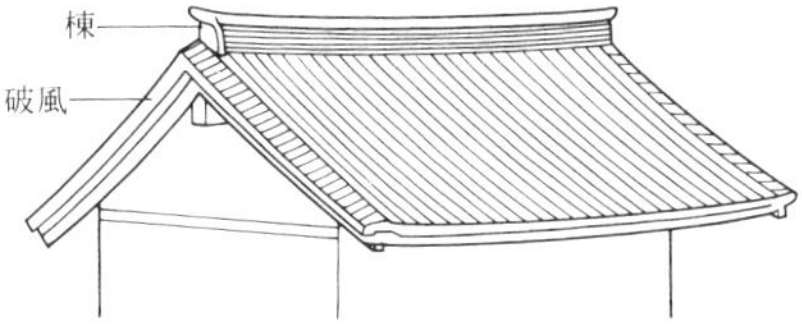

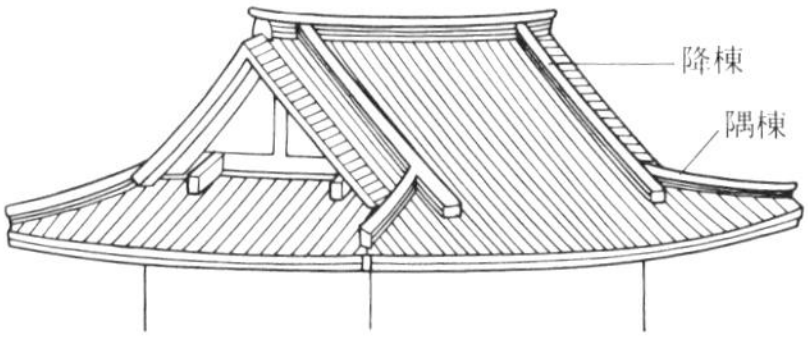

入母屋造

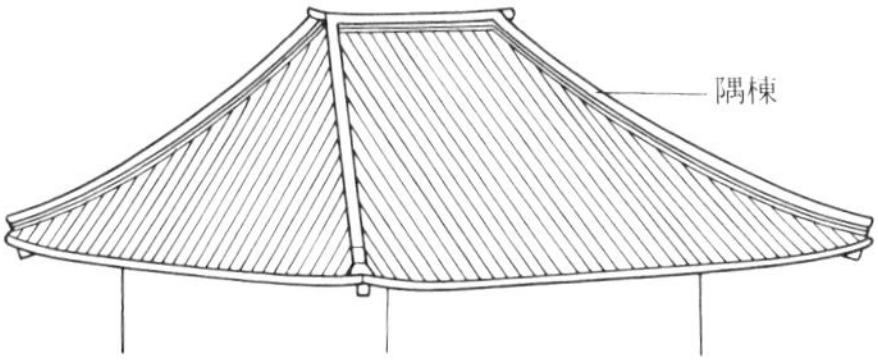

寄 棟 造

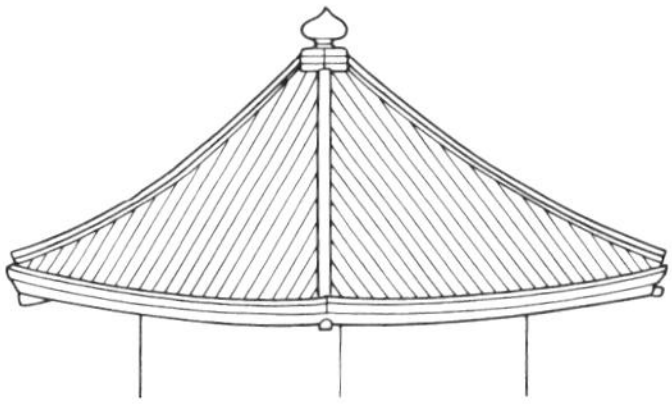

宝 形 造

〈建築の部分名称〉

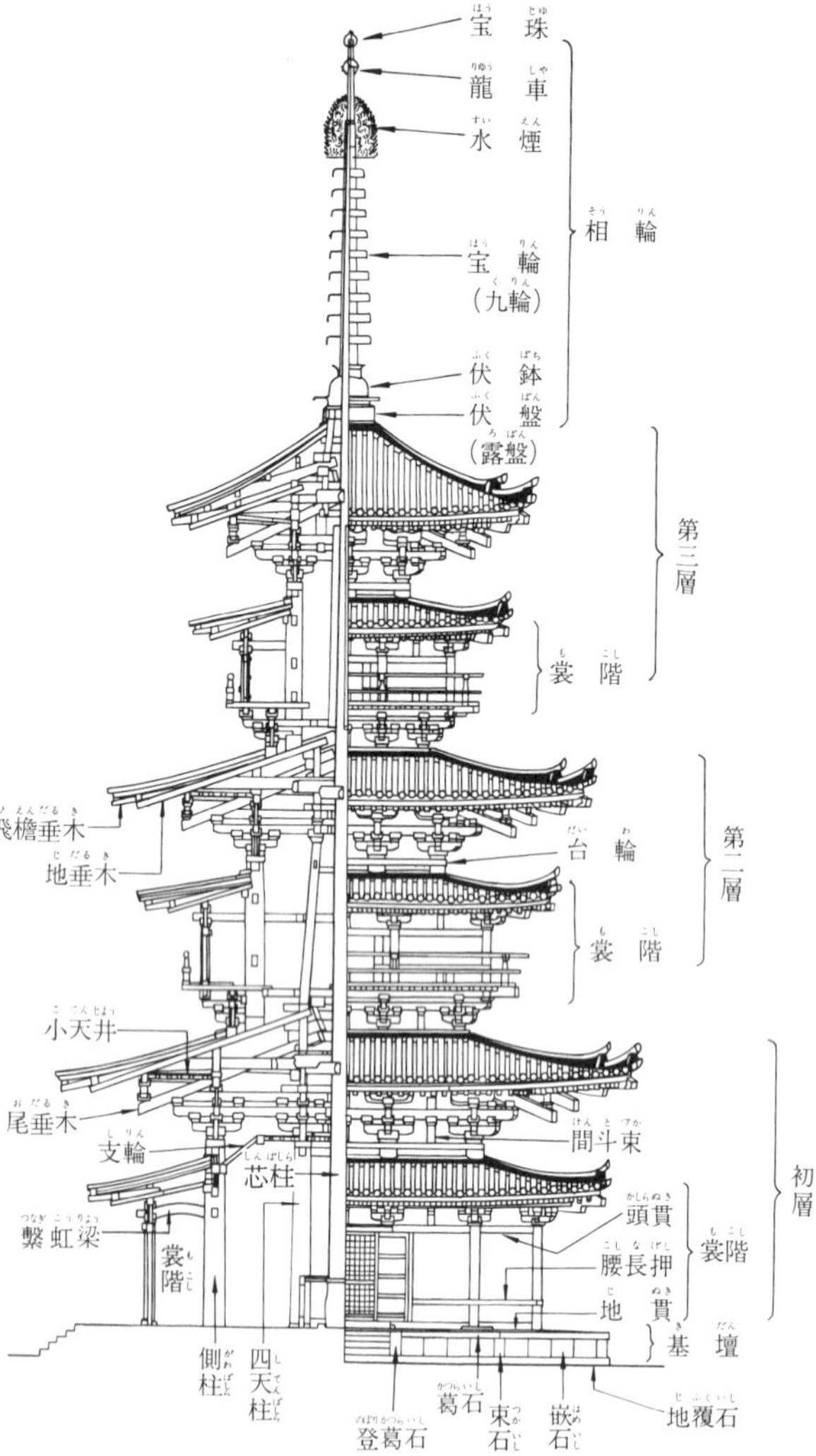

薬師寺東塔

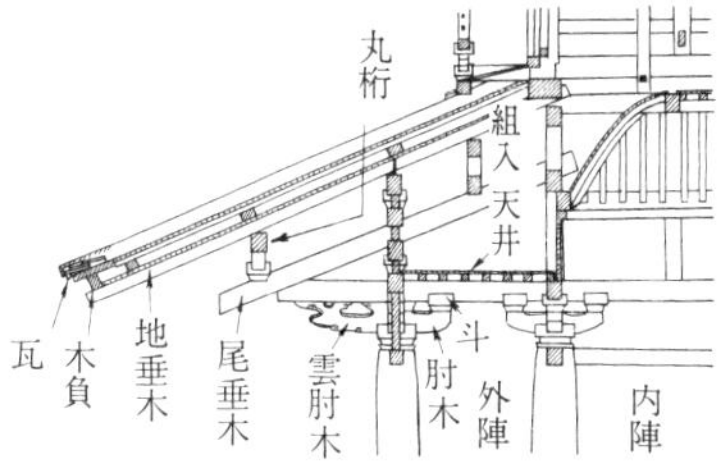

法隆寺金堂軒断面

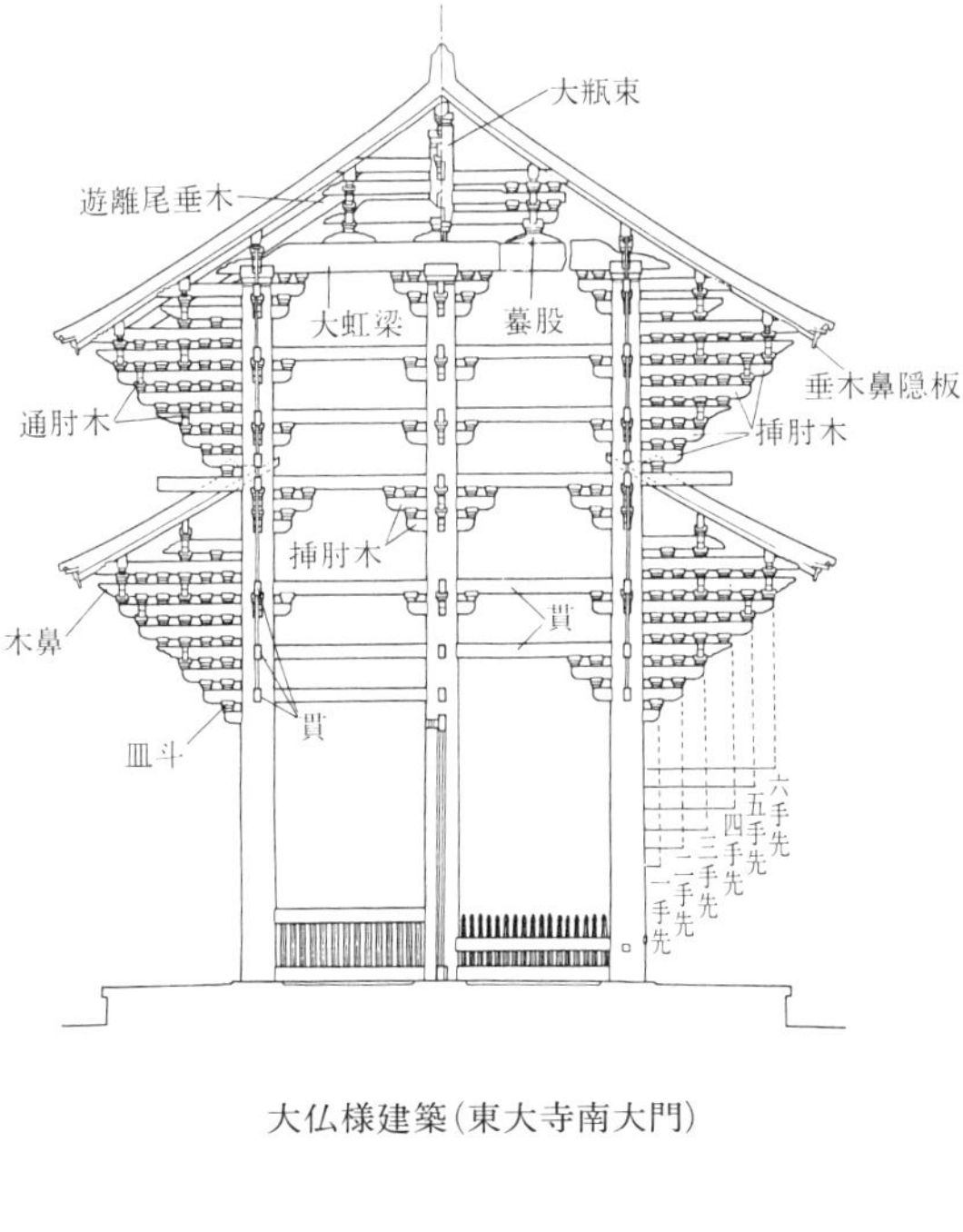

大仏様建築(東大寺南大門)

〈組 物〉

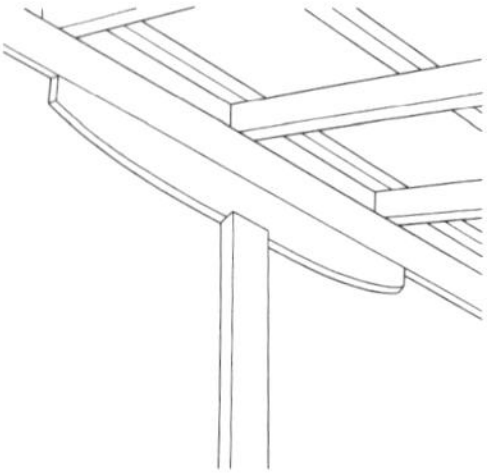

舟 肘 木

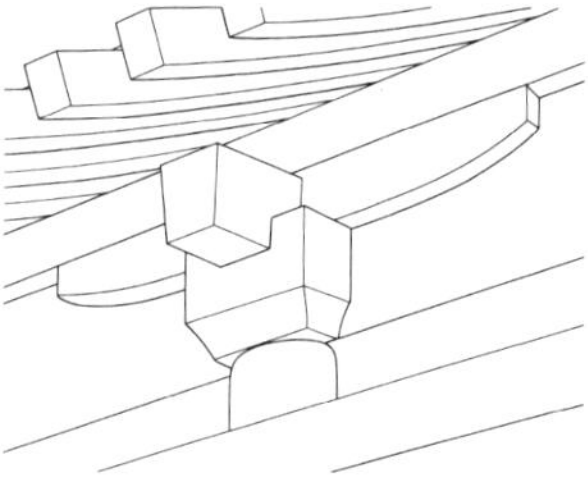

大斗肘木

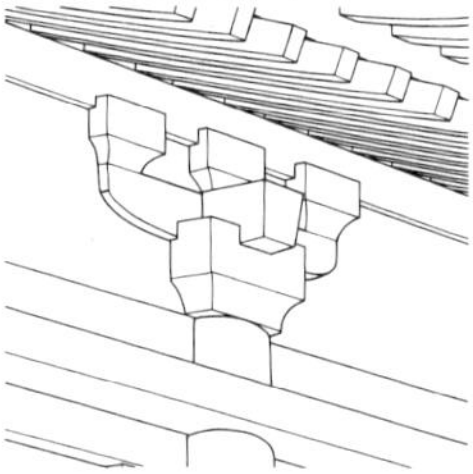

平 三 斗

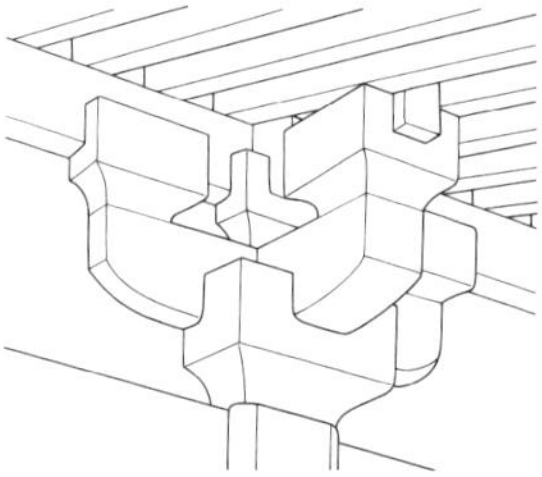

出 三 斗

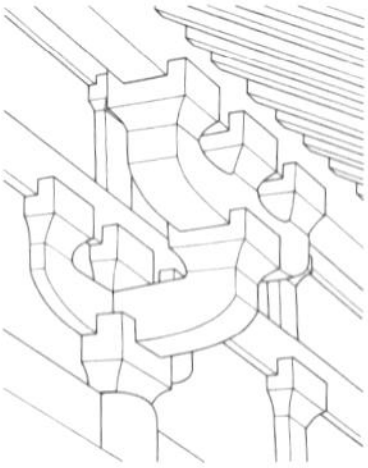

出 組

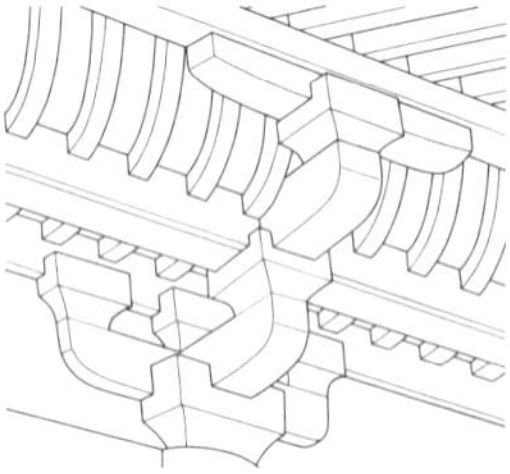

二 手 先

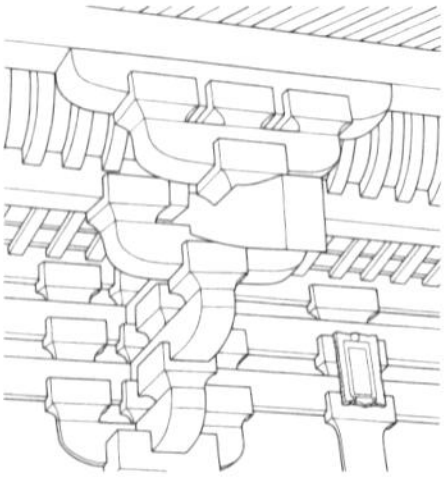

三 手 先

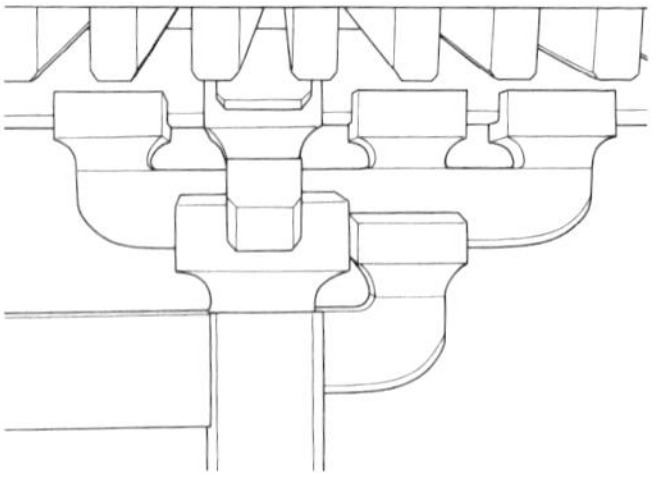

連 三 斗

〈継手・仕口〉

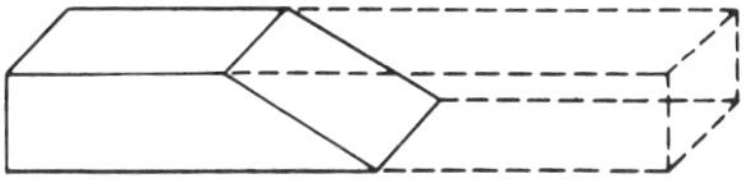

殺ぎ継

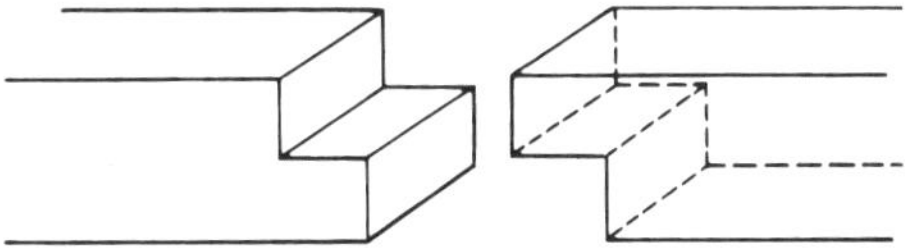

相欠き

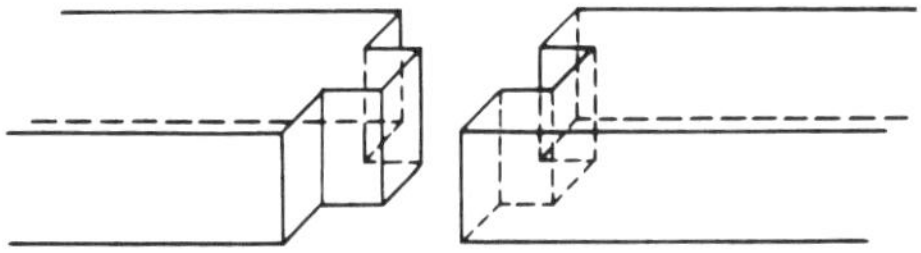

目違継

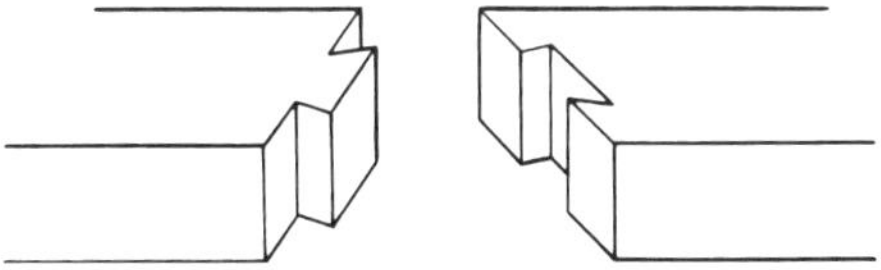

蟻継

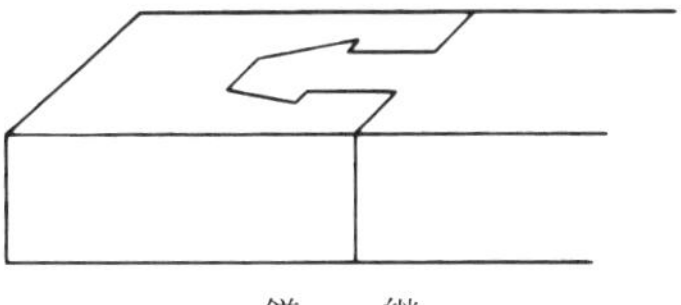

鎌継

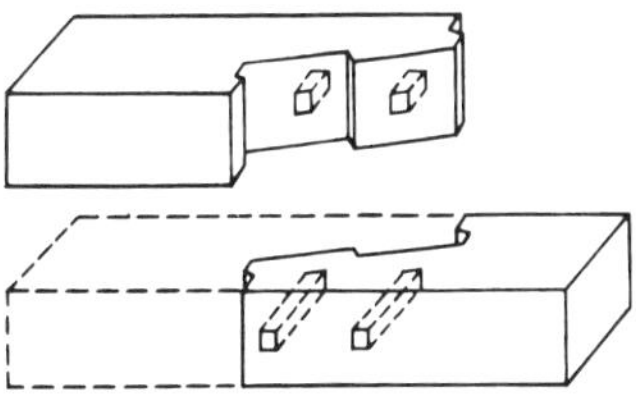

追掛大栓継

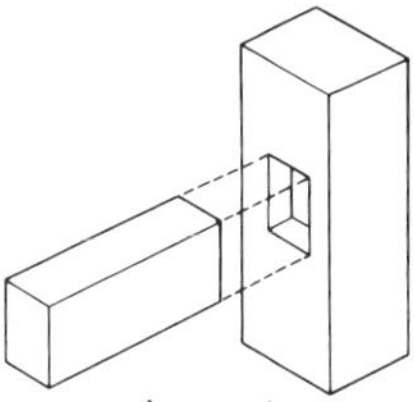

大入

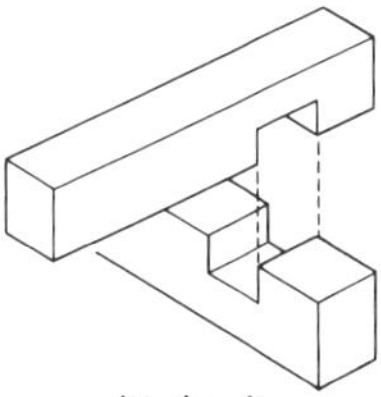

相欠き

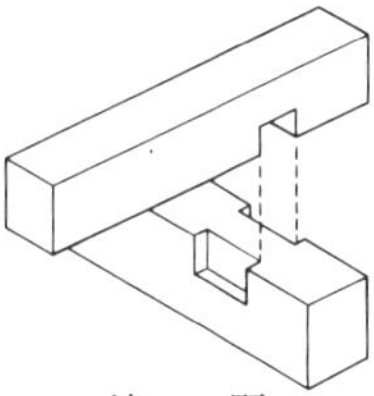

渡顋

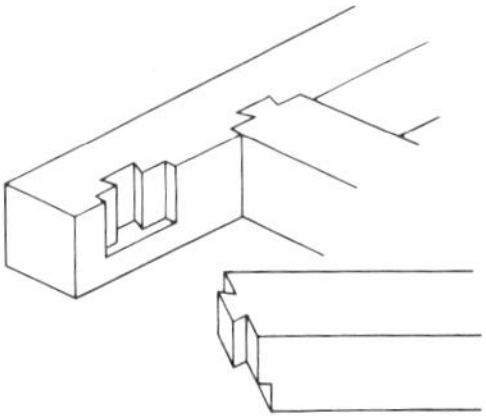

蟻掛

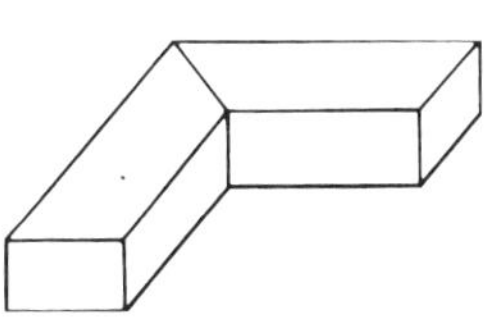

大留

付録10　伽藍配置復原図

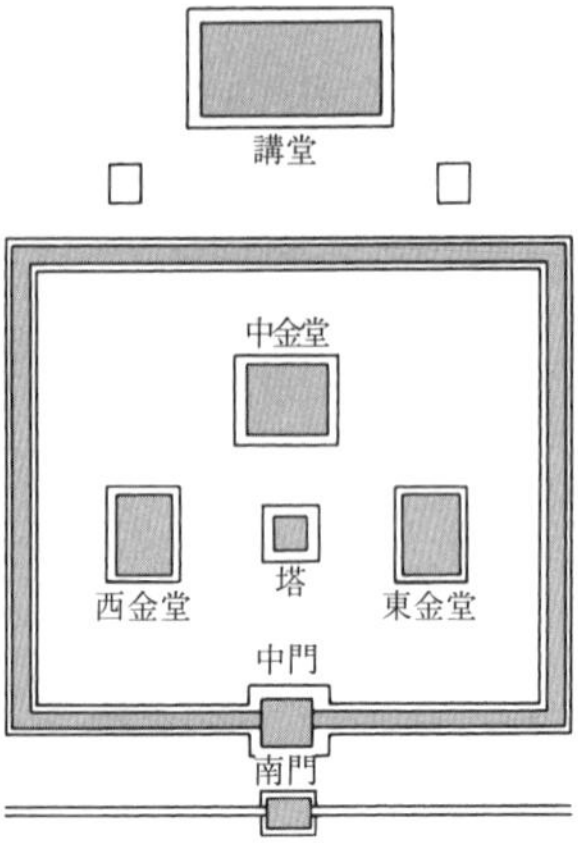

飛　鳥　寺

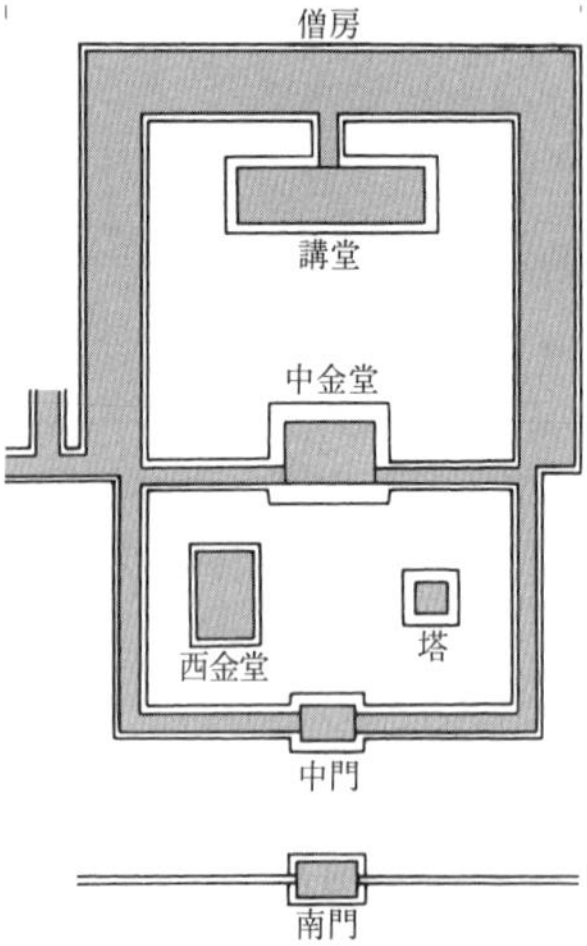

川　原　寺

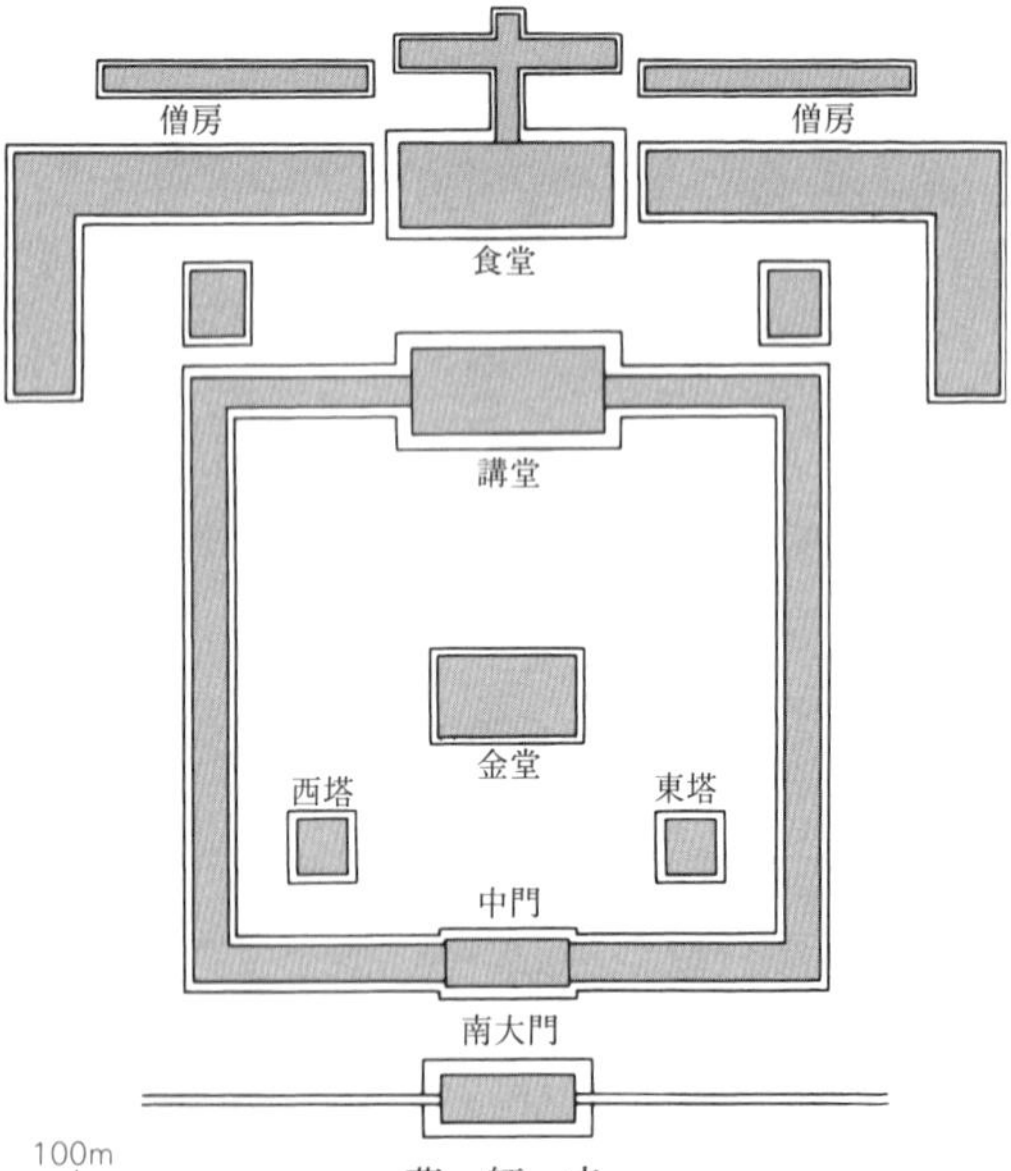

薬　師　寺

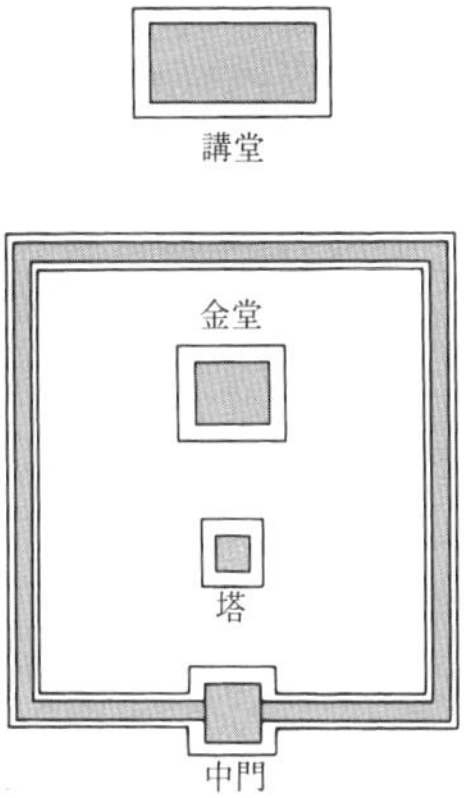

山　田　寺

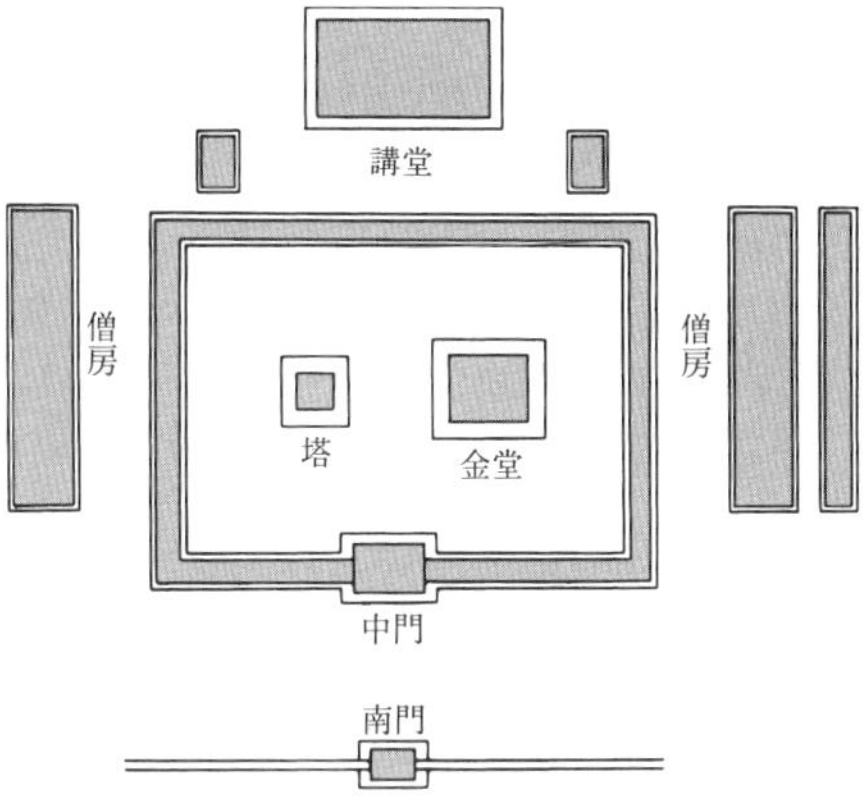

法　隆　寺

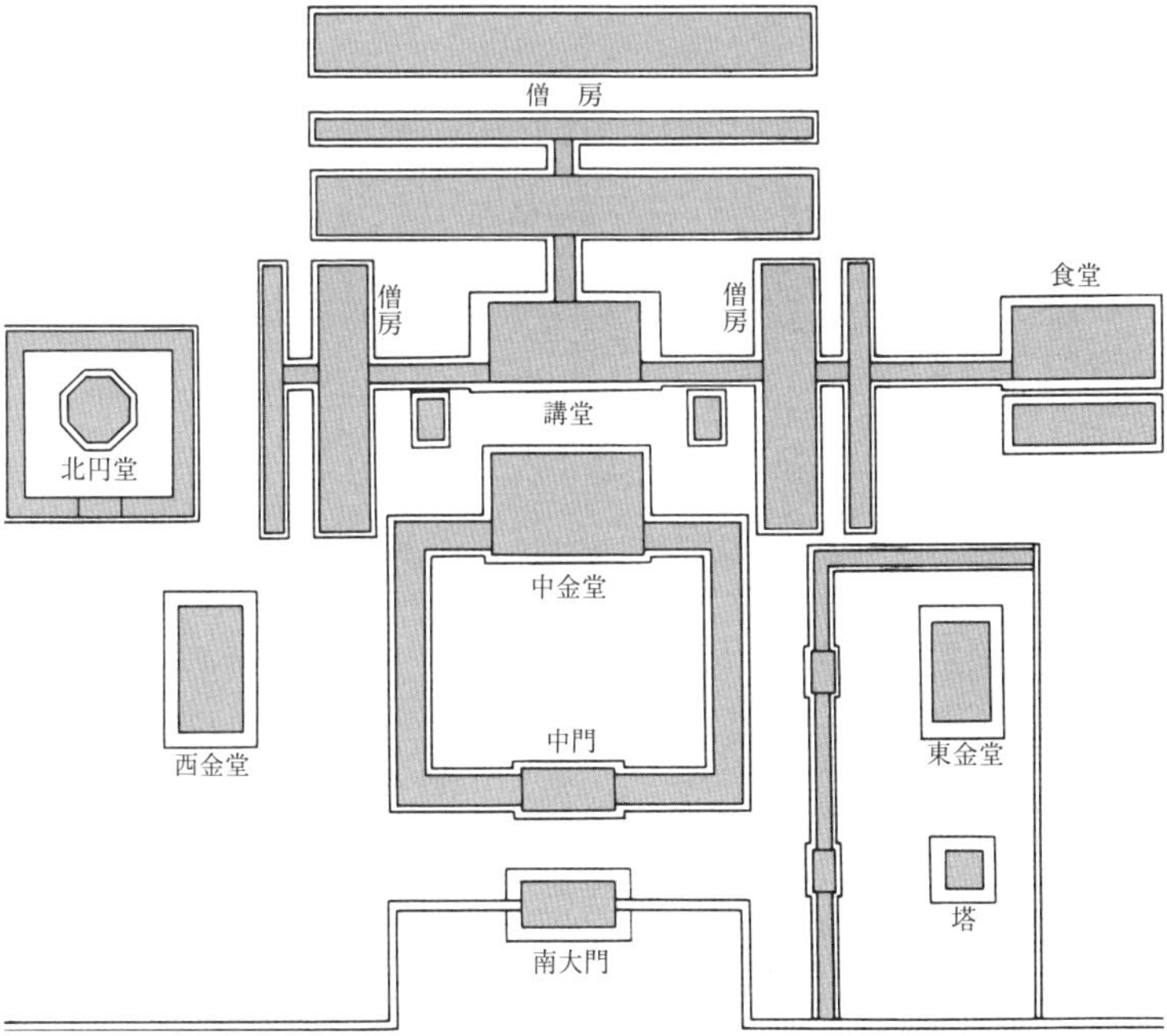

興　福　寺

伽藍配置復原図

市町村別古社寺索引

名称	所在地	ページ
梅本明神	奈良市春日野町	29
春日大社	奈良市春日野町	50
春日若宮神社	奈良市春日野町	58
漢国神社	奈良市漢国町	71
手向山神社	奈良市雑司町	140
都祁水分神社	奈良市都祁友田町	154
都祁山口神社	奈良市都祁小山戸町	155
奈良県護国神社	奈良市古市町	198
氷室神社	奈良市春日野町	210
夜支布山口神社	奈良市大柳生町	268
薬師寺鎮守八幡	奈良市西ノ京町	277
秋篠寺	奈良市秋篠町	10
阿閦寺	奈良市法華寺町	12
円成寺	奈良市忍辱山町	32
海竜王寺	奈良市法華寺町	43
葛木寺	奈良市	57
元興寺	奈良市芝新屋町・中院町	64
興福寺	奈良市登大路町	81
興福院	奈良市法蓮町	105
西大寺	奈良市西大寺芝町	107
十輪院	奈良市十輪院町	114
新薬師寺	奈良市高畑町	119
菅原寺	奈良市菅原町	125
禅院寺	奈良市	127
大安寺	奈良市大安寺	128
超昇寺	奈良市佐紀町	153
伝香寺	奈良市小川町	157
唐招提寺	奈良市五条町	159
東大寺	奈良市雑司町	166
般若寺	奈良市般若寺町	206
白毫寺	奈良市白毫寺町	211
不退寺	奈良市法蓮町	215
法華寺	奈良市法華寺町	254
薬師寺	奈良市西ノ京町	269
霊山寺	奈良市中町	287
璉城寺	奈良市西紀寺町	288
石園座多久虫玉神社	大和高田市片塩町	26
額安寺	大和郡山市額田部寺町	47
慈光院	大和郡山市小泉町	113
松尾寺	大和郡山市山田町	257
矢田寺	大和郡山市矢田町	278
出雲建雄神社	天理市布留町	20
石上神宮	天理市布留町	20
大和神社	天理市新泉町	39
石上寺	天理市	25
中臣寺	天理市中之庄町付近か	197
天香山神社	橿原市南浦町	17
天太玉命神社	橿原市忌部町	18
畝火山口神社	橿原市大谷町	28
橿原神宮	橿原市久米町	49
石川精舎	橿原市石川町	19
大窪寺	橿原市	34
葛木寺	橿原市和田	57
久米寺	橿原市久米町	78
本薬師寺	橿原市城殿町	266
大神神社	桜井市三輪	37
志貴御県坐神社	桜井市金屋	112
談山神社	桜井市多武峰	143
兵主神社	桜井市穴師	212
宗像神社	桜井市外山	258
安倍寺	桜井市大字阿部	17

長谷寺登廊　重要文化財　桜井市

長谷寺は西国三十三所観音霊場第八番の札所．登廊《のぼりろう》は仁王門を起点とし，上・中・下廊に分かれ，長さは108間，石段は399段に及ぶ．２間おきに吊された燈籠に導かれて登りきった先には国宝の本堂があり，張り出した舞台からは初瀬の山あいに広がる境内を眼下に見渡すことができる．

西大寺東塔基壇と本堂　奈良市
西大寺は天平神護元年(765)称徳天皇により開創．当初は平城京右京に計110余の堂舎をもつ大伽藍を誇ったが，平安遷都後は衰退．鎌倉時代，叡尊が律宗道場として再興したが文亀２年(1502)の兵火で東塔も焼失．本堂(重要文化財)は19世紀初頭に再建された．

石上神宮楼門　重要文化財　天理市
楼門とは，２階建で上層のみに屋根をもち，上・下層間には高欄付の縁を巡らせた形式の門．石上神宮楼門は文保２年(1318)のもので，規模は一間一戸，屋根は入母屋造の檜皮葺．東西に回廊を巡らす．楼門を潜ると拝殿(国宝)がある．

興福寺五重塔　国宝　奈良市

奈良の中心にある興福寺は藤原氏の氏寺で，五重塔は光明皇后の発願により天平２年(730)に造立．寛仁元年(1017)以後，被災と再建を繰り返し，現在の塔は応永33年(1426)のもの．高さは50.1mに達し，初層には，薬師三尊像，釈迦三尊像，阿弥陀三尊像，弥勒三尊像を四方に安置する．

室生寺五重塔　国宝　宇陀市
「女人高野」の異称をもつ室生寺の代表的建造物．仁王門を潜って金堂，本堂へと進み，さらに石段を登り詰めた位置に木々に囲まれるようにして立つ．高さは16.1mで，屋外に立つ五重塔の中では最も小さい．建立は奈良時代末から平安時代初期の間と考えられる．

談山神社十三重塔　重要文化財
桜井市
藤原鎌足の子，定恵が天武天皇6年(677)鎌足をこの多武峯《とうのみね》の地に改葬した際，廟所として建てた塔．天文元年(1532)の再建によるもので，高さは17m，檜皮葺の屋根をもつ．十三重塔は一般に石塔の例が多く，希有な木造建築である．

岡寺本堂　高市郡明日香村
別名「竜蓋寺《りゅうがいじ》」といい，平安時代末期ごろからは西国三十三所観音霊場の第七番札所として栄えた．本堂にまつられる如意輪観音像(重要文化財)は4.9mの高さをもつ日本最大の塑像で，古くから「厄除観音」として信仰を集め，今も多くの参拝者が訪れる．

大神神社繞道祭　桜井市

大和国一宮の大神神社で元旦に行われる祭り．五穀豊穣と天下泰平を祈る．午前零時，神事が行われた後，神火が燃える大･中･小の松明を氏子らが担いで摂社･末社を巡る．「御神火祭」とも呼ばれ，多くの初詣客が火縄で神火を持ち帰り，新年を祝う．

東大寺修二会　奈良市

３月１日より行われる春の代表的行事．「おたいまつ」の名に象徴される燃えさかる松明は二月堂に上る連行衆を導くためのもの．また，井戸から汲んだ香《こう》水《ずい》を本尊の十一面観音に供えることから「お水取り」とも呼ばれる．過ちを懺悔して除災招福を祈る法会で，天平勝宝４年(752)の創始以来中断なく続く．

西大寺大茶盛　奈良市
１月15日，４月第二土・日曜日，10月第二日曜日に行われる茶会．鎌倉時代の西大寺中興の祖叡尊が，修正会結願日に民衆へ茶を振る舞った故事によるものという．参加者は順に茶を飲み回していくが，その茶碗の重さは10kgを超え，持ち上げるには３人がかりとなる．

春日若宮おん祭　奈良市
春日大社の摂社若宮の例大祭．祭日は12月17日．保延２年(1136)，関白藤原忠通が災害を鎮めるために神事を行なったのが起こりという．夜更まで奉納される，神楽・東遊・田楽(写真)・細《せいの》男《お》・猿楽・和舞・舞楽などの多様な芸能は，国の重要無形民俗文化財．

吉　野　山　吉野郡吉野町

飛鳥地方の南に位置する桜の名所．麓から下千本，中千本，上千本，奥千本と呼ばれ，３万本とも数えられる桜が尾根をたどるように開花していく．この地の寺院を総称して金峯山寺といい，修験道の中心的道場であった．山中にあってひときわ目立つ建物が本堂の蔵王堂（国宝）で，木造建築物では東大寺大仏殿に次ぐ規模を誇る．

奈良古社寺辞典

吉川弘文館編集部［編］

吉川弘文館

はしがき

奈良、大和と聞くとおのずと遠い古代に思いをはせるのはなぜでしょうか。飛鳥・奈良の時代から、いやもっと以前の時代の遺跡が数多く残されていることが知られているからでしょうか。その縁《よすが》となるのは、数多くの古墳群であり、飛鳥の宮跡、藤原京や平城京であり、そして今も人びとを惹きつけてやまない寺院や神社の姿ではないでしょうか。

現在の奈良県、大和国の地域では多くの寺院と仏たちが、多様な神々の鎮座する神社が、祈願に訪れる人や日本の歴史を知りたいと思う人を迎えてくれます。古《いにしえ》のままの参詣道や生活のために往来した道をたどることが今も可能です。これらの社寺やそれに通ずる道をさまざまなコースに分けて紹介するガイドブックが、京都や東京とともに群を抜いて刊行されていることから、その人気の様子がわかります。名所《めいしょ》・旧跡《きゅうせき》を訪ねることは現代に始まったことではありません。時代状況や交通路の整備などに制約を受けながらも、古くから歌枕を訪ねたり熊野詣でなどの社寺参詣がみられます。江戸時代に盛んになる名所記の成立は中世にさかのぼります。名所は本来は歌の名所《などころ》のことでしたが、名所記は、名所《などころ》の紹介とともに名所・旧跡の故事・来歴や風俗を、のちには挿絵を交えながら紹介するも

ので、中世からの伝統をもった旅行案内書といえます。

江戸時代に名所や寺院・神社を訪ねる旅が信仰心を伴いながら庶民にまで盛んになったことは、各地の名所記や名所図会が刊行されたことからわかります。名所記の後を受け、名所・旧跡のみならず地名・景勝地、街道や街場とその風俗などをより平易に詳しく紹介し、また写実性豊かな挿絵を伴うすばらしいガイドブックとして名所図会が出版されるようになりました。その嚆矢《こうし》は、江戸時代も後半の、安永九年(一七八〇)の『都名所図会』で、遅れること十一年、寛政三年(一七九一)には『大和名所図会』六巻七冊が刊行されました。これは大変早い時期のこととして知られています。

このことが奈良・大和への旅人を誘う大きな要因となったと思われます。その後、明治維新期の古い日本の文化を顧みる余裕のなかった時期を経て、鉄道など社会的インフラ整備や教育の充実をみ、日本美術の見直しや歴史探究がはかられるようになりました。戦前の和辻哲郎の『古寺巡礼』をあげるまでもなく、奈良・大和の名は人びとを惹きつけ続け、多くの書籍が刊行されてきました。また、戦後の中学・高校生の修学旅行といえば奈良・京都であり、現在のように日本全国が観光地化するに及んでも、なお古都への憧憬は衰えていないと思われます。

奈良のもっている魅力とは何でしょうか。奈良のいずれの地を訪ねるにしても、古社寺のないところはなく、歴史をもたない古社寺もありません。何時の時代であれ歴史的環境の中に身を置くことで、古代の人たちと時と場を共有できるのかもしれません。そのすばらしい体験は、積み重ねられた歴史

を知る有力な手がかりとなるものと思います。

そのような体験の手助けとして、このたび『奈良古社寺辞典』を刊行することといたしました。本書は、奈良の古社寺を、伽藍の諸堂や社殿、安置される諸仏などとともに紹介するものです。本書のもとになったのは、小社刊行の『国史大辞典』や『神道史大辞典』などに収載されている項目です。確かな記述は古社寺の創建からの歴史をたどり、現地での理解に資することができる最適なものと自負しております。その歴史を知ることは、奈良・大和の歴史を知ることでもあります。併せて付録に奈良県の年中行事・文化財、建築様式・諸仏の部分名称などの便覧も付し、総合的な案内書としての便をも図りました。

本書が、貴重な日本の文化財である奈良・大和の古社寺探訪の道具として活用されますればそれに勝る喜びはございません。

二〇〇九年九月

吉川弘文館編集部

凡例

項目

一　本辞典は、奈良県の社寺(現存しないものも含む)の項目を収録し、適宜建築・仏像などの小見出しを立てて解説した。

配列

一　社寺の名称の五十音順とした。

記述

一　文体・用字

1　漢字まじりのひらがな書き口語文とし、かなづかいは引用文をのぞき、現代かなづかいを用いた。

2　漢字は、歴史的用語・引用史料などのほかは、なるべく常用漢字・新字体を用いて記述した。

3　数字は、漢数字を使用し、十・百・千・万などの単位語を付した。ただし、西暦、文献の編・

巻・号などは、単位語を略した。

二　年次・年号

1　年次表記は、原則として年号を用い、（　）内に西暦を付け加えた。

2　改元の年は、原則として新年号を用いた。

三　記述の最後に、基本的な参考文献となる著書・論文・史料集をあげ、研究の便を図った。

四　項目の最後に、執筆者名を（　）内に記した。

五　記号

『　』　書名・雑誌名・叢書名などをかこむ。

「　」　引用文または引用語句、特に強調する語句、および論文名などをかこむ。

（　）　注、および角書・割注を一行にしてかこむ。

～　数の幅を示す。　例：二〇～三〇センチ

・　並列点および小数点を示す。

函・口絵写真＝桑原英文撮影
函（表）　春日山を背にした薬師寺
（裏）　石上神宮ふる祭

目次

奈良古社寺分布地図

奈良県市町村区分図

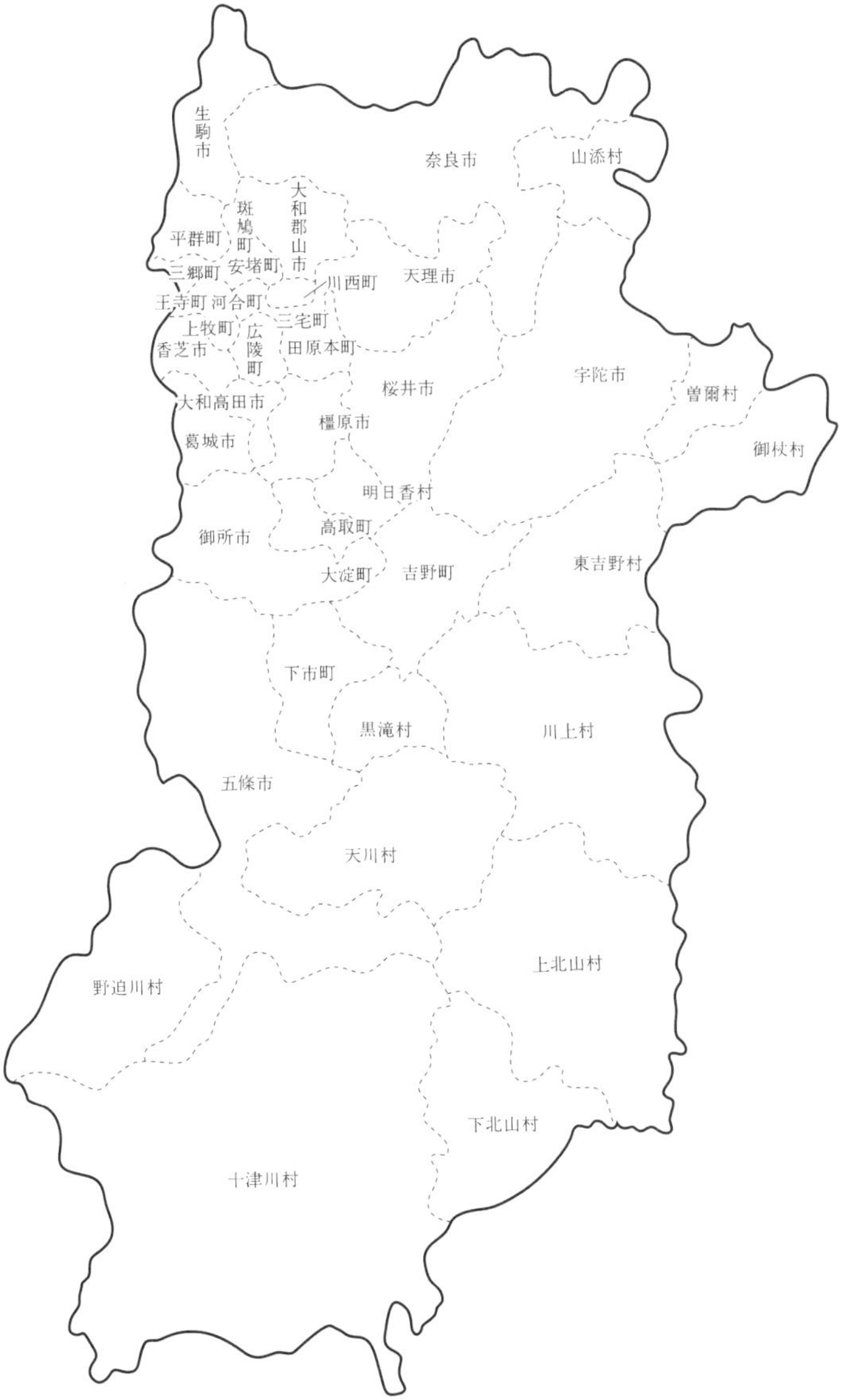
生駒市
奈良市
山添村
斑鳩町
大和郡山市
平群町
三郷町
安堵町
川西町
天理市
王寺町
河合町
三宅町
上牧町
広陵町
香芝市
田原本町
桜井市
宇陀市
曽爾村
大和高田市
橿原市
御杖村
葛城市
明日香村
高取町
御所市
東吉野村
大淀町
吉野町
下市町
黒滝村
川上村
五條市
天川村
上北山村
野迫川村
下北山村
十津川村

奈良市街地1
般若寺 p.206
川上町
三笠温泉郷
鴻池運動公園
奈良少年刑務所
般若寺町
北山十八間戸
東之阪町
聖武天皇陵
仁正皇后陵
気象台
雑司町
十国台
東包永町
正倉院
知足院ナラヤエザクラ
鶯塚古墳
若草山
三笠山
大仏殿
二月堂
法華堂（三月堂）
女子大学
東大寺 p.166
手向山神社 p.140
春日山遊歩道
県立美術館
東大寺東南院旧境内
春日野町
県庁
氷室神社 p.210
新公会堂
興福寺 p.81
春日大社神苑
国立博物館
奈良公園
梅本明神 p.29
春日大社 p.50
春日大社境内
御蓋山
春日山
春日若宮神社 p.56
ルーミスシジミ生息地
旧大乗院庭園
若宮神社
社境内ナギ樹林
餅飯殿町
元興寺極楽坊境内
元興寺 p.64
十輪院 p.114
元興寺 p.64
高畑町
新薬師寺 p.119
能登川
元興寺塔跡
元興寺小塔院跡
東海自
奈良教育大学
白毫寺町
璉城寺 p.288
中辻町
京終町
肘塚町
東紀寺町三丁目
白毫寺 p.211
白毫寺
紀寺町
南紀寺町二丁目
南紀寺町三丁目
南京終町五丁目
0
1km

奈良市街地 2
超昇寺 p.153
不退寺 p.215
興福院 p.105
平城宮跡
海竜王寺 p.43
法華寺 p.254
阿閦寺 p.12
奈良市
漢国神社 p.71
伝香寺 p.157
葛木寺 p.57
大安寺 p.128
歌姫町
磐之媛命陵
小奈辺陵墓参考地
宇和奈辺陵墓参考地
水上池
法華寺旧境内
法蓮町
佐保川
奈良県立大学
北市町
開化天皇陵
二条大路南一丁目
芝辻町四丁目
芝辻町三丁目
芝辻町二丁目
芝辻町一丁目
大宮町六丁目
大宮町四丁目
大宮町三丁目
大宮町二丁目
大宮町一丁目
三条大路二丁目
平城京左京三条二坊宮跡庭園
四条大路一丁目
三条栄町
三条添川町
三条宮前町
なら100年会館
三条大宮町
三条桧町
三条本町
三条町
杉ヶ町
菩提川
恋の窪一丁目
大森西町
大森町
南袋町
西木辻町
柏木町
大安寺町
大安寺七丁目
大安寺六丁目
大安寺西二丁目
大安寺三丁目
大安寺四丁目
大安寺五丁目
大安寺旧境内
八条町
南京終町一丁目
南京終町二丁目
0
1km

秋篠寺　p.10
西大寺　p.107
菅原寺　p.125
禅院寺　p.127
唐招提寺　p.159
薬師寺　p.269
薬師寺鎮守八幡　p.277
競輪場
秋篠新町
秋篠三和町二丁目
秋篠早月町
成務天皇陵
日葉酢媛命陵
瓢箪山古墳
孝謙天皇陵
西大寺赤田町二丁目
西大寺北町四丁目
西大寺新町二丁目
西大寺宝ケ丘
西大寺本町
西大寺小坊町
西大寺新池町
西大寺境内
西大寺芝町二丁目
西大寺南町
西大寺国見町
西大寺東町二丁目
西大寺栄町
二条町二丁目
二条町三丁目
平城宮跡資料館
近鉄奈良線
秋篠川
二条大路南五丁目
積水化学工場
三条大路五丁目
四条大路四丁目
あやめ池北三丁目
あやめ池南三丁目
あやめ池南四丁目
あやめ池南五丁目
あやめ池南七丁目
敷島町一丁目
敷島町二丁目
若葉台二丁目
若葉台四丁目
青野町
菅原町
菅原神社
尊賞親王墓
阪奈道路
宝来町
宝来ランプ
安康天皇陵
宝来四丁目
宝来三丁目
宝来二丁目
奈良国際ゴルフ倶楽部
あまがつじ
尼辻中町
尼辻南町
垂仁天皇陵
近鉄橿原線
平松一丁目
平松二丁目
平松三丁目
平松四丁目
平松五丁目
五条畑二丁目
五条畑一丁目
五条西二丁目
五条西一丁目
五条一丁目
五条二丁目
五条三丁目
五条町
赤膚町
唐招提寺旧境内
六条西一丁目
六条西二丁目
六条西三丁目
六条緑町二丁目
六条緑町三丁目
六条二丁目
六条一丁目
六条三丁目
六条町
にしのきょう
西京町
大池
第二阪奈有料道路

5　奈良古社寺分布地図

飛鳥地域
本薬師寺 p.266
葛木寺 p.57
久米寺 p.79
山田寺 p.279
豊浦寺 p.195
石川精舎 p.19
飛鳥坐神社 p.16
飛鳥寺 p.13・禅院寺 p.127
川原寺 p.62
岡寺 p.40
橘寺 p.136
定林寺 p.118
坂田寺 p.111
檜隈寺 p.209
明日香村
0
1km

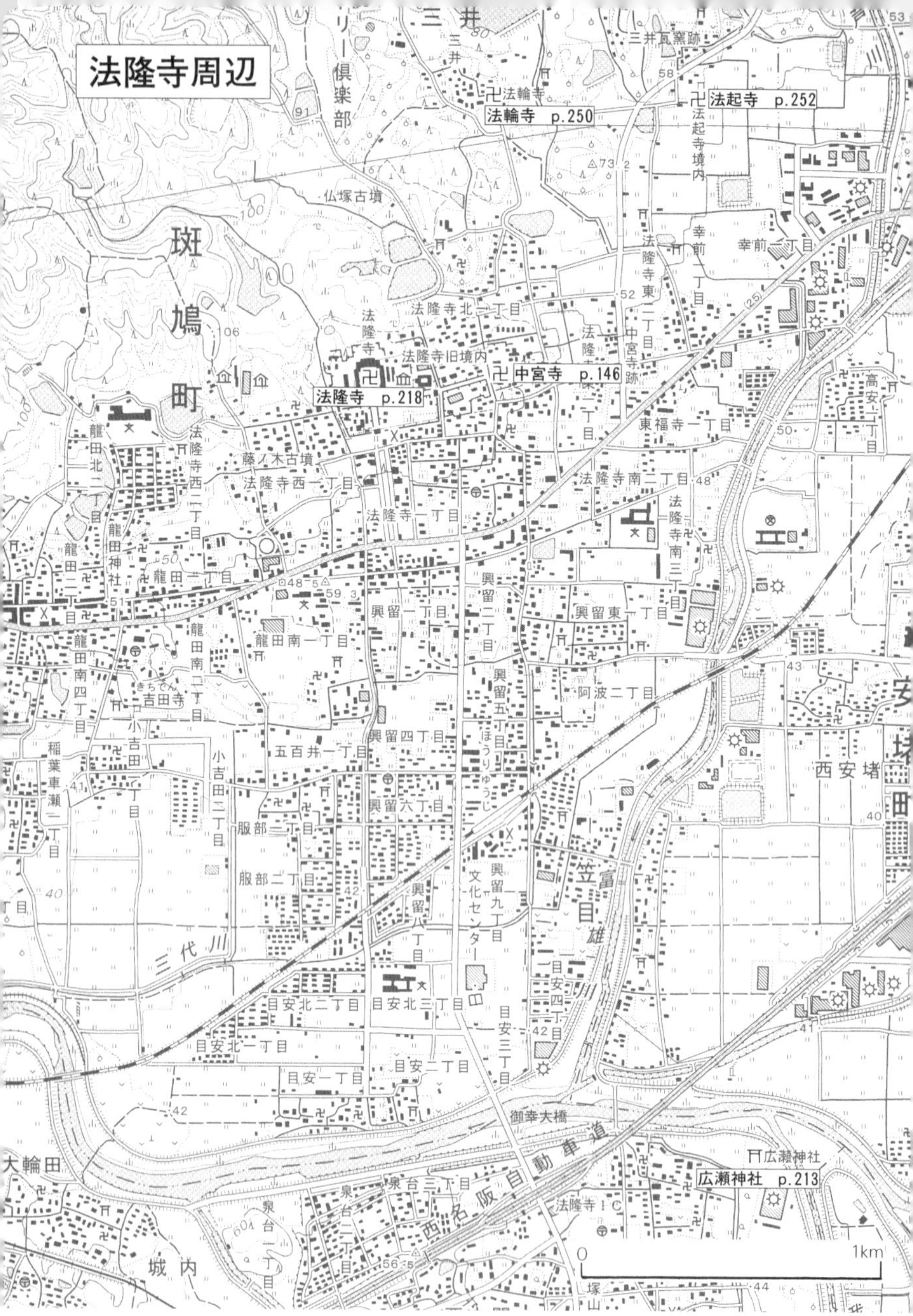
法隆寺周辺
法輪寺 p.250
法起寺 p.252
中宮寺 p.146
法隆寺 p.218
広瀬神社 p.213
斑鳩町
三井瓦窯跡
仏塚古墳
藤ノ木古墳
吉田寺
法隆寺旧境内
中宮寺跡
法起寺境内
龍田神社
御幸大橋
西名阪自動車道
法隆寺IC
三代川
大輪田
城内
西安堵
文化センター
0
1km

吉野山
吉野神宮 p.282
金峯山寺 p.75
吉水神社 p.285
勝手神社 p.61
如意輪寺 p.201
吉野水分神社 p.283
吉野町
丹治
丹治川
藤田
飯貝
南栖井
茄子田
吉野山
村上義光墓
よしの
よしのせんぼんぐち
よしのやま
下千本
中千本
上千本
城山
船岡山
吉野山ビジターセンター
吉水神社
如意輪寺
竹林院
桜峠
子守
吉野水分神社
よしのじんぐう
0
1km

奈良古社寺総覧

秋篠寺

あきしのでら

奈良市秋篠町七五七にある寺院。もと法相宗で真言宗に転宗し、現在は浄土宗西山派に属する。創建について宝亀七年(七七六)・十一年の二説がある。寺号は秋篠の地名より起ったが、西大寺蔵の『京北班田図《きょうほくはんでんず》』によると、現秋篠寺の位置は「内経《ないきょう》寺」の位置に適合するから、元来は内経寺と称せられたものと認められる。同十一年光仁朝一代を限って寺封百戸が施入され、延暦六年(七八七)六月ごろには俗別当がすでに置かれ、同十六年四月に没した法相宗の碩学《せきがく》、興福寺の善珠《ぜんじゅ》は晩年当寺に移り、生前安殿《あて》皇太子(平城天皇)の病悩回復を祈修し、没後皇太子は善珠の画像を当寺に安置した。史上秋篠寺の善珠と称し当寺開山と伝える。翌十七年十一月に添下郡の荒廃田二十四町と旧地一所が寺田として施入され、同二十四年には桓武天皇の勅命により善珠の弟子常楼《じょうろう》が当寺に移り、七堂伽藍が整備したものと思われる。桓武天皇の五七日の斎会が、特に当寺と大安寺で祈修されたことは、当寺と桓武天皇との特別な関係を示すものであろう。大同三年(八〇八)七月には法華寺などとともに当寺の木工長上一人が減員されたが、弘仁三年(八一二)三月に寺封百戸が寄せられ、長徳四年(九九八)・天永二年(一一一一)ごろには美作国・大和国平群《へぐり》郡に寺領が散在していた。保延元年(一一三五)六月に講堂を遺して金堂・東西二塔・八所御霊社などことごとく炎上したが、これより以前に常暁《じょうぎょう》が将来した大元帥《たいげんすい》秘法が伝えられ、秘法の霊泉香水閣(閼伽井屋《あかいや》)とともに中世当寺の信仰の中心を占めた。炎上後講堂は本堂に転用、香水閣は再建されたが、鎌倉時代に至って本堂・諸仏像などが修理され、文永以降、弘安三年(一二八〇)・嘉元元年(一三〇三)

には西大寺との間に有名な寺地・用水の争論が繰り返され、文明年間(一四六九―八七)には再三戦場になりながらも伽藍は守護された。寛文九年(一六六九)に至って朱印百石を寄せられ、元禄五年(一六九二)三月には本尊薬師如来を開帳し、その賽物により修理が行われ、享保元年(一七一六)には梵鐘が新鋳された。現在当寺寺地は東西五百尺(一五二メートル)・南北六百尺、国宝指定の本堂一棟、重要文化財指定の伎芸天立像および梵天・帝釈天立像などを含む仏像九軀のほか、閼伽井は古式を伝え、伝常暁の小木像や伝仁明天皇宸筆の「真言院」の木額、修二会・巡礼者の木札などが現存する。

参考文献 『大和古寺大観』五、福山敏男『奈良朝寺院の研究』、直木孝次郎「秋篠寺と善珠僧正」(『奈良時代史の諸問題』所収)、西村貞「秋篠寺古今記」(『大和文華』一一)、「秋篠寺調査概要」(『奈良国立文化財研究所年報』一九六五年)

(堀池　春峰)

本　堂　講堂の跡に建てられた桁行五間、梁行四間、寄棟造、本瓦葺の堂で、低い基壇上に立ち、床は土間とし、組物は平三斗である。この形式はおそらく奈良時代以来のものを踏襲しているのであろう。

秋　篠　寺　本　堂

前面一間通りはもと吹放しであった可能性がある。建立年次に関する資料はないが、様式上、鎌倉時代中期を下るまい。鎌倉時代南都六宗復興の波にのって再建された純和様の建築で、天平の遺風をよく残すものである。国宝。

参考文献 太田博太郎編『日本建築史基礎資料集成』四

（太田博太郎）

阿閦寺

あしゅくじ

奈良市法華寺町にあった寺院。石上宅嗣《いそのかみのやかつぐ》が平城左京に創立した寺。天応元年（七八一）六月に没した文人石上宅嗣は、生前自宅を改造して阿閦仏を本尊とする寺を造り、阿閦寺と名づけた。寺内の東南には有名な漢籍の図書館といえる芸亭《うんてい》を建てたが、これは「内外両門一体なり」という仏儒一体の観点に立つもので、天長五年（八二八）ごろには廃絶していた。その寺跡は今日一条通りに北面した左京二条三坊九・十・十五・十六坪の小字「堂の前」が旧跡といわれ、法華寺の東南にあたる。建久三年（一一九二）の『建久御巡礼記』以降、光明皇后浴室垢穢伝説に発展転化されて光明皇后建立ともいわれ、あたかも当寺が二寺並存した観を与える

が、法華寺の近傍に寺跡を伝えていたためである。

参考文献 『綜芸種智院式並序』（『日本教育文庫』学校編）、『日本高僧伝要文抄』、桑原蓼軒『（日本最初の公開図書館）芸亭院』

（堀池　春峰）

飛鳥寺　あすかでら

奈良県高市郡明日香村飛鳥六二にあり、法興寺《ほうこうじ》・大法《だいほう》興寺《こうじ》・元興寺《がんごうじ》と号し、平城京の元興寺に対して本元興寺《もとがんごうじ》と呼び、現在は新義真言宗で安居院《あんごいん》という。蘇我馬子《そがのうまこ》が創立した寺で、『日本書紀』や『元興寺伽藍縁起《がんごうじがらんえんぎ》』によると、崇峻天皇元年に百済《くだら》王がおくった僧や寺工・露盤工・瓦工・画工が参画して、飛鳥真神原で法興寺の造営に着手し、同四年仏堂と回廊を造り、推古天皇元年（五九三）正月、塔心礎中に仏舎利を納めて心柱を立て、同四年十一月塔を完成した。同十三年四月銅と刺繡の丈六釈迦像を造った。『元興寺伽藍縁起』に高《こう》麗《らい》王が送った塗金用の黄金三百二十両は同十六年に日本に着き、十七年四月に金銅像として完成し元興寺金

堂に安置したとあるが、『日本書紀』はこの銅像は鞍《くら》作鳥《つくりのとり》の作で、同十四年四月に金堂に入れたとする。寺の西の槻の下は中大兄皇子《なかのおおえ》や中臣鎌子《なかとみのかまこ》が蹴鞠を行なった所。皇極天皇四年(六四五)六月飛鳥板蓋宮で蘇我入鹿《いるか》を滅ぼした中大兄は法興寺を占居し城として備えた。同月、中大兄の兄古人大兄皇子《ふるひとのおおえ》は皇位を辞退、法興寺の仏殿と塔の間で剃髪し仏門に入った。天智天皇十年(六七一)十月天皇の病のため袈裟・金鉢や珍財を法隆寺の仏前に奉った。天武天皇六年(六七七)八月飛鳥寺の一切経会に天皇は同寺南門で礼拝した。同九年四月飛鳥寺は官司の治めるたてまえではないが、先例や功績もあり特に官治の扱いとすると定めた。同十四年九月天皇病気のため大官大寺《だいかんだいじ》・川原寺《かわらでら》・飛鳥寺で読経させ、持統天皇元年(六八七)八月飛鳥寺に僧三百を集め、先帝の御服で作った袈裟を分かちその冥福を祈らせた。また入唐僧道昭は元興寺の東南隅に禅院を造って住した。養老二年(七一八)法興寺は平城京に移され元興寺となったが、金堂・塔などは旧地に残し、一部の建物を引き移したらしい。建久七年(一一九六)六月雷火で金堂と塔が焼け、本尊は頭と手が残り、塔跡の心礎からは翌年三月多数の舎利や金銀具を発見した。爾来この寺は衰微した。発掘調査によると塔を中にして北と東と西に金堂を配し、塔前の中門の左右から回廊が出て塔と三金堂を囲み、中門の前に南大門、回廊の北に講堂、回廊の西に西大門があり、これら大門に続く外郭の築地があった。中金堂の丈六銅造釈迦坐像は建久の火災で破損しながらも旧位置の石座で今の本堂に残る。東西両金堂は向かい合い、二重基壇の下壇で軒の支柱を受ける点、高句麗や百済の寺跡に類例があり、半島伝来の方式である。塔跡の地下の心礎の上面中央には舎利を納める方孔をうがち、もと石蓋があった。建久に再埋納された舎利や玉類・金環・金銀延板・金銅飾金具と鈴・銅馬鈴・鉄挂甲などが心礎上から発見された。中金堂は法隆寺金堂とほぼ同大、中門の側面

三間であることや回廊の柱間の長さは法隆寺と同様で、回廊南北径は法隆寺回廊東西径と同じであり、特に法隆寺との類似が多い。当初の軒丸瓦の文様が百済の都扶余出土の瓦と酷似することも百済の工匠が造営に参加したという所伝を裏付けている。 ↓元興寺《がんごうじ》

参考文献 福山敏男『日本建築史研究』、『飛鳥寺発掘調査報告』(『奈良国立文化財研究所学報』五)

(福山　敏男)

釈迦如来像

現在安居院本尊、もと飛鳥寺本尊で、飛鳥大仏として知られる。銅造、高さ二七五センチ、丈六坐像で石造台座上に安置される。目と額の部分、右手指三本ほどに当初の部分を残すのみで、その他は建久七年(一一九六)の雷火により破砕したのを造り直したものであるが、わずかな残存部分にも推古天皇三十一年(六二三)鞍作鳥(止利仏師)が造った法隆寺金堂釈迦如来像との類似を指摘できる。飛鳥寺本尊造立について『日本書紀』では推古天皇十三年に天皇が発願し、鞍作鳥に命じて銅繡丈六仏像各一軀を造らせ、これが翌十四年に完成、元興寺金堂に安置したといい、『元興寺縁起』に引く「丈六光銘」ではその完成を同十七年とする。後者は光背銘にもとづき、『日本書紀』に記す完成年時は「丈六光銘」記事の誤解によると見て、鞍作鳥による推古天皇十七年の完成とするのが通説である。飛鳥寺発掘調査により、塔を中心に中・東・西の三金堂があったことがわかり、もとから中金堂にあったと信じられる現本尊像が推古十七年完成の像にあたるか否かについて論議を呼んだ。一説

飛鳥寺釈迦如来像

は、『日本書紀』『元興寺縁起』中の「塔露盤銘」には推古天皇四年に造寺が終ったとあり、後者に見える鞍部加羅爾ら帰化人系工人の作った「金人」(仏像)が中金堂安置の現本尊で、鞍作鳥による銅繡二軀丈六はやや遅れて建立の東西金堂にそれぞれ安置され、今失われたと考えるものである。これに対し「塔露盤銘」の該当個所を「金人」とする解釈を否定し、推古四年に完成したのは塔で、同十七年完成の像を現本尊とする説が有力となっている。重要文化財指定。

参考文献 大脇潔『飛鳥の寺』(『日本の古寺美術』一四、大橋一章『飛鳥の文明開化』(『歴史文化ライブラリー』一二)、毛利久「飛鳥大仏の周辺」(『仏教芸術』六七)、大橋一章「飛鳥寺の創立に関する問題」(同一〇七)、町田甲一「元興寺本尊飛鳥大仏」(『国華』九四二)、木下正史・大脇潔「飛鳥寺旧本尊台座の調査」(『奈良国立文化財研究所年報』一九八四年)

(水野敬三郎)

飛鳥坐神社

あすかにますじんじゃ

『日本書紀』朱鳥元年(六八六)条に「奉二幣(中略)飛鳥四社一」とあり、『延喜式』神名帳《じんみょうちょう》には「飛鳥坐神社四座(並名神大月次相嘗新嘗)」とあるが、その他には『三代実録』貞観元年(八五九)九月条に「飛鳥神(中略)等遣レ使奉レ幣為二風雨一祈」とあるだけで、その後は衰微してその所在が確かでない。現在は奈良県高市郡明日香村飛鳥七〇七に、もと村社の飛鳥神社があり、式内社とする。しかし特殊神事の田植祭も実は摂社となっている八幡神社の行事で、村の氏神はむしろ八幡神社で、飛鳥神社には氏子がない。

(原田　敏明)

安倍寺

あべでら

奈良県桜井市阿部に所在した古代寺院。崇敬《すうけい》寺ともいう。『東大寺要録』六の末寺章に安倍倉橋《あべのくらはし》大臣の建立と記載されるが、正史にその記載をみない。昭和四十年(一九六五)と同四十二年との調査で、塔を西に、金堂を東に配し、講堂は塔・金堂をとりまく回廊の北に配したとみられるようになるとともに、出土瓦から山《やま》田《だ》寺(六四一—七八創建)と大差のない時期の建立と考えられるようになった。

参考文献 石田茂作『飛鳥時代寺院址の研究』、桜井市編『安倍寺跡—昭和四十二年度調査概要—』

(小島 俊次)

天香山神社

あめのかぐやまじんじゃ

奈良県橿原市南浦《みなみうら》町六〇八に鎮座。旧村社。祭神は櫛真命。『延喜式』神名帳《じんみょうちょう》、大和国十市《とおち》郡の「天香山坐櫛真命神社(大、月次新嘗、元名ニ大麻等乃知神ニ)」にあてているが、必ずしもあたらない。櫛真知命神社は、もと天香久山頂にあったという。『延喜式』神名帳に左京二条坐神社二座として、太詔戸命神と並記されている久慈真智命神は、当社の分霊ともいう。貞観元年(八五九)正月、天香山大麻等野知神に従五位上を授く(『三代実録』)。卜占を司る神とする説がある。

(原田 敏明)

あめのふとだまのみことじんじゃ

天太玉命神社

奈良県橿原市忌部《いんべ》町一五三に鎮座。古くは単に太玉命神社という。旧村社。天太玉命・大宮売命《おおみやのめのみこと》・豊石窓神《とよいわまどのかみ》・櫛石窓神をまつる。天太玉命は天孫とともに降った斎《いん》部《べ》氏の祖神で、当地は斎部一族のいた地であろう。貞観元年（八五九）従五位上を授けられ、延喜の制では名神大社、月次《つきなみ》・新嘗《にいなめ》の幣にも預かる有力社であったが、のちあまりふるわなかった。例祭は十月十五日。

参考文献　『奈良県高市郡神社誌』

（鎌田　純一）

いけにますあさぎりきはたひめじんじゃ

池坐朝霧黄幡比売神社

奈良県磯城郡田原本《たわらもと》町法貴寺《ほうきじ》五〇二に鎮座。旧郷社。天《あめ》万栲幡黄幡比売命《よろずたくはたきはたひめのみこと》・菅原天神を祀る。天平二年（七三〇）の『大倭国正税帳《やまとのくにしょうぜいちょう》』（『正倉院文書』）に「池神戸」とあり、『新抄格勅符抄《しんしょうきゃくちょくふしょう》』の大同元年（八〇六）牒にも「池神三戸」とあり、また『延喜式』神名帳《じんみょうちょう》には「池坐朝霧黄幡比売神社（大月次相嘗新嘗）」とみえる。その後次第に衰微して所在を確かにせず、『大和志』に法貴寺村にあり、今天神と称するとあることによって、その後にそれを式内の池社と称して郷社に列した。ただし法貴寺の記録によると、天慶九年（九四六）に北野から勧請《かんじょう》した天満宮という。例祭は十月十九日。

（原田　敏明）

石川精舎

いしかわしょうじゃ

『日本書紀』敏達天皇十三年条に蘇我馬子《そがのうまこ》が百済《くだら》伝来の弥勒石像を安置するため自宅の東に仏殿を造り、また石川の宅にも仏殿を造ったと記す。しかしこの記事の二つの宅の位置や異同はよくわからない。『太子伝《たいしでん》玉林抄《ぎょくりんしょう》』は石川の宅を豊浦《とゆら》の西四十町ほどの地とし、『大和志』一四では大和国高市《たけち》郡石川村(奈良県橿原市石川町)の本明寺《ほんみょうじ》を石川精舎跡としている。また本明寺北方のウラン坊の地とする説もある。一方河内の石川は馬子の祖蘇我石川の生地とされ(『三代実録』元慶元年十二月条)、石川郡東条の竜泉寺《りゅうせんじ》(大阪府富田林《とんだばやし》市竜泉)を承和十一年(八四四)の同寺氏人解文や『上宮《じょうぐう》太子拾遺記《たいししゅういき》』三に引く『元興寺縁起』は馬子が推古天皇の時に建てたものとする。これを石川精舎にあてることもできよう。

参考文献　保井芳太郎『大和上代寺院志』、福山敏男『日本建築史研究』

(福山　敏男)

出雲建雄神社

いずもたけおじんじゃ

奈良県天理市布留《ふる》町三八四石上《いそのかみ》神宮境内に鎮座。石上神宮の摂社で、祭神の出雲建雄神は天叢雲剣《あめのむらくものつるぎ》の分魂《わけみたま》である。創立年代は詳らかでないが、『石上神宮旧記』によると、天武天皇の時神主布留邑智《ふるのおうち》が夢で神託を蒙り創祀したと伝える。延喜の制小社に列する。なお本社拝殿はもと内山永久寺の鎮守の拝殿を大正三年（一九一四）に移したもので、鎌倉時代の建造で、最古の割《わり》拝殿《はいでん》とせられ、国宝に指定されている。例祭は一月十五日。

（大場　磐雄）

石上神宮

いそのかみじんぐう

奈良県天理市布留《ふる》町三八四に鎮座。旧官幣大社。祭神は布都御魂大神《ふつのみたまのおおかみ》一座。『延喜式』には「石上坐布留御魂神社」とあり、また布留御魂は韴霊《ふつのみたま》・佐士布都神《さじふつのかみ》・甕《みか》布都神《ふつのかみ》とも称えられる。記紀によれば神武天皇東征の折、紀伊熊野において悩んだ時、本剣の威力によって難を免れたので、のち橿原に都した時、物部《もののべ》氏の遠祖宇麻志麻治命をして殿内に奉斎せしめ、のち崇神天皇の御代はじめて今の地に移して石上大神と申し物部氏の氏神とした。仁徳天皇は布瑠宿禰《ふるのすくね》の祖市川臣を神主とし、天武天皇の朝に忍壁《おさかべ》皇子を神宮に遣わして諸家の宝物を子孫に還さしめ、聖武天皇は天平二年（七三〇）神戸租稲三千八百余束を寄進し、神護景雲二年（七

六八)神封五十戸を奉る。延暦二十三年(八〇四)社蔵の器仗を兵庫に遷したが、間もなく神異のためこれを返納せしめた。『日本後紀』延暦二十四年条には、その返還にあたり、造石上神宮使が役夫として、十五万七千余人を積算していることがみえている。大同元年(八〇六)八十戸の神封を有し、嘉祥三年(八五〇)正三位に、貞観元年(八五九)に従一位を授け、同九年正一位に昇叙せらる。延喜の制名神大社に列し、祈年《としごい》・月次《つきなみ》・相嘗《あいなめ》・新嘗《にいなめ》の官幣《かんぺい》および祈雨の幣帛《へいはく》に預かる。なお正殿および伴《とも》・佐伯《さえき》二殿の鑰《かぎ》おのおの一口を神祇官庫に納めて、みだりに開くを許さず、本社の門鑰匙は官庫に納めて、祭事に官人神部卜部をして門を開き、社地を掃除して祭に供せしめらるなど、朝廷よりの崇敬他と異なった。上述のように本社が古来武器の貯蔵を以て特別な性格を有するに至ったことは、武人の棟梁たる物部氏の氏神である点と、その鎮座地が大和平野から山辺郡に至る門戸にあって、交通上の要衝にあり、有事に際して防備の役を負ったことなどが合わせ考えられる。故に神庫の管理については『日本書紀』垂仁天皇条に、物部氏が歴代これにあたるとみえ、その鑰は官庫に納めて厳重に保管せられており、現在も境内の一角に校倉造《あぜくらづくり》の神庫を有し、多数の神宝類が納められている。なお特筆しなければならぬことは本社はもと本殿なく、拝殿の背後に禁足地と称する箇所があり、御正体《みしょうたい》たる神剣が埋納されていると信じ来たったが、明治七年(一八七四)時の大宮司菅政友はこの伝えを立証して神剣を掘り出し、正しく奉斎したいと考え、教部省の許可を得て発掘を行なった。その結果多数の玉類(勾玉・管玉など)とともに、一口の鉄製素環《そかん》頭内反大刀《とううちぞり》が出現した。それこそ真の師霊であるとして本殿内に奉安して現在に至っている。この時発見された勾玉十一顆は、いずれも硬玉製の優秀品で重要文化財に指定され、その他の玉類も優れた作品であり、禁足地が一種の祭祀遺跡であることを示しており、発

石上神宮楼門(上)と拝殿(下)

見の素環頭大刀とともに四世紀代の作品と推定される。なお上述の神庫に納まる伝世品中にも他に類を見ない鉄盾二枚や色々威腹巻(いずれも重要文化財)をはじめ、多数の武器・武具があり、さらに今は本殿内に納められ御正体に次いで重要とせられている七支刀《しちしとう》(国宝)は、その形状奇古であるばかりでなく、金象嵌《きんぞうがん》の銘文があり、百済《くだら》から倭王に贈られたもので、わが国の古代史上に重要な資料を提供している。

参考文献　石上神宮編『石上神宮宝物誌』、宮地直一「上代史上に於ける石上神宮」(『神祇史の研究』所収)

(大場　磐雄)

建築　『延喜式』臨時祭、石上鑰条に、石上社の門、正殿、伴《とも》・佐伯《さえき》二殿の名がみえる。古来石上社は本殿をもたなかったが、大正二年(一九一三)拝殿後方の禁足地に本殿が建てられて古制が失われた。いま拝殿ならびに摂社出雲建雄《いずもたけお》神社拝殿が国宝、楼門が重要文化財に指定されている。鎌倉時代中期と考えられる拝殿は、入母屋造《いりもやづくり》檜皮葺《ひわだぶき》、正面五間側面二間の母屋の四周に庇《ひさし》をめぐらした平面をもち、木部を丹塗《にぬり》として総体に仏堂風の趣をもつ。摂社拝殿は、付近の内山永久寺の鎮守社拝殿だったのを大正三年移建したもので、正安二年(一三〇〇)の建築、桁行五間梁間一間、切妻造檜皮葺で、優雅な唐破風と蟇股《かえるまた》をもつ最古の割拝殿。楼門は文保二年(一三一八)の棟木銘をもつ。その左右の丹塗の回廊は昭和七年(一九三二)改築されたものである。

(稲垣　栄三)

七支刀　同宮の宝庫に蔵されて伝来した七支刀は、江戸時代では「六叉の鉾」と呼ばれ、例年六月の祭の神幸に霊代とされていたが、明治になってからその銘文が注意され、諸学者によって解読が試みられた。この七支刀は鉄製の両刃の剣で、柄や鞘などの外装は失われている。剣身の両側に左右交互に三つずつの小枝を造り出している。身の長さ六五・六センチ、幅は中ほどで二・二センチ、身の下部で折れていて、茎《なかご》の

長さ九・二センチである。身と枝を通じて刃の内側に沿って界線を刻み、身の表と裏の二条の界線の間に合計六十一字の銘文を刻むが、界線にも銘文にも金象嵌が施されている。銘文は損傷や銹《さび》によって文字の部分または全画を失ったものもあり、全文を読むことはできなくなっている。読み方は学者によって相違するが、いま一案を示すと、表の文は「泰和四年(?)□月十六日丙午正陽　造百練鉄七支刀　生(?)辟百兵　宜供供侯王　□□□□作」と、裏の文は「先世以来　未有此刀百濨□世□　奇生聖音　故為倭王旨造　伝不□世」と判読される。およその意味は「(東晋の)泰和四年某(正か四か五)月十六日の純陽日中の時に、百練の鉄の七支(枝)刀を造る。もって兵難をのがれるし、侯王の供用とするのに適する。某作る。先の世以来未だこのような刀はなかった。百済王と太子とは生を御恩に依っているが故に、倭王の御旨によって造る。永く後世に伝わるように」というのであろう。そうすると東晋の太和四年(三六九)に百済王が自国で造らせて、重大な事件を記念して倭王に贈ったものと思われる。百済の近肖古《きんしょうこ》王十九年(三六四)―二十七年の大和朝廷と百済との交渉は『日本書紀』神功皇后四十九年にあり、近肖古王二十四年(太和四年)にわが軍は渡海して新羅《しらぎ》を破り、比自㶱《ひしほ》以下の七国を平定し、忱弥多礼《とむたれ》(済州島)を占領して百済に与えたので、肖古王と王子貴須も来会して大和朝廷に忠誠を誓ったとある。またその三年後、百済王は同国谷那鉄山の鉄で作らせた七枝刀《ななつきやのたち》一口と七子鏡その他の重宝を大和朝廷に献じたとあるのは、太和四年の倭国軍の援助を感謝し記念したものと思われる。『古事記』の応神天皇段に、百済の照古王(肖古王)が横刀と大鏡を貢上したとあるのも、右の七枝刀・七子鏡送献のことを裏書するものであろう。石上神宮の七支刀は右の七枝刀(横刀)にあたると考えられ、古代史の重要資料として国宝に指定されている。

[参考文献] 石上神宮編『石上神宮宝物誌』、村山正

雄編『(石上神宮)七支刀銘文図録』、福山敏男「石上神宮七支刀の銘文」(『日本建築史研究』所収)、星野恒「七枝刀考」(『史学叢説』一所収)、喜田貞吉「石上神宮の神宝七枝刀」(『民族と歴史』一ノ一)、榧本杜人「石上神宮の七支刀とその銘文」(『朝鮮学報』三)、栗原朋信「七支刀銘文についての一解釈」(『日本歴史』二一六)

(福山 敏男)

石上寺

いそのかみでら

奈良県天理市にあった寺。『古今集註』(毘沙門堂本)は、石上寺を僧正遍照《へんじょう》の建立で大和国山辺《やまのべ》郡布留《ふる》社(奈良県天理市の石上神宮)の北二町程のところにあったとする。しかし、『続日本後紀《しょくにほんこうき》』の承和元年(八三四)九月の護命伝に石上寺がみえ、当時遍照は年若く、彼を創立者とするこの説には疑問がある。遍照の子素性《そせい》法師は石上寺の良因院に住したことが『扶桑略記《ふそうりゃっき》』昌泰元年(八九八)十月条や『良峯氏系図《よしみねしけいず》』にみえ、『古今和歌集』には素性が「ならのいそのかみ寺」でよんだ歌が出ている。『扶桑略記』治安三年(一〇二三)十月条には藤原道長が高野詣の途中、法蓮《ほうれん》寺(石上寺)で塔内の釈迦八相を見たことを記す。『拾芥抄』諸寺部に

も「磯上寺（号二宝蓮寺一）」とあり、石上寺の法号は法蓮寺であろう。延久二年（一〇七〇）の『興福寺雑役免帳』によると、山辺郡内数ヵ所に石上寺と良因院の領地があったが、中世には石上寺は荒廃した。在原業平の宅を寺にした石上の在原寺《ありはらでら》を石上寺とみる一説もある。『大和志』によると、石上布留村の良因《りょういん》寺（通称宵薬師堂）が石上寺（一名良峯寺）の伝統をついでいたほか、田村の常蓮《じょうれん》寺（一名宝蓮《ほうれん》寺）も旧名を石上寺と称したとする。

（福山　敏男）

石園座多久虫玉神社

いわそのにますたくむしたまじんじゃ

奈良県大和高田市片塩《かたしお》町一五−三に鎮座。旧県社。中世磯野《いその》郷にあたる。竜王宮と通称される。建玉依彦命・建玉依比売命を祀る。『新抄格勅符抄《しんしょうきゃくちょくふしょう》』には、「射園神《いそののかみ》」とし、大同元年（八〇六）美濃国に神封一戸を寄せられたとあり、『三代実録』貞観元年（八五九）正月二十七日条には、従五位下より従五位上に昇叙したとある。『延喜式』神名帳《じんみょうちょう》には「石園坐多久虫玉神社二座（並大、月次新嘗）」とみえる。『新撰姓氏録《しんせんしょうじろく》』和泉国神別に「爪工連、神魂命男多久豆玉命之後也」とあり、国史大系本『三代実録』『延喜式』などは「多久虫玉」は「多久豆玉」の誤りとみる。大和では桜井市の大神《おおみわ》神社は竜神の頭で、当社は胴体、葛城市の長尾神社は尻

尾であるという俗信がある。西方を流れる高田川は昭和二十六年(一九五一)まで境内すぐ西側を流れ、水神として竜王宮の名がついたものか。例祭は十月九日。十日に神幸祭。四月八日には祈年祭に引続き御田植祭が行われる。

参考文献　式内社研究会編『式内社調査報告』二、谷川健一編『日本の神々』四

（山田　浩之）

宇太水分神社　うだのみくまりじんじゃ

『延喜式』神名帳《じんみょうちょう》にみえる大和国の神社。同式祈年祭の祝詞《のりと》には水分坐皇神とある。神名帳では宇陀郡十七座中の一座。同国の吉野・葛木《かずらき》・都祁《つげ》の各水分社とともに大社に列せられ、月次《つきなみ》・新嘗《にいなめ》の中祭に預かり、祈年祭には座ごとに絁《あしぎぬ》五尺以下を、また特に馬一匹を加えられ、また祈雨の臨時祭には八十五座中の一座で、五色の薄絁一尺以下を供えられ、庸布一反を加えられた。『新抄格勅符抄《しんしょうきゃくちょくふしょう》』の大同元年(八〇六)牒には神封一戸とみえている。承和七年(八四〇)に従五位下、貞観元年(八五九)に正五位下を授けその九月八日には使を遣わし奉幣《ほうべい》して風雨を祈った。現在、奈良県宇陀市には菟田野区古市場二四五に宇太水分神社があり、上水

分宮というに対し、榛原区下井足《しもいだに》六五に下水分宮がある。ほかに菟田野区上芳《かみほう》野《の》四八にも水分宮があり、いずれが式内の宇太水分神社であったか確かめ難い。上水分宮は本殿をはじめ鎌倉時代末期の建築を残し、昭和二十九年（一九五四）改めて国宝に指定され、末社の春日神社と宗像神社は室町時代中期および末期のもので重要文化財に指定された。

（原田　敏明）

■畝火山口神社■ うねびやまぐちじんじゃ

奈良県橿原市大谷《おおたに》町二四八-五に鎮座。旧郷社。祭神は気《お》長足姫命《きながたらしひめのみこと》・豊受比売命《とゆけひめのみこと》・表筒男命《うわつつのおのみこと》。『新抄格勅符抄《しんしょうきゃくちょくふしょう》』の大同元年（八〇六）牒に「畝火山口神　一戸」とあり、貞観元年（八五九）従五位下を授けられ（『三代実録』）、『延喜式』神名帳《じんみょうちょう》に「畝火山口坐神社（大、月次新嘗）」とあり、大和国内山口十二社の一つで、これらの社はいずれも大社に列せられ、月次《つきなみ》祭・新嘗《にいなめ》祭に官幣《かんぺい》を奉られている。もとは山の口に奉斎され、『和州五郡神社神名帳』には「畝火山口神社一座、在久米郷畝火山西山尾」とみえるが、のち畝傍の峯山に移しまつった。特殊神事として埴取《はにとり》神事があり、祈年祭・新嘗祭の前に、大阪市住吉の住吉大社から埴使が来て祭を行い、

この山の土を持ち帰り土器を製作する。明治六年（一八七三）郷社に列し、昭和十五年（一九四〇）に畝傍山麓の高市郡真菅村（橿原市）大字大谷字東畑の旧地に移された。例祭は四月十六日。

（原田　敏明）

梅本明神

うめもとみょうじん

奈良市春日野町一六〇に鎮座。春日大社の内院の一御殿の後ろに祀る。隼《はやぶさ》明神ともいう。紀乙野の祖神と説く『春日古社記』があるが、現在は大物主神《おおものぬしのかみ》を祀るという。なお、海本明神と記されたりするが、『大乗院寺《だいじょういんじ》社雑事記《しゃぞうじき》』応仁二年（一四六八）十月十五日条に引く「春日末社神御名」によると春日大社には榎本・椿本などという小神の例が他にあるので、梅本が正しい。

（永島福太郎）

栄山寺

えいざんじ

奈良県五条市小島町五〇三にある新義真言宗豊山派の寺院。養老三年(七一九)藤原武智麻呂《ふじわらのむちまろ》の創建と伝えるが、創建年代は明らかでない。もと前山寺と書き「サキヤマデラ」と訓じ、平安時代に栄山寺を宛て、「エイザンジ」と音読されるに至った。永延三年(九八九)四月の太政官符《だじょうかんぷ》に武智麻呂の創建と伝え、没後その賜田を長子豊成《とよなり》が当寺に寄進。次男仲麻呂《なかまろ》は八角円堂を建て、写経にも尽力した。以後藤原南家と深い関係をもち、興福寺の枝院として近世に及んだ。貞観八年(八六六)群盗のため梵鐘・塔露盤金物などが盗まれ、堂舎僧坊も破損したが、延喜三年(九〇三)に別当神鏡《しんきょう》が修理した。しかし承徳二年(一〇九八)ころには寛治五年(一〇九一)に別当実経《じつけい》が堂舎を建て、円堂を葺き替え法華八講を修したと伝える。南北朝時代、長慶天皇の行宮に宛てられ、天文二十三年(一五五四)十二月、八角堂以外の諸堂・塔が焼亡し、以後薬師如来を本尊とする本堂・阿弥陀堂・鐘楼・塔之堂などが再興された。寺北に武智麻呂の墓、後阿陀墓があり、薬師如来・十二神将像・石燈籠は重要文化財に、八角堂ともと道澄寺の梵鐘は国宝に指定されている。

参考文献 林宗甫『和州旧跡幽考』一〇、田村吉永『栄山寺』、福山敏男「栄山寺八角堂建立年代」(『日本建築史の研究』所収)、足立康「栄山寺八角堂の造営年代に就いて」(『国華』五二五)、堀池春峰「藤原仲麻呂と前山寺―洛西高山寺の前山寺古経巻について―」(『大和文化研究』四ノ三)

(堀池 春峰)

八角堂 藤原仲麻呂が天平宝字四年(七六〇)―八年の間に亡父母のために造立したものである。小規模であるため、内部に四天柱を立てるだけの簡素

な構造であるが、天井・貫・柱などには彩色が残り、堂内はかなりはでなものであったと思われる。四天柱上の虹梁《こうりょう》に、八角形に桁をおき隅木をうける手法は面白く、法隆寺夢殿とともに、奈良時代の八角堂として貴重である。国宝。寺にはまた奈良時代の七重石塔がある。

栄山寺八角堂

参考文献 福山敏男・秋山光和『栄山寺八角堂の研究』(『美術研究所研究報告』)、太田博太郎編『日本建築史基礎資料集成』四

(太田博太郎)

円成寺

えんじょうじ

奈良市忍辱山町《にんにくせん》一二七三にある寺。もと興福寺一乗院末、現在真言宗仁和寺末。山号忍辱山。万寿三年（一〇二六）命禅《みょうぜん》創建以来、迎摂房経源《きょうげん》・中川寺実範《じっぱん》が止住、仁平三年（一一五三）に寛遍《かんぺん》が入山するに及んで寺観が整備され、鎌倉時代に及んで寺運は隆昌した。文正元年（一四六六）本堂・塔・真言院などことごとく焼失したが、応仁の乱ごろ山城国鹿ヶ谷の円成寺を移し、永正八年（一五一一）三月に再興された。文明十四年（一四八二）には、狭川氏出身の僧栄弘《えいこう》が高麗版一切経を朝鮮より将来し、元和三年（一六一七）朱印二百三十五石が寄せられた。南門前の園池は平安—鎌倉時代初期の庭園として著明で、本堂・楼門（ともに重要文化財）、春日堂・白山堂（ともに国宝）のほか、運慶の大日如来《だいにちにょらい》像《ぞう》（重要文化財）、四天王・阿弥陀如来（ともに重要文化財）・僧形文殊像・『二合船銭録』などが現存する。

参考文献 『大和古寺大観』四、奈良県教育委員会編『重要文化財円成寺本堂及楼門修理工事報告書』、堀池春峰「中世・日鮮交渉と高麗版蔵経—大和・円成寺栄弘と増上寺高麗版—」（『史林』四三ノ六）、森蘊「円成寺の建築と庭園」（『大和文華』一一）

（堀池　春峰）

春日堂・白山堂 円成寺の鎮守の一つで、神仏分離により堂と称されるようになったものである。二棟並び、塀でつないだ小さな社殿で、春日造最古の遺構である。春日大社では本殿以下末社に至るまで造替のとき他に譲る慣習があり、この二殿は建暦二年（一二一二）の造替のとき、末社の旧建物を移したものと推測される。この推定が正しければ、その年代は、建久八年（一一九七）となろう。鎮守の一つであ

る宇賀《うが》神社本殿は同じ春日造ではあるが、少し時代が遅れる。本堂は文明四年(一四七二)、楼門は応仁元年(一四六七)の建築である。国宝指定。

円成寺春日堂(左)・白山堂(右)

参考文献 太田博太郎「円成寺春日堂・白山堂は春日社旧殿か」(『大和文化研究』一一ノ五)

(太田博太郎)

大日如来像 円成寺多宝塔本尊。智拳印《ちけんいん》を結ぶ坐像で、寄木造漆箔、玉眼嵌入。台座天板裏面に墨書銘があり、安元元年(一一七五)十一月に造り始め翌二年十月に完成したこと、仏身の料として上品八丈絹四十三疋をたまわったことが記され、「大仏師康慶実弟子運慶」の記名と花押は作品への仏師自署の初例である。師父康慶指導下の若年の作で、のちに完成する運慶様式はまだ見られないが、引きしまった造型に

円成寺大日如来像

天賦の才が示される。国宝。

参考文献　丸尾彰三郎他編『日本彫刻史基礎資料集成』平安時代造像銘記篇四、山本勉「円成寺大日如来像の再検討」(『国華』一一三〇)、水野敬三郎「運慶と工房製作」(『日本彫刻史研究』所収)、同「院政期の造像銘地をめぐる二、三の問題」(同上)

(水野敬三郎)

大窪寺　おおくぼでら

奈良県橿原市にあった寺。『日本書紀』朱鳥元年(六八六)八月条に檜隈《ひのくま》寺・軽《かる》寺とともに大窪寺に封百戸を施すとあるのがこの寺の初見で、橿原市大久保町の国《こく》源《げん》寺にある寺跡がこの寺に相当するものであろう。『春日神社文書』の越智《おち》郷段銭算用状に「大窪寺、四町八段半」とあり、鎌倉時代末ごろまでは存続したらしい。また鎌倉時代にこの寺の地に国源寺が移されたともいう。『大和志』には観音堂があり、東金堂・西金堂の地名ものこるとする。この地出土の瓦から白鳳時代の創立の寺と考えられ、観音堂前庭で掘り出した塔心礎が現存する。『続日本紀《しょくにほんぎ》』養老五年(七二一)正月条にみえる大窪史五百足《おおくぼのふひといおたり》などの一族の建てた寺か。

参考文献　保井芳太郎『大和上代寺院志』、佐藤小吉編『飛鳥誌』、福山敏男『奈良朝寺院の研究』

（福山　敏男）

大名持神社

おおなもちじんじゃ

奈良県吉野郡吉野町河原屋《かわはらや》六に鎮座。旧郷社。大名持御魂神・須勢理比咩命《すせりひめのみこと》・少彦名命《すくなひこなのみこと》を祀る。貞観元年（八五九）従一位より正一位、『延喜式』では名神大社、祈年《としごい》・月次《つきなみ》・相嘗《あいなめ》・新嘗祭《にいなめ》などは案上官幣《あんじょうかんぺい》に預かる。『大神分身類社鈔』によると少彦名命は後代に合祀されたものという。明治六年（一八七三）郷社。境内に潮生淵があり旱魃祈願をする。例祭は一月十七日。本殿は神明造、境内約一九二・六八アール、末社四、氏子百九十六戸、崇敬する者が多い。

（中野　幡能）

大野寺

おおのじ

奈良県宇陀市室生区大野一六八〇に所在する真言宗室生寺派の寺。白鳳年間役小角《えんのおづの》が創建し、天長元年(八二四)に空海が一堂を建立し慈尊院弥勒寺と称したと伝える。現在は明治三十三年(一九〇〇)の火災焼失後に再建された本堂ほかがある。木造地蔵菩薩立像は鎌倉時代の作で重文に指定されている。寺地の傍らに流れる宇陀《うだ》川の対岸に磨崖仏のあることで知られる。磨崖仏は三〇《メートル》ほどの大岩壁に線刻された、像高一一《メートル》余の弥勒仏立像である。後鳥羽上皇御願、大僧正雅縁《がえん》の指揮で、承元元年(一二〇七)から同二年の間に刻まれ、同三年三月七日上皇臨幸して供養された。その図様は古来信仰の厚い笠置(京都府相楽郡笠置町)の弥勒石仏を忠実に模したもので、弥勒出世の期まで無事伝えられるよう石彫としたといわれる。東大寺復興に際して働いた宋人石工の作と伝える。現在史跡に指定されている。

大野寺磨崖仏

参考文献 『大日本史料』四ノ一〇、承元三年三月六日条、西村貞『奈良の石仏』

(西川 新次)

大神神社

おおみわじんじゃ

奈良県桜井市三輪《みわ》一四二二の三輪山（三諸山）に鎮座する大和国一宮、旧官幣大社。三輪神社・三輪明神とも称する。『延喜式』には大神大物主神社とみえ、大物主大神《おおものぬしのおおかみ》を祀る。大物主神はは大己貴神《おおなむちのかみ》の和魂《にぎみたま》と伝え、『古事記』神武天皇段に三嶋湟咋《みしまみぞくい》の女勢夜陀多良比売《せやだたらひめ》との神婚を伝えており、同書崇神天皇段には、疫病が蔓延し多くの死者が出たとき、大物主大神の教えによってその子意富多多泥古《おおたたねこ》を神主となし、この神を祀らしめられたところ、疫病は止み、国内は平静に帰したという所伝を載せている。その後もいく度か神教の開示があり、歴代もっとも尊崇せられ、天平神護元年（七六五）には神封百六十戸を寄せられ、貞観元年（八五九）正一位を賜わった。延喜の制では名神大社に列し、祈年《としごい》・月次《つきなみ》・相嘗《あいなめ》・新嘗祭《にいなめ》に案上の官幣《かんぺい》に預かり、また祈雨の幣にも預かった。二十二社の中では第九位を占

大神神社拝殿

め、終始朝廷の殊遇を受けた。江戸時代には朱印地六十石のほか、百数十石の社領を有した。本社はまた世俗に酒の神として知られ、古来酒造家の尊信篤く、神木杉の葉の玉はひろく酒屋の店の標示として用いられた。本社は古来三輪山自体を神体と見て神殿を設けず、その前に拝殿・楼門・鳥居などを建てて神社の形をなしており、またその鳥居は普通の大鳥居の左右に小鳥居を付加した独特の様式をもち三輪鳥居と呼ばれている。摂社には狭井坐大神荒魂神社(式内)・檜原神社・高宮神社・磐座神社・大直禰子神社・活日神社・玉列神社(式内)・神坐日向神社(同)・綱越神社(同)・神御前神社・率川坐大神御子神社三座(式内)などがある。例祭は、貞観以来四月上卯(三卯のときは中卯)日とされてきたが、明治以降四月九日に一定、その他に繞道《にょうどう》祭(元旦)・御田植祭(二月六日)・鎮花祭(四月十八日)など特殊神事がある。また宝物として『周書』断簡(平安時代初期写、重要文化財)・木楯(嘉元三年在銘、重要文化財)・高坏・三輪枡などがある。

参考文献 『大神神社史』、『大神神社史料』

(柴田　実)

大和神社

おおやまとじんじゃ

奈良県天理市新泉町《にいずみ》三〇六に鎮座。もと官幣大社。古くは、嘉祥三年(八五〇)に従二位、貞観元年(八五九)に従一位、寛平九年(八九七)に正一位の神階を授けられ、平安時代には二十二社の一つに列せられた。『延喜式』には「大和坐大国魂神社三座(並名神大、月次相嘗新嘗)」とあり、『日本書紀』崇神天皇六年条によると、天照大神と相並んで宮中に祀られてあったのを、同殿共床は畏れ多しとして、天照大神を豊鍬入姫命《とよすきいりひめのみこと》に託して笠縫邑《かさぬいのむら》に祀らせ、日本大国魂神《やまとおおくにたまのかみ》を渟名城入姫命《ぬなきいりひめのみこと》に託して祀らせたが、同七年十一月には改めて市磯長尾市《いちしのながおち》をして倭大国魂神の祭の主とした。これがこの社の起源とされている。また『大倭神社註進状』によると、この社は大和国山辺郡大倭邑にあり、出雲杵築大社の別宮で、国家の守護神であるために倭大国魂神といい、また大地主神《おおとこぬしのかみ》ともいうとある。すなわち大和国の守護神であるが、ひいては日本の国魂神ということになる。もともと国魂とは国土の神霊で、『延喜式』によると、他にも尾張大国霊神社、陸奥の大国魂神社、淡路の大和大国魂神社、遠江の淡海国玉神社、土佐の天石門別安国玉主天神社などがあるが、神代の記事ではそれぞれの国魂神を、大国魂神として統一し、それを大国主神の別名として神々の組織のうちに入れたのである。「大国主」は「大国魂」と同じく国土の神霊を指すが、主は魂というよりも一層人格化された表現といってよい。現在祭神は八千矛大神《やちほこのおおかみ》・日本大国魂大神《やまとおおくにたまのおおかみ》・御年大《みとしのおお》神《かみ》とする。例祭は四月一日。摂社に若宮増御子《ますみこ》神社があり、一に地主神ともいう。本殿の東南方にある。末社高龗《たかおかみ》神社は雨師明神と称する。『大倭神社註進状』は吉野の丹生《にふ》神社を当社の別宮とし、『延喜式』にも

丹生川上神の奉幣には大和社の神主が使に随って参向したとある。神主は長尾市を始祖とするが、姓は大和直で大和の国造を兼ねる。『続日本紀』和銅七年(七一四)条に大倭忌寸五百足を氏上とし神祭を司らしめたとあるが、この五百足は養老七年(七二三)条には大倭国造とある。神主にして国造を兼ねるものは他にも多く、祭政一致の制である。

(原田　敏明)

岡寺　おかでら

奈良県高市郡明日香村岡八〇六にある寺。竜蓋《りゅうがい》寺と号す。現在は真義真言宗豊山派。醍醐寺本『諸寺縁起』にのせる天禄元年(九七〇)八月の太政官牒《だじょうかんちょう》に義淵《ぎいん》僧正が竜蓋・竜門の両寺を建てたとし、『扶桑略記《ふそうりゃっき》』『東大寺要録』などには天智天皇が草壁皇子の岡宮(岡本宮とも記す)を義淵に賜わって竜蓋寺としたと記す。この説によると義淵が没した神亀五年(七二八)までに創立された寺となろう。奈良時代の史料では天平十二年(七四〇)七月八日の写経所啓に岡寺の名が出るのが初見である。天平宝字六年(七六二)四月には越前国江沼郡山背郷の五十戸を寄せられた。平安時代にはこの寺は興福寺末で、興福寺の僧が竜蓋・竜門両寺の別当とな

った。平安時代末期からは観音霊場三十三所の一つとして信仰をあつめた。当時は弓削道鏡《ゆげのどうきょう》の作といわれた丈六如意輪塑像を安置する八角堂の前面に三間四面の礼堂を備えていた。『十巻抄』には別に丈六不空羂索立像が竜蓋寺金堂にあったことを記す。『水鏡』によると二月初午にこの寺に詣で厄をよける信仰があった。弘安六年(一二八三)三月岡寺は多武峯の衆徒に焼かれ、文明四年(一四七二)七月大風で三重塔が倒れた。現在の本堂の如意輪観音坐像は奈良時代末期ごろの作で、日本の塑像としては最大の遺例で重要文化財。仁王門は三間一戸楼門で室町時代の造営とみられ、書院は正保元年(一六四四)の建築で、ともに重要文化財。現境内より少し西方、古瓦出土地が当初の寺地と思われ、瓦の様式から白鳳時代末期の創立と推測される。

参考文献　佐藤小吉編『飛鳥誌』、福山敏男『奈良朝寺院の研究』、『岡寺仁王門修理報告書』、『岡寺書院修理報告書』

(福山　敏男)

義淵僧正像　木心乾漆造、像高九三センチ。顔に皺を多く刻み、助骨をあらわした老相に袈裟をかけて坐る姿で、如意(亡失)をとる形をする。木心部は一木造で、両肩と足部を矧ぎ内刳する技法は、木心乾漆として進んだ造り方である。乾漆は厚く、その仕上げは奈良時代の伝統的手法になるが、製作は奈良時代末ないし平安時代初期と思われる。国宝に指定されている。

参考文献　文部省編『日本国宝全集』二三

(水野敬三郎)

粟原寺《おばらでら》

奈良県桜井市粟原にあった寺。この寺は塔伏鉢銘によると天武天皇の皇子草壁皇子のために中臣朝臣大嶋《なかとみのあそんおおしま》が発願し、大嶋の没後、比売朝臣額田《ひめのあそんぬかた》が持統天皇八年(六九四)から造り始め、伽藍を構え丈六釈迦像を造り金堂に安置し、霊亀元年(七一五)に三重塔を完成したという。跡地には塔跡がよく保存され、心礎には径〇・六メートルの心柱穴を、側柱礎石に円形柱座を造ってあり、初重の一辺六・二メートルである。塔跡東側一段低いところに残る礎石八個は後世移動したもの。この地出土の古瓦からみても白鳳時代末期創建の寺となろう。粟原寺は廃絶し伏鉢は移されて江戸時代から談山《たんざん》神社にあり、『奈良県磯城郡誌』によると忍坂の薬師堂や赤尾の興善寺に粟原寺旧蔵と伝える仏像を蔵するという。国史跡指定。

参考文献 『奈良県史蹟勝地調査会報告書』二、保井芳太郎『大和上代寺院志』、福山敏男『奈良朝寺院の研究』

(福山　敏男)

粟原寺伏鉢銘 三重塔の金銅製伏鉢(底径七六・四センチ、高さ二五・二センチ)の表面にタガネで刻されたもの。粟原寺建立の由来とそれに続けて草壁皇子と中臣大嶋《なかとみのおおしま》の菩提を弔う意味の願文五行がある。銘文の最初に「寺壱院四至(下略)」と寺院の四至が刻まれているが、これは字体も本文と較べてかなり劣るもので、後世の補刻と考えられる。奈良県桜井市の談山神社所蔵。国宝に指定されている。銘文は「寺壱院四至(限東竹原谷東岑　限南太岑/限樫村谷西岑　限北忍坂川)/此粟原寺者仲臣朝臣大嶋惶惶誓願/奉為大倭国浄美原宮治天下天皇時/日並御宇東宮敬造伽檻之爾故比売/朝臣額田以甲午年始至於和銅八年/合廿二年

中敬造伽藍而作金堂仍造／釈迦丈六尊像／和銅八年四月敬以進上於三重宝塔／七科鑪盤矣／仰願藉此功徳／皇太子神霊速証无上菩提果／願七世先霊共登彼岸／願大嶋大夫必得仏果／願及含識倶成正覚」。

参考文献 狩谷棭斎『古京遺文』

（栗原 治夫）

海竜王寺

かいりゅうおうじ

奈良市法華寺町八九七にある寺院。古くは平城京内にあって、隅院《すみのいん》・隅寺《すみでら》・角寺《すみでら》ともよばれた。現在は真言律宗。境内からは奈良時代以前の古瓦が出土するから、一古寺の遺地であったのであろう。平城遷都に伴い、宮城の東に藤原不比等《ふじわらのふひと》の邸宅ができてから、同邸の東北隅にあたるようになったこの場所に寺が規模を整えたらしく、これが隅院となった。天平七年（七三五）、唐から経論や仏像をもたらして帰国した僧玄昉《げんぼう》は、その請来の経論の安置されたらしいこの寺に住したと伝えられる。また当寺は玄昉が入唐のとき、光明皇后が彼の求法と帰朝の安全を祈って創立したところと伝える（『七大寺巡礼私記』）。一説によると、この寺の堂舎

は天平三年に建てられたとする(『平城京及大内裏考』所引徳治元年(一三〇六)注記)。『正倉院文書』によると隅院の存在は天平八年までさかのぼるから、当寺の

海竜王寺本堂

造営はそれ以前のこととみられよう。同十年三月には食封百戸を施入され、朝廷の待遇も厚かった。同十七年、光明皇后は父不比等からうけついだ邸宅を施入して法華寺としたので、爾来角寺は法華寺境内の東北隅にあたることになった。古図によると境内中央に金堂、その東南と西南に向い合って東金堂・西金堂があり、金堂後方に講堂や食堂、講堂の東と西に東室・西室、東金堂の東南に経蔵があり、境内の東側に大門と楼門があった(西大寺蔵『南都海竜王寺寺中伽藍坊室之絵図』)。現存する西金堂(重要文化財)と五重小塔(国宝)は奈良時代、経蔵(重要文化財)は鎌倉時代の建築である。毘沙門天画像・木造文殊菩薩立像・同十一面観音立像・木造寺門勅額・鍍金舎利塔は重要文化財に指定されている。

[参考文献] 福山敏男『奈良朝寺院の研究』、奈良県文化財保存事務所編『重要文化財海竜王寺西金堂・経蔵修理工事報告書』、『大和古寺大観』五

五重小塔　長期間奈良国立博物館に出陳されていたが、今は当寺西金堂内にある。延文年間（一三五六―六一）の記録と思われる『海竜王寺尼別受指図』に、当寺の西金堂を戒壇堂として授戒したときの儀式を記し、戒壇上の中心に「五重塔」を安置した図があるから、古くからこの小塔は当寺にあったことがわかる。実際の塔の十分の一の大きさであるが、内部構造は省略してあり、初重内部に小仏像か仏舎利を安置するため造ったものであろう。細部は薬師寺東塔に類似する点があり、様式上は奈良時代前期に入れられるが、東塔よりさらに発達した点があり、海竜王寺創立期の天平年間（七二九―四九）の作としてよかろう。普通の建築ではいたみやすい軒先の部分までもよくのこり、奈良時代建築技法を知るのに有力な資料である。塔内に安置してあった弘安七年（一二八四）書写の朱書『法華経』二巻と垂木木口金具二枚は別に保存されている。木造二重基壇のうち上壇は鎌倉時代の作で、裏面に永仁五年（一二九七）の墨書がある。小塔の頂上の相輪は明治三十八年（一九〇五）修理の際に新造されたものである。国宝。

参考文献　太田博太郎編『日本建築史基礎資料集成』一一

（福山　敏男）

海竜王寺五重小塔

鏡作坐天照御魂神社

かがみつくりにますあまてるみたまじんじゃ

奈良県磯城郡田原本《たわらもと》町八尾《やお》八一六に鎮座。旧県社。祭神は天照国照《あまてるくにてる》火《ほ》明命《あかりのみこと》とする。『延喜式』神名帳《じんみょうちょう》の大和国城下《しきのしも》郡条にみえ、大社に列し月次《つきなみ》・新嘗《にいなめ》の官幣《かんぺい》に預かるとある。鎮座地は『和名類聚抄《わみょうるいじゅしょう》』にいう鏡作郷で、天平二年(七三〇)の『大倭国正税帳《やまとのくにしょうぜいちょう》』に「鏡作神戸」とあり、古く鏡作部の居住地に祀られたものである。『新抄格勅符抄《しんしょうきゃくちょくふしょう》』の大同元年(八〇六)牒には神封十八戸(大和二戸・伊豆十六戸)とある。『三代実録』貞観元年(八五九)正月条に、従五位下から従五位上に昇叙されたことがみえている。祭神について、『八尾鏡作大明神作法書』には、「御祭神遠祖糠戸命、遠祖石凝戸姥命、児己凝戸辺命奉レ号二三社鏡作大明神一」とみえ、法印真我の天文二年(一五三三)社記には「石凝姥命中天糠戸命右天児屋命左」とある。『神社明細帳』によると、「天照国照日子・火明命・石凝姥命・天児屋根命」とある。また『大倭社注進状』裏書に引く『六師神主斎部氏家牒』によると、中座は天照大神之御魂、左座は麻気神、右座は伊多神とする。これを鏡作三座とするが、鏡作伊多神社と鏡作麻気神社はともに『延喜式』神名帳に所載の神社である。例祭は十月二十五日。

(原田　敏明)

額安寺

がくあんじ

奈良県大和郡山市額田部寺町三六―一にある寺院。額田《ぬかた》寺・額田部《ぬかたべ》寺ともいう。現在真言律宗。『大安寺伽藍縁起并流記資財帳』に聖徳太子が田村皇子(のちの舒明天皇)に遺言して、熊凝《くまごり》村の寺を大寺となして造営されるよう朝廷に譲るという名目で田村皇子に付嘱したことを記している。この熊凝村を摂津とする説(『七大寺巡礼私記』)もあるが、『扶桑略記《ふそうりやっき》』は「平群郡熊凝精舎」とし、鎌倉時代の『聖徳太子伝私記』は熊凝寺は大安寺の前身であり、大和国平群《へぐり》郡額田部郷の額田寺、いまの額安寺にあたるとしている。当寺付近から出土する古瓦のうち古いものは飛鳥時代末前後と思われるものがあり、当時の名族の一つであった額田部連(のちの額田部宿禰)の関係で造られた寺と見られよう。天平宝字年間(七五七―六五)ごろに作られた寺蔵の「額田寺伽藍並条里図」は麻布に平群郡九条と十条との三里・四里の坪付を示し、額田寺の堂塔・雑舎や寺領などを書いたものである。これによると寺地の広さは五町余で、正方形の伽藍地の中央に金堂、前方に中門と南大門があり、金堂から中門に至る回廊の外東南に三重塔が、金堂の北に講堂が、金堂の東北などに僧房があり、東方に雑舎の院があった。鎌倉時代の寺蔵の『大塔供養願文』には僧道慈が虚空蔵菩薩を本尊とし、寺号を額安寺と改めたとしている。乾漆虚空蔵菩

額安寺虚空蔵菩薩半跏像

薩半跏像・木造文殊菩薩騎獅像・黒漆小龕が重要文化財に、「伽藍並条里図《がらんならびにじょうりず》」が国宝に指定されている。
↓大安寺《だいあんじ》

〔参考文献〕 石田茂作『飛鳥時代寺院址の研究』、福山敏男『奈良朝寺院の研究』 （福山 敏男）

額田寺伽藍並条里図

麻布を継いだ上に墨・丹などを使用して額田寺（現額安寺）の伽藍と周囲の条里を記入したもの。左右および下部は切断され、当初にはあったはずの国司・三綱の署名、年紀は失われているが、図に見られる人名から考えて天平宝字年間（七五七—六五）の製作と推定される。中央下部の額田寺の伽藍については、金堂・講堂・三重塔などの主要建造物以外に食堂・務屋などの付属建物も詳細に示している。条里は平群郡九条三里・四里、十条三里・四里の範囲を示し、その上に額田寺領と他領との境界を線および色わけで示す。寺領には地目・面積を各坪ごとに記載し、他領は公田と記載するほか、私領には所有者名を記入する。そのほか道路・丘・墳墓などを記入し、墳墓は現況ともほぼ一致する。榜示の石柱も描かれている。文字面には大和国印が見られ、記載内容とあわせて、本図が寺領図であることを暗示する。縦一一〇・六センチ、横七一・二センチ。国宝に指定されている。

〔参考文献〕『南都十大寺大鏡』 （栗原 治夫）

橿原神宮

かしはらじんぐう

奈良県橿原市久米《くめ》町九三四に鎮座。旧官幣大社。祭神は神武天皇ならびに皇后の媛蹈韛《ひめたたら》五十《い》鈴媛命《すずひめのみこと》。神武天皇は第一代の天皇であり、早くより広く景仰されてきたが、近世尊王論が勃興するや、天皇奉祀の神社や山陵の修補が唱えられ、明治政府は新政の大本を天皇の創業の事績に則ることとなった。明治五年（一八七二）太陽暦の施行とともに天皇の即位紀元が行われ、紀元節（即位の日とされた二月十一日）が定められ、同二十二年の紀元節に大日本帝国憲法が発布された。そのころ奈良県高市郡の人々が橿原宮の遺跡に天皇奉斎の神社の創建を請願し、同年七月聴許、京都御所の内侍所《ないしどころ》（温明殿《うんめいでん》）を神（本）殿に、神嘉殿《しんかでん》を拝殿に賜わった（のちに拝殿は新しく造営され、旧拝殿は御饌《みけ》殿、現在は神楽《かぐら》殿となり、神殿とともに重要文化財に指定）。翌二十三年三月二十日祭神・社号・社格が定まり、同年

橿　原　神　宮

四月二日鎮座祭を執行した。例祭は二月十一日。昭和十五年(一九四〇)の紀元二千六百年に際し、社殿の改築、神苑の拡張、競技場の開設など大いに内外を整備した。

参考文献　藤井貞文「欽定憲法の発布と橿原神宮の創建」(中山久四郎編『神武天皇と日本の歴史』所収)

(藤井　貞文)

春日大社

かすがたいしゃ

奈良市春日野町一六〇に鎮座。旧官幣大社。祭神は武甕《たけみか》槌命《づちのみこと》(常陸鹿島神《かしまのかみ》)・経津主命《ふつぬしのみこと》(下総香取神《かとりのかみ》)および天《あめの》児屋根命《こやねのみこと》(河内枚岡神《ひらおかのかみ》)・比売神《ひめがみ》(同)の四座。藤原氏の氏社として神護景雲二年(七六八)に春日御蓋《みかさ》山麓に創建。同時に官祭に預かり、中世以来伊勢神宮・石清水八幡宮と並んで三社と称せられ、全国民の信仰を得て発展した。祭神は天長十年(八三三)に伊都《いと》内親王が興福寺に田畠および園地を寄進した願文に四神を掲げて「四所大神」といい、『延喜式』の春日祭祝詞《のりと》にも「四柱能皇神等」とみえ、春日四所明神と称せられた。このうち鹿島神が主神とされ(神殿の第一殿の屋根がやや高く構えられるし、治承三年(一一七九)創建の南門

には当初鹿島大明神と扁額《へんがく》されたといわれる）、春日大社の源流が氏神鹿島神の遙祀に発したのが知られる。神護景雲二年の創建は古社記などが伝えるが、『三代実録』元慶八年（八八四）八月二十六日条に「新造二神琴二面一、奉レ充二春日神社一、以二神護景雲二年十一月九日所レ充破損一也」とみえるのが有力な文証となる。古く天平七年（七三五）創建説があり（『伊呂波字類抄《いろはじるいしょう》』）、天平神護元年（七六五）に常陸鹿島社に神封二十戸が春日祭料として寄せられたり（『新抄格勅符抄《しんしょうきゃくちょくふしょう》』）、天平勝宝八歳（七五六）東大寺四至図に神地として春日社の現在地が示されるほか、『続日本紀《しょくにほんぎ》』や『万葉集』などに春日祭祀に関する記事が見出されるが、それらは古代春日山信仰あるいは春日大社の源流を語るもので、神護景雲二年に四座の祭神がそろい、官祭に預かったときをもって創建とする。鹿島神は常陸から白鹿に乗じて上洛、春日御蓋山の山頂浮雲峯（本宮峯）に天降りしたと説かれる。同山頂には本宮社が西北面して鎮座しており、平城京の鎮護神としての性格もみられるが、平城廃都後も動かなかった。山城長岡京には大原野《おおはらの》神社、同平安京には吉田《よしだ》神社が建立されたが、藤原氏出身の後宮の春日遙祭《ようさい》社というにとどまった。興福寺南円堂を創建して盛運を得たといわれる藤原氏北家（摂関家）は、神社振興の平安時代前期に至り、春日社の大拡充を行なってその祭祀を確立した。神山春日山の諸神（竜神や三輪神など）をその末社として祀るとともに、神域を内院（四神殿を囲む）・中院・外院に分かち、殿舎や末社を配置して、春日祭を盛大化し、神領・社領あるいは神官・神人《じにん》の増大をはかった。神官は中臣《なかとみ》氏が神宮預《あずかり》（のち正預）として参仕したが、新たに大中臣氏を神主に任じて両惣官《そうかん》とし、それぞれに神人を統率せしめたので、春日社を挟んで神主方の北郷、正預方の南郷が成立した（のち中臣氏から若宮神主が生じて三惣官となるが、これは南郷の分流とされる）。かくて春日社の大和総鎮守化が芽生え、なお造国制によ

る神殿の造替が定まった(鎌倉時代から二十年ごとの式年造替制)。興福寺は春日の神威を借りるため、仏事・法会を社頭に修し、春日神人を手なずけて春日山中や市中(境内外)の諸末社の祭祀権を握った。春日大明神が慈悲万行菩薩と説かれ、また四所明神の本地仏《ほんじぶつ》に釈迦・薬師・地蔵・観音(一説に不空羂索観音《ふくうけんさくかんのん》)が充てられるなど神仏混淆色が強まり、興福寺衆徒の神木動座が始まり、保延元年(一一三五)には春日若宮が創建され大衆が翌二年に祭礼(おん祭)を主宰した。この若宮祭祀で春日社と興福寺の一体化が示され、興福寺は国中・国外の春日社領を支配し、春日神供(夕御供)も興福寺学侶が調進するようになった。当代、摂関家は祭祀権を依然固守し、公家・藤原氏および興福寺がそれぞれ春日大明神の神威を仰いで社の繁栄をはかったので、社容は一新された。治承二年の式年造替を期とし、翌三年には楼門形式の南門が出現し、両翼の瑞垣は回廊に改められ、無数の釣燈籠に飾られて神域の石燈籠と相対する美観を呈した。本地垂迹《ほんじすいじゃく》思想の発展とともに、このころから春日信仰は鹿島神崇敬を脱して四所明神一体化の春日大明神崇敬(むしろ祖神天児屋根命の崇敬が強まる)に転じ、春日社は伊勢・八幡と並んで殊遇をうけ、いわゆる三社信仰となって神儒仏三教一致の国民信仰化が芽生えた。春日社は藤原氏や春日社・興福寺の所領荘園の鎮守として全国各地に分祀され、藤原氏有縁の在地領主による勧請《かんじょう》も行われた。治承四年の平氏の南都焼討に際し、興福寺境内の春日東西両塔は罹災したが、春日社には兵士の乱入がなく、かえって南都復興が公家・武家から祈願され、春日社は栄えた。武家政権の出現に動揺した公家は盛んに行幸・御幸を行い、摂関家は皇室の伊勢、武家の八幡に並ぶものとして春日の神威の高揚に努めた。また興福寺は神国大和を主張して、大和一国内の社寺をすべて末社・末寺化し、これに連なる在地領主を被官とした。こうして春日社は王朝伝統文化の府として輝

き、工商・芸能の座や楽所・絵所を付属して神事・芸能を続々と創成した。神事・法会も盛んになり、外院には祈禱屋などが続出した。永徳二年（一三八二）春日社は失火で全焼するが、将軍足利義満は特にその復興を援助し、歴代将軍家の春日社保護の例が開かれた。戦国時代には公家・武家の保護を失い、春日社・興福寺領荘園の崩壊で沈衰するが、三社信仰の流布や春日講の普及で春日信仰は民衆に徹底した。このため天下を統一した織豊・徳川の政権は春日社に殊遇を加えた。徳川政権の保護によって戦国乱世の傷害はほぼ治癒され、大社として安住を得た。明治維新の神仏分離令により興福寺の支配は断たれ、社頭から仏教色が除去され、祈禱屋などは撤去された。明治四年境内地上知令で春日山を失い（御蓋山の前面は保有）、社家や禰宜《ねぎ》（神人）の多くが放出されたが、官幣大社となり、同十八年（一八八五）、春日祭復興によって勅祭社の栄遇をうけ、さらに若宮祭の復興や春日神鹿の保育などで国民の春日信仰をつなぎとめた。昭和二十一年（一九四六）春日神社を春日大社と改称、宗教法人春日大社として新生し、時運の好転にも恵まれ、王朝文化の殿堂として仰がれ昔日の盛運を復した。春日山も旧境内地としてかなり返還された。例祭は三月十三日（申祭《さるまつり》といわれ勅祭にあずかる）。国宝・重要文化財指定の社殿のほか、同じく神宝・神事祭礼具および古文書類の文化財・美術品は数多く、これの収蔵と展観のため宝物館が設けられている。

参考文献　奈良県編『大和志料』上、宮地直一『神道論攷』一、永島福太郎『奈良文化の伝流』、同『奈良』（吉川弘文館『日本歴史叢書』三）、同編『奈良春日野』、同編『春日』（『神道大系』神社編一三）

（永島福太郎）

建築　本殿は正面一・九二メートル、側面二・五二メートルの大きさの春日造で、同形同大の本殿四棟が南面して並立し、東から第一殿・第二殿の順に数える。

春日大社中門・回廊(上)と本殿(下)

三笠山の西麓を社地とするため、本殿の位置から西南にかけて緩やかな傾斜面を形成する。その低くなったところに幣殿・直会殿《なおらい》が建ち、これらと移殿・宝庫などを回廊が取り囲み、南中央に南門（楼門）を開く。回廊は東北方、本殿の前で西に折れて東西の御廊となり、本殿四棟の中央に中門（楼門）を開いている。南門の外に着到殿・車舎が建ち、長い参道の入口に立つ一の鳥居の位置は、平城京東京極路の東側、三条大路の突当りに相当する。幣殿（承応元年（一六五二））・直会殿（同）・着到殿（応永二十年（一四一三））・車舎（寛永十年（一六三三））はいずれも素木造で、平安時代初期にはほぼ同位置に同形式・同規模のものが建てられていたようである。しかし中門・御廊・南門・回廊などが現在の姿になったのは治承二年（一一七八）の造替時以来であって、それ以前は簡素な瑞垣《みずがき》・鳥居・四脚門であった。本社には古くは式年遷宮の制度がなく、その起点は貞治六年（一三六七）あるいは至徳三年（一三八六）の造替時と考えられる。現在の本殿は文久三年（一八六三）のときのものである。なお摂社若宮は長承三年（一一三四）に本殿をつくり翌年遷座を行なったのが、現在地での若宮の創始と伝えており、形式・規模ともに本社本殿に準ずる。

参考文献　黒田昇義『春日大社建築史論』、福山敏男「春日神社の創立と社殿配置」（『日本建築史の研究』所収）

（稲垣　栄三）

春日若宮神社　かすがわかみやじんじゃ

奈良市春日野町一六〇に鎮座。春日大社の摂社。祭神は天押雲根命(天児屋根命《あめのこやねのみこと》の子)。大宮(本社)から南に布生橋を隔てて鎮座。保延元年(一一三五)に藤原氏氏長者忠通が炎旱悪疫を禳い五穀豊饒を祈って建立したといわれるが、実は大和国の支配を狙う興福寺衆徒が春日社祭祀に参与をもとめ、当代勃興の御子神信仰に乗じて建立したものである。この祭礼を興福寺境内の御旅所に神幸を仰いで主宰したことでもわかる。本地《ほんじ》は文殊菩薩と説かれる。神主・神人《じにん》のほか巫女および神《かぐ》楽《ら》男《おとこ》が常勤し、民衆の奉賽をうけた。なお、中世には商工人の座や盲僧座も従属していた。若宮の鎮座によって春日社の大和国総鎮守化や春日信仰の民衆化が進んだ。神主は辰市《たつのいち》氏(中臣《なかとみ》氏)支流の千鳥《ちどり》氏の世襲であり、鎌倉時代には、その歌学が有名である。

春日若宮神社拝舎

参考文献　永島福太郎『奈良文化の伝流』、同『奈良』(吉川弘文館『日本歴史叢書』三)

(永島福太郎)

葛木寺

かずらきでら

葛城寺・葛城尼寺とも書く。今は廃寺。奈良時代から聖徳太子建立の七寺の一つとされたが、葛城臣関係の寺であろう。『続日本紀《しょくにほんぎ》』光仁天皇即位前紀の童謡によると、葛木寺は豊浦《とゆら》寺の西北または西にあったことになる。鎌倉時代の『聖徳太子《しょうとくたいし》平氏《へいし》伝雑勘文《でんざつかんもん》』には妙安寺の南に難波堀江と俗称する池があったというが、一書によるとこの難波堀江というのは豊浦寺西方の剣池のことであるらしい。そうすると豊浦寺西北、剣池北方の高市郡和田村（橿原市和田）にあって『大和志』が大野丘北塔とした飛鳥時代瓦出土地を葛木寺跡と推定することができよう。平城遷都後、左京五条六坊五坪に葛木寺は移され（天平勝宝八歳（七五六）の東大寺宮宅田園施入勅）、天平宝字七年（七六三）に播磨国の食封五十戸を施入された。宝亀十一年（七八〇）正月には当寺の塔や金堂などが全焼した（『続日本紀』）。延久二年（一〇七〇）の『興福寺雑役免帳』によると高市郡の旧寺地は葛木寺領の田となっているが、『法隆寺文書』康和三年（一一〇一）十一月の法隆寺末寺定林・妙安寺所司等解があるから、旧寺地付近に後身の寺はあったものらしい。これが前記鎌倉時代の妙安寺であろう。

参考文献　福山敏男『日本建築史研究』、田村吉永「葛木寺の位置に就いて」（『大和志』四ノ一一）

（福山　敏男）

かずらきにますほのいかずちじんじゃ

葛木坐火雷神社

奈良県葛城《かつらぎ》市笛吹《ふえふき》四六に鎮座する。旧郷社。祭神は火雷大神・天香山命《あめのかぐやまのみこと》。『延喜式』神名帳《じんみょうちょう》の大和国忍海《おしぬみ》郡条にみえ、二座とあり、ともに名神大社に列し、月次《つきなみ》・相嘗《あいなめ》・新嘗《にいなめ》の官幣《かんぺい》に預かる。また『三代実録』貞観元年(八五九)正月二十七日条に、昇して従二位を授くとある。鎮座地は現在地をこれにあてるが明らかでない。中世以来衰微し笛吹神社の末社となっていたのを、明治七年(一八七四)三月、笛吹神社に合祀して郷社火雷神社と号し、のち現称とした。例祭は十月二十四日・二十五日。

(原田　敏明)

かずらきのひとことぬしじんじゃ

葛城一言主神社

奈良県御所《ごせ》市森脇《もりわき》四三二に鎮座。旧県社。祭神は一言主大神。『神社明細帳』には祭神を事代主命と幼武尊《わかたけのみこと》とあるが、『大和志料』には一言主神に雄略天皇を配祀するとする。『延喜式』神名帳《じんみょうちょう》の大和国葛上《かずらきのかみ》郡条にあり、名神大社に列し、月次《つきなみ》・新嘗《にいなめ》・相嘗《あいなめ》の官幣《かんぺい》に預かる。『文徳実録』嘉祥三年(八五〇)十月辛亥条に正三位を授くとあり、『三代実録』貞観元年(八五九)正月甲申条には従二位を授くとある。また『本朝世紀《ほんちょうせいき》』によると、正暦五年(九九四)四月二十七日奉幣《ほうべい》、疫病退散の祈願があった。『日本書紀』雄略天皇四年二月条には、天皇が葛城山に狩をし、面貌・容儀が天皇に似た現人神《あらひとがみ》と称する長人《たけたかきひと》に逢ったが、これが一言主神で

あるという。また『釈日本紀《しゃくにほんぎ》』一二所引の『暦録』によると、このとき天皇と神とが獲物を争い、不遜の言があったので、天皇は怒って神を土佐国に移したが、天平宝字八年(七六四)に葛城山東下高宮岡上に迎え鎮めまつったという。その祭神を事代主命とするのは、一言主とその音が似ているからであろう。幼武尊とあるのは雄略天皇のことである。例祭は九月十五日。

(原田　敏明)

葛木水分神社

かずらきのみくまりじんじゃ

奈良県御所《ごせ》市関屋《せきや》三四八に鎮座。天水分神・国水分神を祀る。鎮座地は大和・河内国境金剛《こんごう》山・葛城《かつらぎ》山の鞍部水越《みずこし》峠の登口、水越川沿いにある。河内側にも式内社建水分《たけみくまり》神社がある。天平三年(七三一)の住吉《すみよし》大社司解に、土樋を造り田に水を引くことができたので水分・水越と称し、三輪人をして神を鎮祭せしめたとみえる。『三代実録』貞観元年(八五九)正月二十七日条に、従五位下から正五位下に昇叙、同年九月八日条には風雨祈願の幣に預ったことがみえる。『延喜式』神名帳《じんみょうちょう》には「葛木水分神社(名神大、月次新嘗)」とあり名神大社に列しているが、名神祭二百八十五座の内には記載がない。同四時祭上、祈年祭祝詞《のりと》の水分四社の一社で

あり、同祭には馬一匹を加えて奉られた。例祭は十二月二十日。境内に元禄十五年(一七〇二)五月銘の石燈籠があり、大和・河内国境水論勝訴を祈念して寄進されたと伝え、同年十二月二十一日正式に勝訴となり、例祭日はそれにちなむという。

参考文献 式内社研究会編『式内社調査報告』二、谷川健一編『日本の神々』四

(山田 浩之)

葛木御歳神社

かずらきのみとしじんじゃ

奈良県御所《ごせ》市東持田《ひがしもった》二六九に鎮座。旧郷社。祭神は大年神・御年神・高照姫命。『延喜式』神名帳《じんみょうちょう》の大和国葛《かずらきの》上《かみ》郡条にみえ、名神大社に列し、月次《つきなみ》・新嘗《にいなめ》の官幣《かんぺい》に預かる。『新抄格勅符抄《しんしょうきゃくちょくふしょう》』によれば、天平神護元年(七六五)、大和三戸・讃岐十戸の併せて十三戸の神封を受けた。『文徳実録』仁寿二年(八五二)四月庚申条には従二位、同年十月甲子条には正二位、さらに『三代実録』貞観元年(八五九)正月甲申条には従一位を授けられたとある。また同八年二月己未条には祟《たたり》があったために新たに神主を置き、また同十二年七月壬申条には雨を祈ったとある。例祭は二月十七日・十月十九日。

(原田 敏明)

勝手神社

かってじんじゃ

奈良県吉野郡吉野町吉野山に鎮座。古くから勝手大明神の名で知られる。社伝では式内大社吉野山口神社の後となし、明治時代に一時、吉野山口神社と称したが、明治三十二年(一八九九)現名に改称した。吉野八社の一つ。祭神は天忍穂耳命《あめのおしほみみのみこと》・大山祇命《おおやまずみのみこと》・久々能知命《くくのちのみこと》・木花咲耶姫命《このはなさくやひめのみこと》・苔虫命《こけむしのみこと》・葉野姫命《かやのひめのみこと》・恵比須大神・大黒大神。しかし『麗気記《れいきき》』などは天孫降臨に従った三十二神中の愛鬘神命《うけのりかみのみこと》と伝えている。創建年代は明らかでないが、金峯山寺《きんぷせんじ》の興隆に伴い、金峯神社、子守神社(吉野《よしの》水分《みくまり》神社)などとともにその支配下に入り、社人は吉野大衆に加わった。嘉禄二年(一二二六)吉野衆徒が勝手・子守両社の神輿を奉じて強訴したことは著名である。また勝手大明神は蔵王権現《ざおうごんげん》の眷属神《けんぞくしん》とされ、「吉野曼荼羅《よしのまんだら》」には騎馬武神像として表現されている。貞和四年(正平三、一三四八)吉野陥落の際、当社前で後村上天皇が御製を詠まれたことは、『太平記』、『房《ぼう》玄法印記《げんほういんき》』(『醍醐地蔵院日記《だいごじぞういんにっき》』)に伝えられて有名であり、社後の袖振山には五節舞《ごせちのまい》の起源に関する伝承がある。豊臣秀頼修造の社殿は正保元年(一六四四)焼失し、その後再建された。再建された社殿も平成十三年(二〇〇一)九月に焼失した。平成二十一年現在、吉野町吉野山の吉水《よしみず》神社に仮遷座されている。例祭は十月十七日。

参考文献 林宗甫『和州旧跡幽考』一一、佐藤虎雄「金峯山の信仰」(『神道史研究』一ノ三)、同「金峯山の諸社」(同五ノ一)

(久保田 収)

鴨都波神社　かもつばじんじゃ

奈良県御所《ごせ》市宮前町《みやまえまち》五一四に鎮座。延喜式内社で、古くは鴨都波《かもつば》八重《やえ》事代主命《ことしろのぬしみこと》神社といい、名神大社で、祈年祭の外、月次《つきなみ》・新嘗《にいなめ》・相嘗《あいなめ》の祭の奉幣《ほうべい》に預かった。旧県社。祭神は積羽八重事代主命・下照姫命・建御名方命で、賀茂氏の古い氏神の社とされている。一般には葛城《かずらきの》賀茂《かも》神社とも下津賀茂《しもつかも》神社ともいわれ、社伝では崇神天皇の御代に葛城邑賀茂の地に創建されたのに始まるという。例祭は七月十六日・十月十日。

（岡田　米夫）

川原寺　かわらでら

奈良県高市郡明日香村川原《かわはら》一一〇九にある寺院。現在真言宗豊山派。河原寺とも書き、弘福寺《ぐふくじ》ともいう。飛鳥川の西岸平地で、橘寺の北にあたる。敏達天皇十三年の創立とする説もあるが、この地出土の古瓦から、白鳳時代の建立と考えられている。『日本書紀』白雉四年（六五三）六月条に川原寺の記事が出ているが、或る本は山田寺のこととするとあって、白雉にこの寺が存在したというのは確実ではない。同書天武天皇二年（六七三）三月条に川原寺で一切経を写し始めたという記事があり、同年に食封五百戸が施入されたというから、そのころ寺院の体裁は整っていたのであろう。爾来朝廷の待遇が厚く、大官大寺《だいかんだいじ》・飛鳥寺《あすかでら》・薬師寺《やくしじ》に伍して

飛鳥京・藤原京期の四大寺の一つとなった。その待遇から見て、朝廷の力で建てた寺と思われる。この寺は斉明天皇が造ったという説が『扶桑略記《ふそうりゃっき》』『東大寺要録』などにあるが、飛鳥川原宮を同天皇崩御後、天智天皇初年のころ勅願によって川原寺に改め造ったものとも考えられよう。昭和三十二年(一九五七)・三十三年の発掘調査によって創立時の伽藍の規模が判明し、まず南大門があり、次の中門から寺内中央の中金堂に至る回廊の内庭に、東に塔を、西に東面する西金堂を配し、中金堂の背後に講堂をおき、講堂の東西北三方は連室の僧房でかこまれたものであった。このように回廊内に塔と金堂を横にならべる伽藍配置は法隆寺や法起寺に類するが、金堂が塔の方を正面とする点で崇福寺や観世音寺と共通していて、天智天皇ごろの創立とするのにふさわしい。のち弘法大師が当寺をたまわって、東南院に止住したと伝え、弘福寺は東寺の末寺となった。聖宝《しょうぼう》は当寺の丈六檀像十一面観音像を造った(『聖宝僧正伝』)。護国寺本『諸寺縁起集』にこの寺には金堂に丈六の十一面観音像を安置し、また三重塔のあることを記すのは、平安時代末期前後の状態らし

川原寺跡(1971年 9 月 6 日)

い。鎌倉時代には僧教弁《きょうべん》が当寺に住して食堂や僧房を造営した（『東大寺円照上人行状』）。室町時代末期ごろの雷火による被害以後荒廃がはげしく、江戸時代では草堂一宇をのこすのみの有様となった。寺跡が史跡、木造持国天・多聞天両像が重要文化財に指定されている。

参考文献 福山敏男『奈良朝寺院の研究』、奈良国立文化財研究所編『川原寺発掘調査報告』（『奈良国立文化財研究所学報』九）

（福山　敏男）

元興寺

がんごうじ

奈良市芝新屋《しばのしんや》町三・中院《ちゅういん》町二にある寺院。平城遷都後、京内に飛鳥の飛鳥《あすか》寺（法興《ほうこう》寺・元興寺）を移したものであるが、旧寺名の通り飛鳥寺ともよび、新元興寺とも称した。移転の年時については『続日本紀《しょくにほんぎ》』に霊亀二年（七一六）五月元興寺を左京六条四坊にうつすとあり、養老二年（七一八）九月法興寺を新京に遷すとあり、元興・法興別寺説の生ずる一因をなしているが、左京六条四坊は大安寺の位置であるから、養老二年の記事の方が支障がない。『続日本紀』によると当寺は天平年間（七二九―四九）、大安・薬師・興福の諸寺とともに都の四大寺として朝廷の待遇が厚かった。天平十九年の『元興寺《がんごうじ》伽藍縁起《がらんえんぎ》幷《ならびに》流記《るき》資財帳《しざいちょう》』の抄本（醍醐寺本

『諸寺縁起集』所収)によると、当寺の奴婢・水田・食封の数量は法隆寺や大安寺よりも多く、経済的基盤が強かったことがわかる。伽藍の造営年時については江戸時代の『本朝仏法最初南都元興寺由来』の記すところは疑問が多いが、奈良時代末期に少僧都慶俊《きょうしゅん》が募財して元興寺食堂を造ったという『延暦僧録』の文(『扶《ふ》桑略記《そうりゃっき》』神護景雲四年(七七〇)条)などが参考になろう。同じころ百万塔を納める小塔院が作られたと思われる。平安時代初期ごろは中門安置の二天や夜叉像が僧俗の信仰をあつめていた(『日本感霊録』)。長元八年(一〇三五)の『堂舎損色検録帳』(『東南院文書』)には南大門・中門・脇門・勾殿・幢・七間二重金堂・十一間講堂・回廊九十二間・十一間四面庇食堂・七間二面食殿・三間鐘堂・西小塔院・新堂院・東塔院・僧房・中院・温室院・蔵院・大衆院・修理所・鎮守社・花園院・四面大垣・同東西北門などが記されている。そのうち僧房は、東室南階大房・同小子房・北階大房・同小子房は各十二房で、西南行大房・西小子房・同北行大房・同小子房は各十房からなる東西棟の建物であった。この検録帳の記事から推測すると、中門の両わきから出て講堂に達する回廊で囲まれた内庭に金堂が立ち、講堂背後の東西に東室と西室があり、塔は五重塔で回廊外東南にあって一院をなし、西南には西小塔院があったものと思われる。『七大寺巡礼私記』には当寺の南大門の塑造金剛力士像、中門の観音像と二天・八夜叉像、金堂の中尊丈六弥勒坐像等、五重塔の四方浄土の相、吉祥堂(小塔院)の百万塔、講堂の中尊丈六薬師坐像、食堂の十一間にわたる長い棟木、鐘楼、極楽房などについてのべ、そのうち金堂の作りが最も見事であると記している。宝徳三年(一四五一)十月奈良の土一揆が蜂起して元興寺金堂・小塔院を焼いた。その後寛正三年(一四六二)七月に金堂の立柱上棟を行なって粗末な堂を再興したらしいが、文明四年(一四七二)七月大風で倒れた。衰微の結果、寺地は次第に民

家に侵蝕され、五重塔と観音堂(中門堂)の一郭、小塔院、極楽房の三寺に分立する結果になった。安政六年(一八五九)二月、五重塔と観音堂は焼失した。昭和二年(一九二七)の発掘調査で塔跡から鎮壇具類が出土したが、うちに神功開宝《じんぐうかいほう》銭が含まれていたことから、塔の建立は同銭ができた天平神護元年(七六五)より後と考えられるようになった。現在では、観音堂の系譜を引く寺院(奈良市芝新屋町、華厳宗)、極楽房の系譜を引く寺院(同市中院町、真言律宗)がともに元興寺を称している(後者は昭和五十二年旧称元興寺極楽坊を改称)。→飛鳥寺《あすかでら》

参考文献　『大和古寺大観』三、岩城隆利編『元興寺編年史料』、福山敏男『日本建築史研究』、大岡実『南都七大寺の研究』、太田博太郎『南都七大寺の歴史と年表』、稲森賢次「(奈良市芝新町)元興寺塔趾埋蔵品出土状況報告書」(『奈良県史跡名勝天然記念物調査報告』一一)

(福山　敏男)

極楽坊　奈良市中院町一一にある真言律宗西大寺末寺。現称は元興寺。奈良時代の元興寺三論宗の学僧、智光《ちこう》・頼光《らいこう》の住坊で、智光が感得して画工に描かしめた浄土曼荼羅(智光曼荼羅)を安置したところから、十二世紀の初めには往生院とか極楽房(坊)と称せられ、江戸時代には極楽院、昭和三十年(一九五五)より元興寺極楽坊と改め、さらに同五十二年八月元興寺と改められた。平城京に移建された元興寺は方二町の寺地をもつ大伽藍であったが、平安時代中期ごろより寺勢衰微し、宝徳三年(一四五一)十月の土一揆で、僧坊の一部であるこの極楽坊と芝新屋町に遺跡を伝える五重の大塔・観音堂などを除きほとんど焼失し、寺地には民家が建立されるに至った。本坊は今日禅室と呼ばれる僧坊の一部と、禅室の東の馬道を隔てて建つ極楽堂すなわち本堂を主体とする。元来元興寺の東室南階大房十二房の遺構を伝えるもので、金堂の東北に位置し東西に長く続く一棟の僧坊ではなく、大安寺のご

とく、東と西の二棟に分かれて建立されていた。長元八年（一〇三五）十一月の『堂舎損色検録帳』によれば、西端坊は一時経蔵に用いられ、雨漏りがひどく、後年に四坊ほどが退落し八坊ほどに縮小された。平安時代中期以降の浄土教の流布とともに日本浄土教発生の僧坊として注目され、同末期には東三坊を一堂とし、東より四坊目に馬道を設け、西方の四坊は禅室として改装された。今日の極楽坊の形態はここに起因するといってよい。保延四年（一一三八）ごろの『後拾遺往生伝』には、当時極楽坊で百ヵ日念仏講が営まれていたことを伝え、建久八年（一一九七）には二十五人・百人の講衆・結縁衆が百日講を営まんとし、寛元二年（一二四四）六月にはこれらの講衆・結縁衆を中心として本堂の改造、正嘉元年（一二五七）の春には東大寺戒壇院円《えん》照《しょう》により僧坊が造られたが、いわゆる念仏聖の止住の寺とし庶民信仰に生きた当寺の在り方を示すものである。文永五年（一二六八）の聖徳太子像、正中二年（一三二五）の弘法大師坐像はともに数千人の結縁衆の喜捨を得て完成されたもので、昭和十八年から同二十九年十一月にかけて施行された禅室・本堂の改体修理にあたり、版経・木造千体地蔵・同五輪小塔・納骨宝塔・コケラ経・印仏などが発見されたが、ともに庶民信仰を具体的に示す貴重な遺影である。極楽坊は興福寺大乗院孝覚の帰依を得た西大寺光円《こうえん》が応安元年（一三六八）に入寺してから真言・律兼帯の寺となり、大乗院家の被護をうけ、応永十八年（一四一一）に東大寺西南院の門を当寺東門として移建し、慶長七年（一六〇二）八月には徳川家康は百石の朱印地を与え、当寺の保護につとめた。昭和の大修理完成後、発見された庶民信仰資料は重要民俗資料として指定されたが、仏像・曼荼羅などの指定物件以外、特に禅室は奈良時代の官寺の大坊の遺構を示し、本堂は行基《ぎょうき》葺と称する特有の瓦葺を示すものとして他に類例のない貴重な遺構である。境内は国指定史跡。

参考文献　『大和古寺大観』三、奈良国立文化財研究所編『奈良時代僧房の研究』(『奈良国立文化財研究所学報』四)、奈良県教育委員会編『元興寺極楽坊・本堂及び東門修理工事報告書』、五来重編『(元興寺極楽坊)中世庶民信仰資料の研究』

(堀池　春峰)

極楽坊本堂

元興寺東室南階大房の一室にあたる僧房は極楽房とよばれ、智光曼荼羅が安置さ

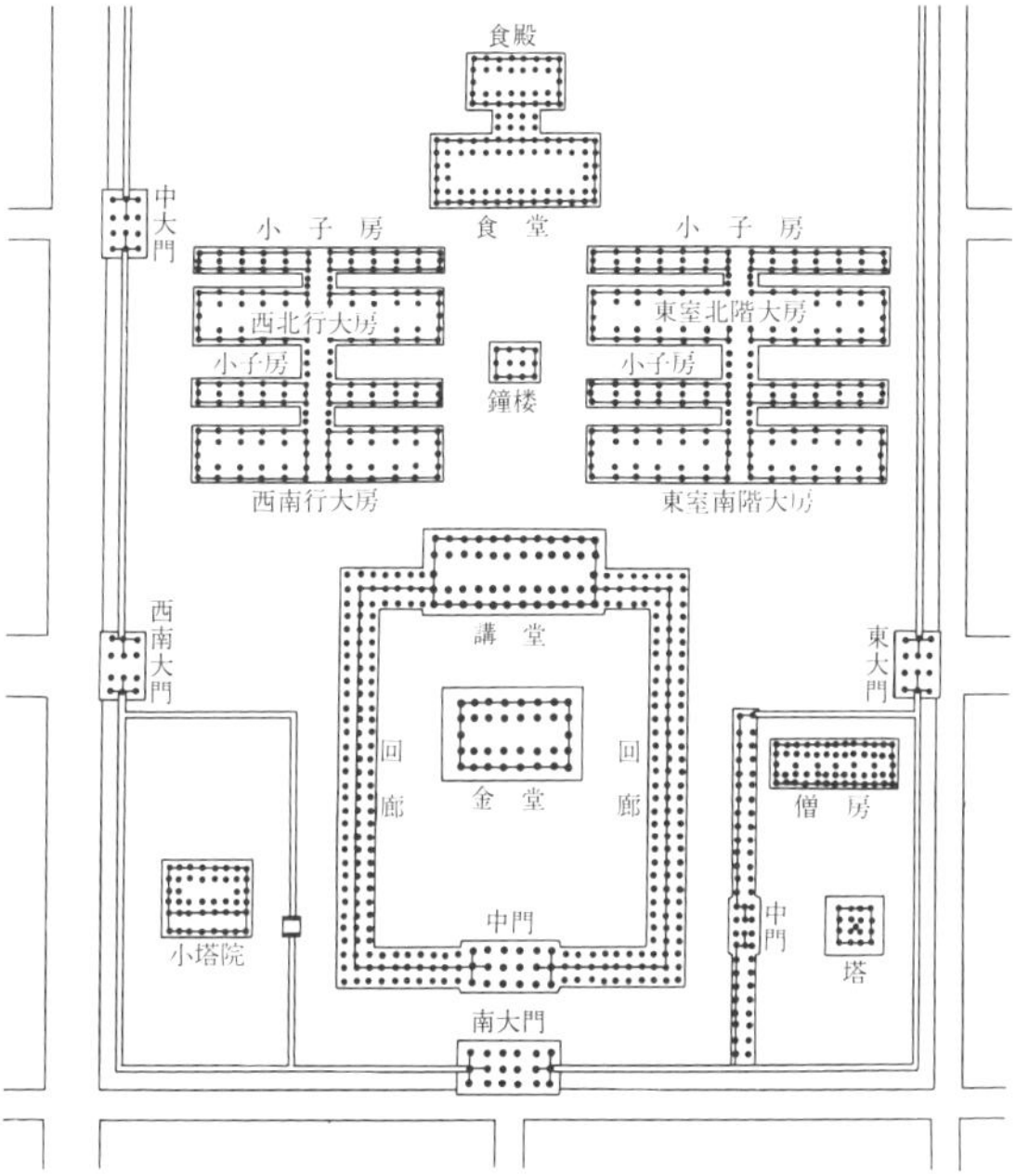

元興寺伽藍配置図

元興寺極楽坊本堂

れていた(『七大寺日記』)。寛元二年(一二四四)にこれを東向きの堂として改造したのが今の本堂で(棟札)、このとき外陣《げじん》は和様に天竺様(大仏様)を加味した鎌倉様式になった。屋根裏には古材が転用されて多数遺存している。方六間、寄棟造、妻入で、正面一間通庇付きの堂で、国宝。本尊の木造阿弥陀如来坐像は平安時代の作である。

参考文献 奈良国立文化財研究所編『奈良時代僧房の研究』(『奈良国立文化財研究所学報』四)、奈良県教育委員会編『元興寺極楽坊本堂・禅室及び東門修理工事報告書』

極楽坊禅室 本堂と同じく東室南階大房の後身で、今は本堂とは別棟になり、そのすぐ西がわに立っている。本堂と同様、寛元ごろ改修されたもので、桁行四間、梁間四間、切妻造であるが、桁行柱間の一間ごとに間柱《まばしら》二本を立て、中央間を戸口とする僧房の形式を示す。昭和二十五年(一九五〇)の修理で内部の一部が旧制に復原された。転用されてのこる古材が多く、屋根には古く飛鳥寺から移されたと思われる行基葺の瓦を葺いている。国宝。

元興寺極楽坊禅室

参考文献　奈良国立文化財研究所編『奈良時代僧房の研究』(『奈良国立文化財研究所学報』四)、奈良県教育委員会編『元興寺極楽坊本堂・禅室及び東門修理工事報告書』

極楽坊五重小塔

元興寺五重塔のひな型と称されたが確実ではなく、奈良時代末ごろの制作と認められる。鎌倉時代からは極楽坊本堂内にあり、今は寺内の収蔵庫に納めてある。平安時代、鎌倉時代、天和三年(一六八三)、明治三十一年(一八九八)、昭和二十六年(一九五一)、同四十二—四十三年に修理を受けた。実際の塔を十分の一に縮小した大きさで、屋内で保存されたために細部手法から構造法までよく奈良時代の特色を伝えている。普通の塔にくらべて相輪《そうりん》が著しく大きい。国宝。

参考文献　奈良県文化財保存事務所編『国宝元興寺極楽坊五重小塔修理工事報告書』、太田博太郎編『日本建築史基礎資料集成』一一　(福山　敏男)

元興寺極楽坊五重小塔

薬師如来像

華厳宗元興寺所蔵。平安時代初期彫刻の代表的作品の一つ。左手に薬壺を持つ立像で、像高一六六・〇センチ。檜の一木造で、頭・体部・台座蓮肉まで通して一材から木取りし、肩下りから地付き近くまで長方形の背刳りを施しているが、その蓋板はいま別に伝わっている。螺髪《らほつ》を植え付け、両手首先(後補)を矧ぎ付ける。頭部は小さめながら相貌は個

元興寺薬師如来像

性的で、体部は幅広く造られて重厚の感があり、衣文は渦文をまじえて飜波式《ほんぱしき》彫法により彫出されるが、なお肉身の起伏も十分に表現されている。その作風には平安時代初期木彫の特徴が著しく、刀法の力強さはその成立期に近いものであることを示している。国宝。

参考文献 久野健「平安初期における如来像の展開」(『平安初期彫刻史の研究』所収)　(水野敬三郎)

漢国神社

かんごうじんじゃ

奈良市漢国町六鎮座。旧県社。推古朝に大神君白堤《おおみわのきみ》が園神《そのかみ》の大物主命《おおものぬしのみこと》(大己貴命《おおなむちのみこと》の和魂《にぎみたま》)を祀り、のち元正天皇の養老年間(七一七—二四)藤原不比等《ふじわらのふひと》がさらに韓神《からかみ》の大己貴命と少彦名命《すくなひこなのみこと》を相殿として祀ったと伝える。古くは率川《いさかわ》神社の別宮。『延喜式』神名帳《じんみょうちょう》には宮内省に坐す神三座として園・韓神社二座がみえ、その叙位などが『文徳実録』『三代実録』に散見する。蓋し平安宮の官衙《かんが》神として勧請《かんじょう》されたか。境内には白雉塚・林神社などもある。例祭は十月十六日・十七日。

参考文献 『大三輪神三社鎮座次第』(『大神神社史料』一)、『大倭神社註進状並率川神社記』(同二)、久世宵瑞『平城坊目考』　(今井啓一)

金峯神社

きんぶじんじゃ

奈良県吉野郡吉野町吉野山一六五一に鎮座。「かねのみたけ」神社とも読む。旧郷社。式内社。祭神は金峯山(吉野山)の地主神の金山毘古神《かなやまびこのかみ》(金精明神《こんせいみょうじん》・蔵王権現《ざおうごんげん》)。仁寿二年(八五二)に従三位、翌三年に名神、翌斉衡元年(八五四)に相嘗《あいなめ》・月次《つきなみ》・神今食《じんこんじき》の官祭に預った。金《きん》峯詣《ぶもうで》の盛行によって神威は輝き、境内に愛染宝塔《あいぜんほうとう》が建立され、坊舎も軒を連ね、また金峯神人《じにん》の強訴も始まった。寛弘四年(一〇〇七)の関白藤原道長の金峯詣の際、神域に祈願埋経のことがあり、この経筒は元禄四年(一六九一)に出土し、紀年銘のある最古の経筒として社宝となっている(国宝)。なお、修験道の興隆に伴い、社前には二鳥居(修行門)が建立せられ、山伏らが数次の勤行を修する行場となった。南北朝動乱にあたり、高師直《こうのもろなお》の焼掠に罹災して旧観を失したといわれるが、社運を持して明治時代に至り郷社に列せられた。例祭は十月十六日・十七日。

参考文献 『吉野町史』、中岡清一『大塔宮之吉野城』

(永島福太郎)

金峯山経塚

奈良県吉野郡天川村《てんかわ》洞川《どろがわ》所在。ほぼ十一世紀―十三世紀に営まれた群集経塚。金峯山は山上ヶ岳(標高一七二〇《メートル》)を中心とするいわゆる大峯連峰の総称で、古来山岳修業の霊場として有名なところである。経塚はこの山上ヶ岳山頂に位置しており、江戸時代から明治・大正年間(一八六八―一九二六)にかけて数次にわたり、多数の遺物が出土した。山上ヶ岳山頂には湧出岩と呼ばれる巨岩塊があり、蔵王権現が湧現したところと伝えている。また、その北方に位置する山上本堂は、空中から蔵王権現が降臨したあとと伝えている。この相対する霊地の間には、わ

ずかの平地と丘陵があり、遺物は大部分この湧出岩につづく丘陵の北斜面一帯から発見されたと考えられているが、個々の遺構は明らかでない。なお遺物は経箱・経筒・紙本経・銅板経・願文・神仏像・鏡鑑、その他に大別される。経箱は五口発見されているが、そのうち花鳥唐草を毛彫した銅製魚々子地金銀鍍金の経箱(金銀鍍双鳥宝相華文経箱、金峯山寺蔵、国宝)は工芸的に特に優れた遺品である。経筒は約六十口分以上発見されているが、その多くは破砕された残片である。しかし、寛弘四年(一〇〇七)在銘の藤原道長の経筒は完品で、簡素な円筒形ではあるが、気品に富む優品である。紙本経で遺存しているのは大部分紺紙金泥経で、銅板経は少数の残片であるが、折本の体裁をとっていたようである。願文は紙本墨書で、藤原師通《ふじわらのもろみち》が寛治二年(一〇八八)に行なった埋経の願文である。神仏像は約三百点発見されており、毛彫・半肉・透彫・丸彫の四種に分けられるが、毛彫像が半数以上を占め、半肉像がそれについでいる。また、蔵王権現がもっとも多く、神像がそれについでいる。なお、これらの神仏像の大半は、経塚とは直接関係のない奉賽物であったと考えられるが、山上の信仰を物語る遺品として重要である。鏡鑑は鏡像を加えると百余面に及び、唐鏡・和鏡・湖州鏡の各種が見られるが、和鏡がもっとも多い。その他陶磁器片・仏具・銅塔残片・飾金具残片・銭貨・利器などがある。

藤原道長経筒

藤原道長が寛弘四年(一〇〇七)八月に、金峯山に『法華経』などを納めて埋めた経筒。元禄四年(一六九一)に出土したと伝えているが、わが国でももっともはやい確実な経塚遺物である。銅製の鍛造品で、鍍金が施されている。筒身は円筒形で、ゆるい甲盛りの被蓋を付し、蓋と身の合わせ目には鋲で合留したと思われる小孔が四個穿たれている。総高三六・四センチ、口径一五・八センチ、厚さ〇・三センチ。身の側面をめぐって、二十四行、五百十字に及ぶ銘文が刻

まれているが、その内容は『御堂関白記《みどうかんぱくき》』などの記録と相照応するとともに、さらに埋納の経緯、願意などが具体的に記されている。また、蓋の側面には「南無妙法蓮華経」を意味する梵字が双鉤体で刻され、底面には、この経筒の製作者と考えてよい「伴延助」という名が刻まれている。吉野郡吉野町金峯神社所蔵。国宝。筒身側面銘「南瞻部洲大日本国左大臣正二位藤原朝臣道長百日潔／斎率信心道俗若干人以寛弘四年秋八月上金峯山以手／自奉書写妙法蓮華経一部八巻无量義経観普賢経各／一巻阿弥陀経一巻弥勒上生下生成仏経各一巻般／若心経一巻合十五巻納之銅篋埋于金峯其上立金銅／燈楼奉常燈始自今日期竜華晨於是弟子焚香合掌白／蔵王而言法華経者是為奉報釈尊恩為値遇弥勒親近／蔵王為弟子无上菩提先年奉書欲賫参之間依世間病／悩事与願違為恐浮生之不定且於京洛供養先了今猶／所以埋於茲者蓋償初心復始願之志也阿弥陀経者此／度奉書是為臨終時身心不散乱念弥陀尊往生極楽世界／也弥勒経者又此度奉書是為除九十億劫生死之罪証／无生忍遇慈尊之出世也仰願当慈尊成仏之時自極楽／界往詣仏所為法華会聴聞受成仏記其庭此所奉埋之／経巻自然涌出令会衆成随喜矣弟子得宿命通知今日／事如智者之記霊山於前会文殊之識往劫於須臾者歟／嗚呼発菩提心懺無量罪運東閤之匪石加南山之不騫／埋法身之舎利仰釈尊之哀愍蔵信心之手跡憑竜神之守／護願根已固我望已足抑憩一樹之蔭飲一水之流猶不／是小縁呪此之道俗若干人或有以香花手足与此善者／或有以翰墨工芸従此事者南無教主釈迦蔵王権現知見／証明願与神力円満弟子願法界衆生依此津梁皆結見／仏聞法之縁弟子道長敬白／寛弘四年(丁未)八月十一日」。筒身底面銘「伴延助」。蓋側面銘「(梵字)ナ・ボ・サ・ダ・マ・ハラ・ダ・リ・カ・ソ・タラン・タ(南無妙法蓮華経)」。

参考文献　黒川真道「大和国金峰神社所蔵の鍍金経筒考」(『考古界』五ノ一)、石田茂作・矢島恭介『金峯山経塚遺物の研究』(『帝室博物館学報』八)、奈良

県教育委員会編『重要文化財大峯山寺本堂修理工事報告書』、三宅敏之「金峯山経塚の諸問題」(『山岳修験』一六)

(三宅　敏之)

金峯山寺　きんぷせんじ

奈良県吉野郡吉野町吉野山二四九八にある寺院。「山上(山上ヶ岳)一体、山下(吉野山)三体」の蔵王権現《ざおうごんげん》を祀る金峯山修験本宗大本山。現在、「きんぷせん」寺といい、蔵王権現の巨像を祀る巨大な蔵王堂(国宝)や二王門(同)を中心とし、一山は天台・真言両系の修験道寺院(単立寺院)で構成されている。寺号として金輪王寺《きんりんのう》(金輪寺《きんりん》)の称もある。もともと金峯・勝手《かつて》・水分《みくまり》(子《こ》守《もり》)の吉野三所明神の神山たる金峯山を承け、役行者《えんのぎょうじゃ》の草創、聖宝《しょうぼう》僧正(理源大師)の中興が説かれる。早くに東大寺の支配に属し、また聖宝のゆかりで真言宗が強まったが、修験道寺院化して天台宗聖護院《しょうごいん》門跡の配下となり、諸院諸坊数十宇を数える。如意輪堂《にょいりん》(現在

金峯山寺二王門(上)と蔵王堂(下)

は如意輪寺）・世尊《せそん》寺もこれの一院であった。武力も蓄え、金峯神人の強訴が早くに始まるが、平安時代の後半期からは興福寺僧兵の武力弾圧をうけ、興福寺（のち一乗院門跡）の支配となった。興福寺は、金峯山寺が吉野郡の領主化し、なお宇智郡や高市郡に荘園を設定し、土豪を武力とした俗勢力を振るったため、これを把握しようとしたものであり、その教学には干渉しない。また興福寺の強訴には布留《ふる》明神（石上《いそのかみ》社）とと

もに勝手明神の神宝を随行せしめることになったが、これは公家の金峯山信仰を利用したものといえる。当代、金峯山寺の神仏混淆の一山組織が完成した。なお、修験道の興隆で熊野山検校《けんぎょう》の聖護院、本地垂迹《ほんじすいじゃく》思想の発達で高野山の勢力も山内に及んできた。この高野山とは西吉野山地の境域争いから両山僧兵の激突も繰返された。中世末に至るまで興福寺一乗院門跡が主として金峯山検校となり、執行小別当が一山の寺務にあたった。しかし、教務は一臈を学頭とする衆徒(寺僧方(天台系)、山上導師を長とする禅徒(満堂)方(真言系)の両教団組織が執行した。源頼政《みなもとのよりまさ》の残党や源義経の追捕を興福寺が命ぜられたが、特に後醍醐天皇が吉野山に遷幸せられたのは検校の一乗院門跡が協力したことも一因であった。これには真言僧の小野文観《もんかん》僧正や現地の執行吉水《よしみず》院宗信《そうしん》の忠誠が語られる。貞和四年(一三四八)の高師直《こうのもろなお》軍の吉野皇居焼掠で蔵王堂も焼亡、一山は滅亡の危機に瀕したが、一乗院門跡が吉野郡の領主として金峯山寺を保護するし、修験道の興隆で旧勢を回復した。やがて、一向宗本願寺や曹洞宗の吉野郡進出や地侍らの台頭で金峯山寺の領主的地位は動揺したが、住民の根強い金峯山信仰に支えられて戦国乱世を乗り切った。天文三年(一五三四)、一向宗徒の焼掠があるが、堂塔は残り、坊舎も三十六坊を存している。なお、当山の師檀組織の創成も徴証できるが、先達《せんだつ》活動は熊野山に委ねられて活発化しない。この面では大峯山系の弥山《みせん》信仰を握る天川社の活動や熊野先達から自立した国中の修験道寺院が発達している。近世、豊臣秀吉の朱印領給付(徳川幕府もこれを承継、千十三石の朱印寺院となる)、堂塔修造寄進で新生の観を呈する。なお、醍醐寺三宝院門跡が修験道当山派を結集して「山上参り」を盛んにしたが、金峯山寺は一乗院門跡に代わって日光輪王寺宮門跡の支配をうけることになり、天台・真言の兼帯が見られる。なお、元禄の交に竹林院の高野山支配離脱のことがある。明治維

新の神仏分離には社僧・神人らの活躍や蔵王権現の性格が論議をおこして紛糾、三所明神社は独立、執行坊の吉水院は吉水神社となった。しかし、明治十二年(一八七九)から東南院・竹林院・桜本坊が延暦寺末として相ついで復活し、また同十九年山上の蔵王堂の復活が認められ、ついで同二十一年喜蔵院が聖護院末として復活したのを機に蔵王堂を中心とする天台宗延暦寺末の金峯山寺が再興せられた。昭和二十三年(一九四八)天台宗より離脱、金峯山修験本宗を樹立。ところで、山上蔵王堂(本堂)の所管は旧社寺領山林下戻しの申請のことから、吉野山四ヵ寺と洞川《どろがわ》竜泉《りゅうせん》寺、および吉野山・洞川両区に属することとなり現在に至る。なお、修験行場の吉野から熊野に至る峰筋左右八丁ずつも本堂所属となり、同じ所管となっている。

参考文献 『吉野町史』、「金峰山寺の神仏分離」(村上専精・辻善之助・鷲尾順敬編『(明治維新)神仏分離史料』下所収)

(永島福太郎)

久米寺(橿原市)　くめでら

奈良県橿原市久米町五〇二にある。古義真言宗。『扶桑略記《ふそうりゃっき》』延喜元年(九〇一)条に吉野竜門寺の久米仙人が久米寺を造り、丈六金銅薬師像と日光《にっこう》・月光《がっこう》両菩薩像を安置したという記事がある(聖徳太子の弟来目皇子の創立とする説はおくれて鎌倉時代からあらわれる)。空海の天長二年(八二五)の「大和州益田池碑銘」には「来眼精舎」が益田池の東北に存すると記している(『性霊集』)。空海は入唐以前、久米寺東塔の内で『大毗盧《だいびる》遮那経《しゃなきょう》』を感得したという物語もある(『御遺告』)。伽藍は金堂・東西両塔・講堂などを備えていたというが(『(和州)久米寺流記』)、建物は割に早く失われたらしい(『扶桑略記』)。天慶五年(九四二)七月に雷火で東院

久米寺多宝塔

大塔が焼けた(『(和州)久米寺流記』)というのは別院のことであろう。文明四年(一四七二)七月には大風で久米寺の塔が倒れた。近世の久米寺は東院の故地にあり、その多宝塔(重要文化財)は江戸時代初期の作で、仁和寺から移したものであるが、そのまわりと床下に大きな層塔の礎石を遺している。現境内の西に旧伽藍中枢部の遺跡があり、出土瓦から、当寺は白鳳時代後半の創立と推測される。

参考文献　福山敏男『奈良朝寺院の研究』、『久米寺多宝塔修理工事報告書』

(福山　敏男)

くめでら　久米寺(明日香村)

奈良県高市郡明日香村奥山六五〇にあり、大官大寺跡の東南にあたる。浄土宗。この地からは飛鳥時代のものと見られる瓦が出土しており、創立の時期がわかる。本堂の前方の塔跡と思われるところに古い礎石がのこり、鎌倉時代ごろの十三重石塔が立つ。近世では奥山村の「久米寺」とよばれ(享和三年(一八〇三)鐘銘)、今は橿原市の久米寺と区別するため、奥山久米寺とよばれている。

参考文献　福山敏男『奈良朝寺院の研究』

(福山　敏男)

毛原廃寺

けはらはいじ

奈良県山辺郡山添村大字毛原に所在した古代寺院。笠《かさ》間《ま》川左岸台地で、北方に山を負い、南門・中門・金堂跡には礎石が残り、塔跡といわれるところもあるが、寺号はもちろん造立由緒も判明しない。しかし礎石や出土瓦から奈良時代の寺院跡と考えられるし、金堂跡の礎石の配列は、唐招提寺金堂に比すべきものである。この地が東大寺の板蠅杣《いたはえのそま》に属することから、現在、同寺の板蠅杣支配の寺とも推定されている。国史跡。

参考文献 『豊原村史』、内務省編『奈良県に於ける指定史蹟』(『史蹟調査報告』三・四)、西崎辰之助「毛原廃寺址」(『奈良県史蹟勝地調査会報告書』五)、黒田昇義「山辺郡豊原村大字毛原史跡毛原廃寺跡指定地区外の遺構」(『奈良県史跡名勝天然記念物調査抄報』五)、関野貞「大和国毛原伽藍遺跡」(『考古界』一ノ九)

(小島 俊次)

興福寺

こうふくじ

奈良市登大路《のぼりおおじ》町四八にある法相宗大本山。南都七大寺の一つ。寺伝では「こうぶくじ」という。縁起によると、天智天皇八年(六六九)藤原鎌足の死去に際し、妻の鏡女王《かがみのじょおう》が鎌足の念持仏の釈迦丈六像などを祀る伽藍をその山階《やましな》(山科)邸に設けたのに始まり(山階寺)、その子不比等《ふひと》によって藤原京の厩坂《うまやさか》に移遷(厩坂寺)、さらに和銅三年(七一〇)平城遷都にあたって春日野の現地に移建されたと伝えるが、実は鎌足所願の釈迦丈六像を本尊とし、不比等が発願、平城京左京三条七坊(外京)を寺地に点じ、霊亀・養老の交に創建されたということができる。藤原氏の氏寺だが、養老四年(七二〇)には官寺に列せられ、皇室および藤原氏一族の堂塔造営・寺領寄進によって天平時代に七堂伽藍の盛容を現わし、なお造営がつづいた。また猿沢《さるさわ》池(四条七坊所在)や東松林二十七町が寺地に付属した。平城廃都の打撃もほとんど受けず、弘仁四年(八一三)に藤原北家の冬嗣《ふゆつぐ》が南円堂を創めたが、これによって摂関家が開運したといわれるし、弘法大師の鎮壇勤仕が伝えられて密教隆盛の時運に乗り、興福寺の発展が決定づけられた。なお、天平宝字元年(七五七)、藤原仲麻呂《なかまろ》が鎌足発願と伝えられる法相宗大会の維摩会《ゆいまえ》を興したが、これが御斎会・最勝会と並んで三会の一つに列せられたのも寺勢をあげた。ついで貞観年間(八五九—七七)、摂関家が春日社の祭祀を振興したり、大和国の領国化を進めたのに刺激され、興福寺は春日大明神を法相擁護の神と説き、これを鎮守神として春日社を支配しようとした。まず在地領主層の春日神人を手なづけたり、寛仁二年(一〇一八)には法華八講を社頭で修し、これを春秋二季として氏長者の使を迎えて春日祭になぞらえ、

なお春日大明神が慈悲万行菩薩と託宣せられたと説いて神仏習合をはかり、さらには春日神木動座の強(嗷)訴を始めて春日社支配を達成する。康和二年(一一〇〇)、白河上皇が社頭一切経料所として越前国河口荘を寄せて興福寺(のち大乗院門跡)に検校《けんぎょう》させたのが興福寺の春日社領支配の端緒となるし、永久四年(一一一六)に関白藤原忠実《ただざね》が春日西塔を東松林の別当坊(鹿園寺)の跡に建立し、祭神本地の四仏を安置したのが興福寺の春日社支配を促進させた。保延元年(一一三五)、興福寺衆徒は春日若宮を創建、翌二年からこれを西塔近くの御旅所に迎えて若宮祭を始めたが、これで春日社との一体化やその祭祀参与を誇示し、摂関家代官の国司に代わって大和一国を支配する道理を主張したのである。かくて摂関家と春日社・興福寺の大組織が成り、七大寺をはじめ国中の社寺、これに連なる土豪(在地領主)らの屈従を強いた。ここに興福寺の全盛が訪れ、別当のもと権別当・五師・三綱の寺務組織が成り、なお学侶・六方および堂衆の三千大衆(講衆)が統括され、教学もまた振興した。折から平清盛の大和国知行や南都焼討(治承四年(一一八〇))に遭うが、敬神崇仏の時運に恵まれたため、春日社の神威を被って復興工事は進み、法会も盛大化した。これは鎌倉文化の興隆に資したが、ここで興福寺は永遠不滅の精気を注入され、なお荘園大領主として大消費生活を展開したため門前郷奈良が発達する。また寺中では摂関家子弟の入室する一乗院《いちじょういん》・大乗院《だいじょういん》両門跡が成立し、公卿子弟の院家とともに正・権別当職を占め、なお学侶・六方および堂衆らの諸院・諸坊が繁栄した。折から鎌倉幕府から大和の守護職を委ねられたため、輩出する名主層を衆徒・国民に起用していわゆる僧兵団を組成、これを学侶・六方に付属して検断権行使にあたらせた。鎌倉時代末期に両門跡の対立が生じ、衆徒・国民がこれに絡んで武力抗争に発展、南北両朝の対立を抱えこんで抗争が激化したため、寺勢はとみに衰えた。室町

幕府の成立で守護職(両門跡が分掌)に復し、その保護で動乱の傷も治癒して往昔の繁栄が期せられたが、衆徒・国民が大小名化を競い、近国大名の角逐に参じたため、大和に戦乱が導入されるし、諸国の社寺領を喪失して興福寺は気息奄々となり戦国乱世を迎えた。織豊政権によって俗勢力を削がれ未曾有の沈滞を示したが、一方、春日社支配の朱印領主寺院として更生が許されたのがむしろ幸いし、なお徳川将軍家の保護で寺観もほぼ旧に復した。しかし、朱印領領主の経済窮迫がつのるやさき、享保二年(一七一七)に講堂から出火して大焼亡した。このあと金堂は仮堂のまま復興も進まぬという悲運に陥った。観音札所の南円堂がひとり復興し、これが庶民信仰を受けたにとどまり、空坊や廃跡が続出した。明治維新の神仏分離により、門跡・院家が還俗《げんぞく》して華族に列せられ、学侶らとともに春日神官に転じたため、主を失って一山は潰滅した。『興福寺文書』など、唐院保管分が春日神社に移管された。明治十四年(一八八一)、寺院再興が許されたが、境内は官没縮減、堂塔傍らに公道が通じるしまつであり、わずかに堂塔や宝物の文化財寺院として存続した。堂塔所在の寺地が返付され、宝物館を付設して、ようやく寺観を整えるに至った。平成八年(一九九六)には南円堂の解体修理がなされた。

参考文献　『奈良六大寺大観』七・八、大岡実『南都七大寺の研究』、永島福太郎『奈良文化の伝流』、同『奈良』(吉川弘文館『日本歴史叢書』三)、泉谷康夫『興福寺』(同五六)、永島福太郎「興福寺の歴史」(『仏教芸術』四〇)
(永島福太郎)

建築　伽藍は創立以後、たびたび火災にかかったが、そのつど再建され、享保二年(一七一七)の火災まで当初の規模を伝えてきた。したがって、再建されなかった建物も、礎石などがよく残り、『興《こう》福寺流記《ふくじるき》』に引用されている興福寺の資財帳の記事と併せて考えて、創立の伽藍配置を知ることができる。伽

藍は外京の東端、三条七坊の地を占め、三条大路からやや入って南大門があり、中門・金堂・講堂を中心線上におき、回廊は複廊で中門から金堂左右に達する。金堂・講堂間の左右に鐘楼・経蔵があり、講堂を囲んで東西北の三面に僧房がある。東西の僧房は大房と小子房からなり、北室は南から大坊・小子坊・大房の三棟が列び、大房は南を上階僧房、北を下階僧房という。また平安時代、東にさらに僧房ができ、これを東室というようになったので、本来の東室は中室と呼ばれた。食堂は講堂の東方にあり、細殿その他を伴って食堂院を形成していた。金堂の東南に東金堂と五重塔があり、回廊と築地で囲まれていた。西南には西金堂があり、西の塔は建てられず、ここに南円堂が建立され、またその北方には回廊に囲まれた北円堂があった。この配置は大安寺・東大寺などと共通性が多く、奈良時代伽藍配置の主流となったものである。現存する古建築として鎌倉時代の北円堂・三重塔、室町時代の東金堂・五重塔・大湯屋、江戸時代の南円堂がある。

参考文献　『奈良六大寺大観』九・一〇、大岡実『南都七大寺の研究』、太田博太郎『南都七大寺の歴史と年表』、奈良県教育委員会編『国宝興福寺三重塔修理工事報告書』、同編『重要文化財興福寺南円堂修理工事報告書』、毛利久「興福寺伽藍の成立と造像」(『仏師快慶論』所収)、大河直躬「鎌倉初期の興福寺造営とその工匠について」(『建築史研究』二一・二二合併号)

(太田博太郎)

一乗院　興福寺両門跡の一つ。権大僧都定昭《じょうしょう》(永観元年(九八三)寂)の創建。第六代覚信《かくしん》は関白藤原師実《ふじわらのもろざね》男で興福寺に貴種(摂関家子弟)の入寺の最初といわれ、貴種相承のゆえに鎌倉時代初頭から大乗《だいじょう》院《いん》とともに院家の上位に位する門跡を称し、興福寺に属するが、独立寺院の格(別格寺院)となった。大和国中・国外の門跡領や末寺をみずから進止するし、興福寺の三綱ないし衆徒・国民らを坊官・坊人として門跡

に分属せしめた。院家(公卿子弟が入室)も門徒としてこれに分属する。いわゆる五摂家分立にあたって近衛流(近衛・鷹司)が同門跡を管領《かんれい》(家門という)、特に近衛家が主となった。南北両朝対立に際し、門主覚実はその末寺金峯山寺検校《きんぶせんじけんぎょう》の職に在ったため、後醍醐天皇を吉野山に迎え、宮方となって武家方の大乗院門跡と抗争した。室町時代には大和守護職(大和平野部)を大乗院と両分(一乗院は西諸郡)、なお吉野・宇智《うち》両郡を管領した。また坊人の筆頭として衆徒筒井《つつい》氏が発展する。戦国時代末に将軍足利義晴《あしかがよしはる》男の覚慶《かくぎょう》が近衛家猶子《ゆうし》として入室、のち還俗して将軍義昭《よしあき》となったのが著名。なお、文禄検地で春日社兼興福寺領のうち別判物として千四百九十二石を充行われて近世朱印領主寺院として確立した。慶長十五年(一六一〇)、後陽成天皇皇子十宮が近衛家猶子として入室して、のち尊覚《そんかく》法親王となり、以来宮門跡として親王入室がつづいた。当代、別当職は両門跡の相承となった。当時、門跡には諸大夫・坊官・侍・北面などの家来が知られる。幕末、近衛忠熙《ただひろ》男の忠起《ただおき》に至り、明治維新に際会して還俗、水《み》谷川《やがわ》を姓として華族格に遇せられ、官幣大社春日神社宮司となり男爵に列せられた。門跡は官没されて奈良県庁、ついで裁判所に転用、寝殿造の建物は現在唐招提寺に移建され、同寺の御影堂となった。なお門跡領荘園は、西は関白藤原基通《もとみち》から分与された島津《しまつ》荘から、東は下野塩谷《しおや》荘に及び、大和国では千町歩の平田荘(近衛家領)ほか国中の三分の二を占めたといわれる。末寺は国外で大覚寺など、国中で金峯山寺・当麻《たいま》寺などを合わせ数十をかぞえる。ちなみに文書記録などの史料は大乗院門跡に比べて散逸がはなはだしいが、古来、名筆の所蔵が有名。なお近世の『真敬親王日記』が知られ、坊官二条家のいわゆる『一乗院文書』『一乗院記録』が分散現存する。また、『簡要類聚鈔』『古記部類』が一乗院門跡史料集成として貴重である。

参考文献　永島福太郎『奈良文化の伝流』、同『奈

良』(吉川弘文館『日本歴史叢書』三)

大乗院 興福寺両門跡の一つ。権大僧都隆禅《りゅうぜん》(康和二年(一一〇〇)寂)が興福寺寺地の東方(春日野の西端)に創建した。関白藤原師実男の尋範《じんぱん》のあと摂政藤原忠通《ただみち》男の一乗院信円《いちじょういんしんえん》が兼帯したため、貴種入室の門跡となった。治承四年(一一八〇)平氏の兵火によって両門跡も焼けたので、信円は隆禅僧都建立の元興寺《がんごうじ》別院の禅定院に移ってこれを大乗院家に定めた。大乗院門跡は興福寺からは離れた飛鳥山麓に位置し、宏壮な園池(旧大乗院庭園として名勝に指定)を囲む巨構を出現した。この移遷で大乗院門跡は元興寺郷をその寄郷として支配するし、奈良南郊に街区(大乗院郷)を発達させた。やがて、同門跡は摂家九条流(一条・九条・二条)の管領となり、近衛流の一乗院門跡に拮抗した。南北朝動乱には武家方に好意を寄せた。やがて足利将軍家から大和守護職(東諸郡)と宇陀《うだ》郡とを給わり、一時は一乗院門跡を凌ぐ厚遇をうけた。しかし、門跡領は春日社一切経料所越前国河口荘検校職が有名だが、九牛の一毛と門主の尋尊《じんそん》が嘆じたように一乗院領には及ばない。末寺には長谷《はせ》寺などがあったが、坊人も衆徒の古市《ふるいち》氏が筆頭で筒井氏に劣った。この一乗院門跡との格差が、近世朱印領九百五十一石、そして摂家門跡となるゆえんである。なお、近世初頭にこれに入室する九条流は嗣を欠き、将軍足利義昭男が一時入室したりしている。やがて近衛流の鷹司家の相承に委ねられた。なお、一乗院門跡と交代で別当に任ぜられた。幕末、二条家出身の隆温《りゅうおん》が入り、明治維新に際して還俗、松園氏を称し華族(男爵)に列せられた。門跡は官没、のち鉄道院の用地となった。ちなみに、室町時代には経覚《きょうかく》が日記『経覚私要鈔』(『安位寺殿御自記』)を、尋尊が公務日記(『寺社雑事記《じしゃぞうじき》』)や『大乗院日記目録』『三箇院家抄』などの記録を多量に遺したのが有名である。なお、近世享保年中(一七一六—三六)に隆遍《りゅうへん》が学問所を興して、門跡内外の文書記録を整理

ないし書写に努めた。これにより尋尊以降歴代の『大乗院寺社雑事記』や『大乗院文書』が現在に伝わったのである。

参考文献 永島福太郎『奈良文化の伝流』、同『奈良』(吉川弘文館『日本歴史叢書』三)

(永島福太郎)

北円堂

元明太上天皇と元正天皇が藤原不比等の供養のため創立したもので、不比等の一周忌にあたる養老五年(七二一)に完成した八角円堂である。その後、永承四年(一〇四九)に焼け、寛治六年(一〇九二)に再建され、治承四年(一一八〇)に焼けて承元四年(一二一〇)宝形を挙げたのが現堂である。平面は当初の規模を踏襲しているが、平三斗《ひらみつと》を二段重ね、繫《つなぎ》虹梁《こうりょう》を二重にしていることや、内法長押裏に内法貫を通している点などは中世再建にあたり改められたところであろう。地垂木が六角形なのは、奈良時代の円、平安時代の椿円の形式を承けたもので、飛檐垂木《ひえんたるき》を二重にし、軒が三軒となっているのは珍しい。内部に床を張らないのも当初からの形式で、内陣小壁の間斗束《けんとづか》両側に描かれた笈形《おいがた》は、法界寺阿弥陀堂のものとともに著名で、天井と板状の天蓋に装飾文様が残っている。国宝。

参考文献 奈良県教育委員会・奈良県文化財保存事務所編『重要文化財興福寺大湯屋・国宝北円堂修理工事報告書』、足立康「興福寺北円堂及びその仏像の再興」(『日本彫刻史の研究』所収)

東金堂・五重塔

東金堂は聖武天皇が元正太上天皇の病気平癒を祈り、神亀三年(七二六)に造立したものである。天平二年(七三〇)に光明皇后の発願により造立された五重塔とともに東院仏殿院と呼ばれ、北と西には回廊があり、南と東は築地で囲まれ、西回廊の東金堂・五重塔の前にそれぞれ各一門を開いていた。両者は接近して立っているので、罹災・再建をほぼともにし、寛仁元年(一〇一七)・永承元年

北　円　堂

三　重　塔

南　円　堂

五　重　塔

東　金　堂

（一〇四六）・康平三年（一〇六〇）・治承四年（一一八〇）・延文元年（一三五六）に焼け、その後まもなく再建されている（ただし、永承・康平の火災において両建物がともに焼けたかどうか、明らかでない点がある）。その後、応永十八年（一四一一）に雷火で焼失し、東金堂は同二十二年、五重塔は同三十三年に再興された。これが現在の建物で、平面はともに創建の規模をそのまま伝えるものと認められる。両者とも細部の様式手法は再建時の様式を示しているが、鎌倉時代に輸入された大仏様・禅宗様によるところはなく、純粋な和様を保っている。これは応永年代に復古的な傾向があったことを示すものではなく、罹災・再建に際して常に保たれてきた興福寺の建築のもつ伝統の強さの現れとみるべきであろう。ともに国宝。

参考文献　岸熊吉他編『興福寺東金堂修理工事報告書』、足立康「興福寺東金堂再建年代考」（『史蹟名勝天然紀念物』七ノ九）

（太田博太郎）

南円堂　興福寺境内の西南隅に建つ八角円堂。同形の基壇上に建ち、正面（東面）には向拝風の庇屋根を掲げる正面一間、側面二間の拝所を付設している。弘仁四年（八一三）に藤原冬嗣が建立、亡父内麻呂発願の不空羂索観音《ふくうけんさくかんのん》像を本尊とし、四天王像を配祀、なお堂内には法相六祖像（いずれも鎌倉時代再興、国宝）を飾り、正面庭上に金銅燈籠一基（国宝）を供える。北方の円堂に対するものであり、ここで北円堂・南円堂が称されたが、北円堂にくらべ一まわり大きい。実は西金堂に配する西塔に代用するものであり、これで興福寺の堂塔は完成を示した。この南円堂建立の功徳で冬嗣は出世、その北家（摂関家）の全盛がもたらされたため、摂関家ではこれを氏寺信仰の中心とし、異姓の官使の登壇は許さず公家の祈禱も拒んだ。しかし、空海が創建に際して鎮壇に参仕したと伝えられ、なお観音信仰と相まって門戸はむしろ士庶に開かれ西国三十三所第九番札所として繁昌する。拝所の設備がこれ

を示している。永承元年(一〇四六)・治承四年(一一八〇)・嘉暦二年(一三二七)・享保二年(一七一七)の四回炎上するが復興した。享保度の罹災では寛政元年(一七八九)にようやく復興した。なお平成九年(一九九七)に修復された。

参考文献 『奈良六大寺大観』九、永島福太郎『奈良』(吉川弘文館『日本歴史叢書』三)

(永島福太郎)

三重塔 伽藍の西南隅の低地に立つ。皇嘉門院《こうかもんいん》の御願により康治二年(一一四三)に創建されたが、治承四年(一一八〇)の兵火に焼け、その後再建された。再建の時期は明らかでないが、鎌倉時代前期と認められる。平安時代末から、三重塔は二重目から心柱を立てるのが普通になり、この塔もその形式によっている。平安時代創建のものであるから、内部に床を張り、周囲に縁をめぐらす。四天柱内は中心に細い柱を立て、これと四天柱とを結ぶ板壁を作り、千体仏を描いている。また四天柱・長押・幣軸などには、剝落しながらも当初の彩色が残る。塔の組物は三手先《みてさき》が原則であるが、この塔は初重だけ出組としている。これは軒の出は三重塔としての比例を保ちながら、初重の平面を大きくとるための工夫で、遺構ではこれと大法寺・那谷寺《なたでら》の三重塔だけに見られる。国宝。

参考文献 足立康「興福寺三重塔の焼失年代」(『宝雲』二)、太田博太郎編『日本建築史基礎資料集成』一一

(太田博太郎)

十大弟子像 天平六年(七三四)、母橘夫人三千代の一周忌追福のため光明皇后が発願建立した西金堂の釈迦如来像を本尊とする群像の内、八部衆像とともに現存するもの。今、十大弟子《じゅうだいでし》のうちの六軀が遺り、それぞれ舎利弗・目犍連・須菩提・富楼那・迦旃延・羅睺羅の名がつけられている。いずれも袈裟をつけて立つ細身の姿にあらわし、モデリングも控え目にまとめながら、肉身の老・壮・若の区別を的確に造

り分け、天平彫刻特有の格調ある写実的な作風をよく示しており、古代彫刻の名品として広く親しまれている。像内を中空とし、そこに木枠を組み込んだ典型的な脱活乾漆造《だっかつかんしつ》になる。像高一四四・三〜一五二・七センチ。国宝。

参考文献 『奈良六大寺大観』七、福山敏男「奈良時代に於ける興福寺西金堂の造営」(『日本建築史の研究』所収)

八部衆像 天平六年(七三四)光明皇后によって建立された西金堂とその釈迦如来像以下の群像中、十大弟子像六軀とともに現存する八部衆《はちぶしゅう》像。それぞれ五部浄・摩睺羅(寺伝では沙羯羅)・鳩槃荼・乾闥婆・阿修羅・迦楼羅・緊那羅・畢婆迦羅の名をあてている。これらのうち、五部浄はいま下半身を失った断片として残る。十大弟子像とともに仏師将軍万福の統裁下で制作されたもので、像内を中空とする脱活乾漆の技法や、控え目で親しみやすい表現は十大弟子像と共通のものである。特に阿修羅像は空間にひろげる六本の腕の布置や、その表情の美しさで、ひろく世に親しまれている。像高一四九〜一五四・五センチ、五部浄は現状高五〇・〇センチ。国宝。

参考文献 『奈良六大寺大観』七、福山敏男「奈良時代に於ける興福寺西金堂の造営」(『日本建築史の研究』所収)

四天王像 〔北円堂〕木心乾漆造。増長天・多聞天像の台座框裏に墨書の修理銘があり、弘安八年(一二八五)本寺の僧経玄得業《きょうげんとくごう》がみずから斧をとって修理したと記すが、この銘中に本像はもと大安寺のもので、延暦十年(七九一)四月に造立されたことを併記している。技法や表現からみると、確かに八世紀末から九世紀初頭つまり奈良時代末から平安時代初期への転換期の造像とみてよく、しかも力強く充実した量感を示しながら、動きをひかえた安静な姿にまとめられている。奈良様式の正統を伝えたこのころの天部像の

一典型を示す作例として貴重である。像高一三四・五～一三九・〇センチ。国宝。

参考文献　『奈良六大寺大観』七

四天王像

〔東金堂〕いま東金堂に安置するが、当初からの伝来は明らかでない。四体ともそれぞれ足下の邪鬼を含み、檜の一木から刻み出したもので、頭髪や邪鬼の面相には木屎漆のモデリングがあり、また当初の彩色や切金もよく残っている。太くたくましい体軀や気魄のこもったきびしい面貌などに一木彫像ならではの力強さがある。九世紀四天王像の代表作の一つといえる。像高一五七～一六三センチ。国宝。

参考文献　『奈良六大寺大観』八

四天王像

〔南円堂〕本尊不空羂索観音像や法相六祖像とともに、文治五年(一一八九)に大仏師康慶《こうけい》一門の手で造られた南円堂四天王像として永く学界の認めるところであったが、近年、この一具は興福寺の他堂のもので、本来の南円堂四天王像は、いま中金堂に安置する一具(重要文化財)がそれにあたるとの重要な説が提起され、大方の認めるところとなった。なお本四天王像の本来の帰属については、東金堂(仏師定慶《じょうけい》作説)、北円堂(仏師運慶《うんけい》作説)などが提示され、なお検討の余地を残すが、鎌倉時代前期、慶派の重要な作例としての評価は変わっていない。桂材、寄木造、彩色。像高一九七・二～二〇六・六センチ。国宝。

参考文献　『奈良六大寺大観』八、藤岡穣「興福寺南円堂四天王像と中金堂四天王像について」(『国華』一一三七・三八)、『奈良興福寺』三(『週刊朝日百科日本の国宝』五七)

(西川杏太郎)

十二神将像

檜の平板に薄肉彫りで十二神将《じゅうにしんしょう》をあらわした珍しい作例。それぞれ正面向きや斜め向き、あるいは静かにあるいは烈しい動きを示すなど、さまざまな姿態をあざやかな彫り口で、長方形の構図の内に絵画的に巧みにまとめている。その大らかな彫り口からみて、製作は平安時代後期(十一世紀)と

認められ、所々に遺る彩色や切金文様にも時代の特色がよく窺われる。もと東金堂のものと伝えられているので、あるいは本尊薬師如来像の台座に貼装されていたものかと思われる。縦八八・九～一〇〇・三センチ、横三三・六～四二・七センチ。国宝。

参考文献　『奈良六大寺大観』七

十二神将像

〔東金堂〕東金堂の本尊薬師如来像に随侍する十二神将像。このうち波夷羅《ばいら》大将像の右足枘に、建永二年(一二〇七)四月に彩色を終ったむねの墨書銘があり、このころ像が完成したものと考えられる。鎌倉時代独特の烈しい動勢を巧みに示す当代初期の一典型といえる。各檜材、寄木造、彩色、彫眼。像高一二六・三～一一三・〇センチ。国宝。

参考文献　『奈良六大寺大観』八

不空羂索観音像

南円堂の本尊。治承四年(一一八〇)の兵火による興福寺焼亡後の再興事業の一環として、文治四年(一一八八)六月から十五ヵ月を費やして、大仏師康慶一門の手で随侍の四天王像や法相六祖像とともに造像されたもの。その経緯は『玉葉《ぎょくよう》』にくわしい。本像は当初の南円堂(弘仁四年(八一三)創建)本尊の形制をよく襲いながら、清新潑溂とした趣に溢れるもので、鎌倉時代初頭を飾る記念碑的造像というべきものである。檜材、寄木造、漆箔、玉眼嵌入。像高三三六センチ。国宝。

参考文献　『奈良六大寺大観』八

法相六祖像

南円堂本尊不空羂索観音像・四天王像とともに文治四年(一一八八)六月から十五ヵ月を費やし、大仏師康慶一門の手で造像されたもの。八、九世紀における法相宗の高徳である常騰《じょうとう》・神叡《しんえい》(または信叡)・善珠《ぜんじゅ》・玄昉《げんぼう》・玄賓《げんぴん》・行賀《ぎょうが》の六人の肖像で、老若あるいは姿態の肥瘦の別を巧みに刻み分け、特に衣や袈裟のさばきに変化をつけ、深く鋭く、流動感と変化に富む衣文を造り、前代の穏やかで形式の整った表現と全く異なる新しい試みを大胆に表現してい

興福寺の彫刻

旧西金堂の諸仏

五部浄像

乾闥婆像

鳩槃荼像

摩睺羅像

阿修羅像

畢婆迦羅像

緊那羅像

迦楼羅像

八　部　衆　像

北円堂の諸仏

多聞天像

広目天像

増長天像

持国天像

四　天　王　像

竜燈鬼像(左)と天燈鬼像(右)

須菩提像

目犍連像

舎利弗像

金剛力士像　吽形像(左)と阿形像(右)

羅睺羅像

迦旃延像

富楼那像

十　大　弟　子　像

旧食堂

千手観音像

世親菩薩像

無著菩薩像

弥勒仏像

東金堂の諸仏

摩虎羅大将像

真達羅大将像

招杜羅大将像

毘羯羅大将像

迷企羅大将像

安底羅大将像

頞儞羅大将像

珊底羅大将像

十 二 神 将 像

南円堂の諸仏

不空羂索観音像

維摩居士像

文殊菩薩像

広目天像

多聞天像

因達羅大将像

波夷羅大将像

増長天像

持国天像

宮毘羅大将像

伐折羅大将像

四　天　王　像

多聞天像

広目天像

増長天像

持国天像

四　天　王　像

る。檜材、寄木造、彩色、玉眼嵌入。像高七三・三〜八三・〇センチ。国宝。

参考文献 『奈良六大寺大観』八

文殊菩薩像　東金堂本尊薬師如来像の左脇に安置され、右脇の維摩居士《ゆいまこじ》像と一具をなす。維摩居士の老貌と対照的な若々しい張りのある体貌を示し、台座や光背の形制も対照的に造るが、その作風から考えて、像内に建久七年(一一九六)の朱漆造像銘のある維摩居士像と同時期に、同じ仏師定慶によって造像されたものと考えられる。寄木造、彩色、玉眼嵌入。像高九四センチ。国宝。

参考文献 『奈良六大寺大観』八

維摩居士像　東金堂本尊薬師如来像の右脇に安置され、左脇の文殊菩薩《もんじゅぼさつ》像と対をなす。像内に長文の朱漆銘があり、建久七年(一一九六)三月二十二日から五十三日間に彫刻され、ついで五十日をかけて彩色を施し完成したもので、仏師は法師定慶、彩色は法《ほっ》橋幸円《きょうこうえん》であることが知られる。中国風の装飾の多い宣字座に坐り、病に苦しみつつ文殊菩薩と問答する老貌を写実味豊かに彫出した鎌倉時代初期彫刻の傑作とうたわれる。なお本寺の維摩会の歴史は古く、平安時代を通じて東金堂には維摩・文殊の二像が在ったらしく、現存のものは治承四年(一一八〇)の兵火による興福寺焼亡後の復興像である。寄木造、彩色、玉眼嵌入。像高八八・一センチ。国宝。

参考文献 『南都六大寺大観』八

弥勒仏像　北円堂の本尊。『猪隈関白記《いのくまかんぱくき》』承元二年(一二〇八)十二月条の記事や、本像像内納入品にある建暦二年(一二一二)十二月の記事、および台座内部の墨書銘によって、本像と両脇侍、無著・世親菩薩像、四天王像の九軀は、大仏師法印運慶の率いる十五名の仏師たちによって、承元二年から建暦二年の間に造像され、本像の製作担当は大仏師源慶《げんけい》・静慶《じょうけい》であることが知られる。運慶晩年の代表作であるととも

に、鎌倉新様式の完成された姿を示す重要な作品である。また、治承四年(一一八〇)の兵火による興福寺焼亡後の復興造仏の内で、運慶の父康慶によって造られた、南円堂不空羂索観音像以下の諸仏と並ぶ、記念的造像である。桂材、寄木造、漆箔、彫眼。像高一四一・九センチ。国宝。

参考文献　『奈良六大寺大観』八、西川杏太郎「運慶の作例とその木寄せについて」(『仏教芸術』八四)

無著・世親菩薩像　五世紀ごろ北インドで法相宗の教学を確立したといわれる兄弟の学僧、無著《むちゃく》および世親《せしん》の肖像彫刻。北円堂の弥勒仏の両脇侍として安置されるもので、いずれも『猪隈関白記』の記事や弥勒仏像内納入品などによって、承元二年(一二〇八)から建暦二年(一二一二)の間、仏師法印運慶一門によって造立されたことが知られる。弥勒仏台座のうすれた墨書銘によると、世親像は仏師運賀《うんが》(または運勝《うんしょう》)が製作を担当し、無著像の担当仏師は運助《うんじょ》とも読めるが明らかではない。運慶様式の完成を示す典型として、また日本の肖像彫刻中の代表作として注目される。桂材、寄木造、彩色、玉眼嵌入。像高は無著一九四・七センチ、世親一九一・六センチ。ともに国宝。

参考文献　『奈良六大寺大観』八、西川杏太郎「運慶の作例とその木寄せについて」(『仏教芸術』八四)

天燈鬼・竜燈鬼像　もと西金堂に安置されたもの。二匹の小鬼が仏前の燈籠を捧げる奇抜な意匠、ユーモラスなポーズや肉付けなどに鎌倉彫刻らしい特色をよく示す作品として名高い。竜燈鬼像内納入の墨書紙片によって、建保三年(一二一五)運慶の三男康弁《こうべん》が造ったものであることが知られ、彼の現存唯一の作として注目される。檜材、寄木造、彩色(もと天燈鬼は朱、竜燈鬼は緑青彩)、玉眼嵌入。燈籠は後補。像高は天燈鬼《てんとうき》七八・二センチ、竜燈鬼《りゅうとうき》七七・八センチ。国宝。

参考文献　『奈良六大寺大観』八

千手観音像 旧食堂の本尊。像内に籠められていた『大般若経《だいはんにゃきょう》』、鏡、毘沙門天《びしゃもんてん》印仏、その他の厖大な納入品に建保五年（一二一七）から嘉禄・安貞を経て寛喜元年（一二二九）に至る年記が記され、このころ本像が造立されたものと考えられる。『養和元年記』によると、養和元年（一一八一）他堂の仏像とともに御衣木《みそぎ》加持が行われ、仏師成朝《せいちょう》が造像担当者となったが、何故か完成に至らなかったらしく、その後、成朝系のほかの仏師によって完成したのが本像と考えられている。光背・台座までを具備した四十二臂の堂々たる千手観音像で、鎌倉時代前期における南都復興造像の掉尾を飾る完好な大作として注目される。檜材、寄木造、漆箔、玉眼嵌入。像高五二〇・五センチ。国宝。

参考文献 『奈良六大寺大観』八

金剛力士像 興福寺における鎌倉時代前期の復興造像事業の一つとして造られ、もと西金堂堂内に安置されていた。『興福寺濫觴記』によれば定慶の作と伝えるが、確かではない。金剛力士像の作例中、最も動勢が豊かでリアルな作品として評価される。吽形像像内納入紙片や足柄の墨書により、正応元年（一二八八）大仏師善増《ぜんぞう》・絵仏師観実《かんじつ》らによって修理されたことが知られる。各檜材、寄木造、彩色、玉眼嵌入。像高は阿形一五四・〇センチ、吽形一五三・七センチ。国宝。

参考文献 『奈良六大寺大観』八 （西川杏太郎）

観禅院鐘銘 現在国宝となっている梵鐘の刻銘。この梵鐘は観禅院《かんぜんいん》にあったと伝えられる。梵鐘は高一四九センチ、口径九〇・二センチで、乳《ち》は各区四段八列、計百二十八個を鋳出し、撞座は十二弁で、竜頭の長軸に平行につけられ、銘文はこの一方の撞座の縦帯に一行二十字、四行にわたって刻まれている。銘の神亀四年（七二七）は東金堂建立の翌年にあたる。銘文は「揵揺神器金皷仁風声振鷲岳響暢竜宮奉為四恩／先霊聖躬遊神寿域晤言天衆釦輪息下折機清空／芥城伊竭弘誓無窮鋳銅四千斤白鑞二百六十斤／神亀四年歳次丁卯

十二月十一日鋳寺主徳因時」。（栗原　治夫）

南円堂銅燈台銘　南円堂正面に建立された鋳銅鍍金の燈籠で、円筒形の火袋にはもと火口の扉二枚と羽目板五枚があったと思われるが、現在は扉二枚と羽目板一枚を欠失している。銘文のある羽目板は鋳銅鍍金、上部に菱格子を透して明窓を造り、下部に各面七行、一行九字の銘文を鋳出している。銘文によれば、この燈籠は弘仁七年（八一六）に正四位下伊予権守藤原公等が亡父の遺志によって造ったもので、東大寺大仏殿前の銅燈籠と同じく燈籠供養の功徳を説いている。造主の藤原公等は他に所見がないが、南円堂は藤原内麻呂が発願し、子の冬嗣が完成しており、弘仁七年に正四位下であった内麻呂の子は真夏《まなつ》のみであるので、公等は真夏とする説がある。銘文の筆者は橘逸勢《たちばなのはやなり》と伝えているが、これは書体端麗で格調の高いことに由来している。国宝。

参考文献　『奈良六大寺大観』七　（山本　信吉）

子島寺

こじまでら

奈良県高市郡高取町にあった古刹。高取町観覚寺《かんがくじ》五四の小島寺はその後身と伝え、もと法相宗。興福寺一乗院末であったが、明治六年（一八七三）以降高野山金剛峯寺末となった。子島寺の創建は皇極天皇三年（六四四）十一月、蘇我蝦夷《そがのえみし》が大丹穂《おつにほ》山に創建した桙削《ほこのき》寺で『日本霊異記《にほんりょういき》』に持統天皇のころとしてみえる法器《ほうのき》寺が漸次発展したもので、旧地は高取山山腹が推定されている。『子嶋山寺建立縁起』には天平勝宝四年（七五二）十月に孝謙女帝の病をいやした僧報恩《ほうおん》が施入された寝殿一宇などをもって、天平宝字四年（七六〇）三月に子島山寺を建立し、檀造観音・四天王像を安置し、延暦四年（七八五）十一月に桓武天皇の病を加持した報

恩は、皇太子の施入になる観音・脇侍二像をまつり、さらに上野国荘園一処がこの時施入されたと伝える。『延暦僧録』二には、延暦のはじめ桓武天皇・皇后乙《おと》牟漏《むろ》が丹恵山子島寺に九間の金堂と十一面観音像を造り、寺領を施入して春秋に十一面悔過《けか》を修し、元慶三年(八七九)十月の清和上皇の大和国名寺霊山の巡礼にも当山寺に巡礼し、『延喜式』主税上には大和国正税四百束が充てられたとみえ、その後興福寺の法相の学僧でのち子島の先徳と称された真興《しんごう》が永観ころに当寺に隠遁して法相・真言兼学の法燈を挑げ、山下に大日・弥勒二仏を安置する一寺を建立し観覚寺と名付けた。こうして子島流が起り、学僧雲集し、寺観も整備され、藤原道長も金峯山《きんぶせん》参詣の途次、寛弘四年(一〇〇七)八月に参詣した。桙削寺の子島山寺は鎌倉時代末には僧宇二十八坊を数えたというが、南北朝の兵火と明応六年(一四九七)の焼亡でほとんどの堂舎を失い、観覚寺を以て子島寺の法燈を伝え来たった。当寺には空海将来して平城天皇に呈上し、さらに一条天皇が伝領して真興に下賜したという有名な金銀泥絵両界曼荼羅(子島曼荼羅、国宝)のほか、十一面観音像(重要文化財)などが伝えられている。

[参考文献] 『諸寺縁起集(醍醐寺本)』(『校刊美術史料』寺院篇上)、『子島山観覚寺縁起並附録』(『大日本仏教全書』)、堀池春峰『子島山観覚寺縁起並附録』解題(同解題三)、福山敏男「桙削寺と法器山寺と子島寺」(『奈良朝寺院の研究』所収)

(堀池　春峰)

巨勢寺

こせでら

奈良県御所《ごせ》市古瀬《こせ》にあった寺。その遺跡出土の古瓦によると飛鳥時代末ごろに創建された寺のようで、『日本書紀』朱鳥元年(六八六)八月辛卯条に封二百戸を巨勢寺に施入したとあるのが初見である。この地の豪族巨勢臣(天武朝賜姓後は巨勢朝臣)が造った寺であろう。延久二年(一〇七〇)の『興福寺雑役免帳』に巨勢寺領の田が城下《しきのしも》郡東郷の中南《なかみなみ》荘・曾我部《そがべ》荘と葛上《かずらきのかみ》郡石摩《いしま》荘にあったとあり、当時巨勢寺は存続していたようである。しかし徳治三年(一三〇八)の僧英乗等寄進状(『春日神社文書』)には、徳治よりかなり以前に巨勢寺は荒廃したことを記している。寺跡はJR和歌山線吉野口駅の近傍にあり、塔跡にのこる心礎には径約九〇センチの心柱受けの円孔の中央に舎利孔があり、舎利孔を囲む三重の円形溝と一条の直線溝を刻み、心礎を貫通する水抜き穴に連絡している。塔は五重であったと推

巨勢寺跡塔心礎

定される。なお塔跡は国史跡に指定。

参考文献　保井芳太郎『大和上代寺院志』、石田茂作『飛鳥時代寺院址の研究』、福山敏男『奈良朝寺院の研究』

（福山　敏男）

御霊神社

ごりょうじんじゃ

奈良県五條市中之町一七六五に鎮座。井上《いのうえ》内親王を祀る。その信仰の中心は同市霊安寺《りょうあんじ》町の御霊神社にあるが、当社は嘉禎四年（一二三八）二月牧野・吉原両氏の争いにより宇智《うち》郡内十ヵ所に分祀された内の一社。弘和二年（一三八二）の石燈籠には「福田宮」と刻まれ、享保二十一年（一七三六）の『大和志』には「中村坐神祠」として「称曰御霊牧野荘八村共祭祀」とあり、旧牧野村のほぼ全域の氏神とする。本殿は棟木墨書から文明四年（一四七二）の建立で一間社春日造。昭和五十五年（一九八〇）の解体修理で、天井板に当初の板葺原寸引付図が描かれているのが発見され、檜皮葺より厚板段葺に復元された。その右手には早良《さわら》親王を祀る早良神

社、左手には他戸《おさべ》親王(棟木銘では雷神)を祀る他戸神社があり、やはり棟木墨書により文明四年の建立とわかる。二殿とも一間社流造、見世棚形式をとり、屋根は本社同様厚板段葺に復元された。三殿ともに重要文化財。例祭は十月二十三日。

参考文献 池田源太・宮坂敏和編『奈良県史』五、吉井敏幸「大和国宇智郡霊安寺と御霊神社」(『日本宗教文化史研究』五ノ二)

(山田 浩之)

興福院 こんぶいん

奈良市法蓮《ほうれん》町にある浄土宗の尼寺。「こうふくいん」とも称す。宝亀元年(七七〇)に藤原百川《ふじわらのももかわ》が、大和添下《そえしも》郡都跡村興福院(奈良市興福院町)の地に、丈六の薬師如来像を本尊として建立したと伝え、一説に、天平勝宝年中(七四九―五七)に和気清麻呂《わけのきよまろ》は、この地に子弟のための弘文院《こうぶんいん》を建てたが、いまの寺名「こんぶいん」は、その弘文院から訛ったものという。そのいずれも詳らかでないが、『諸寺縁起』には、興福院の名がみえて、平安時代以前からの寺と思われ、『元亨釈書《げんこうしゃくしょ》』の僧円能の伝のなかに、伏見の弘文院には、丈六の薬師如来像が安置されていたと記すのにあたるともされる。しかし保延六年(一一四〇)に著わされた『七大寺

巡礼私記』には、そのころまでに、荒廃していたとみえ、鎌倉時代の末までに、寺の由緒もはっきりしなくなったのであろう。天正年中(一五七三—九二)になって、大和の筒井《つつい》氏の一族窪庄某が、阿弥陀如来像を本尊として復興し、妹の心慶尼《しんけいに》を住まわせたのち、羽柴《はしば》秀長《ひでなが》の外護を受け、元和元年(一六一五)の大和の知行割帳にも記載がある。寛永十一年(一六三四)将軍徳川家光が上洛したとき、寺領を懇請した結果、同十三年に将軍の祈願所となり、大和に二百石の朱印地を与えられた。そのうえ家光は、小堀遠江守政一《こぼりとおとうみのかみまさかず》を奉行に命じて造営させた。いま政一の書状など、関連ある史料が所蔵されているが、このとき本堂・客殿が再建され、抹香仏の阿弥陀三尊が安置されたという。寛文五年(一六六五)から元禄十四年(一七〇一)にかけて、現在の佐保山山腹の地に移った。本尊の阿弥陀三尊像(重要文化財)は奈良時代の作で、平安時代末期の「阿弥陀二十五菩薩来迎図」(同)や鎌倉時代の初めに中臣祐定《なかとみのすけさだ》が『万葉集』を註釈した『古葉略類聚鈔』(同)なども所蔵されている。

参考文献 関祖衡編『大和志』二(『大日本地誌大系』)、森蘊・牛川喜幸「大和国と小堀遠州の業績」(『大和文化研究』一〇ノ四・五)

(菊地勇次郎)

西大寺

さいだいじ

奈良市西大寺芝町一-一-五にある。真言律宗総本山。天平宝字八年(七六四)九月、孝謙上皇発願により造営開始。天平神護元年(七六五)銅造四天王像の鋳造が始められ、宝亀末年ごろまで十数年にわたって造営事業が継続された。寺地は平城京右京一条三・四坊に三十一町の広大な面積を占めた。当初の主要伽藍としては薬師金堂・弥勒金堂を中心線上に配し、その左右に東西両塔・四王院・十一面堂院などが配置された。その規模は宝亀十一年(七八〇)『西大寺資財流記帳《さいだいじしざいるきちょう》』に詳しい。平安時代に入ると、承和十三年(八四六)には講堂、貞観二年(八六〇)には主要堂舎が焼失し、創建当初の面影を失い衰微した。また大和国内における興福寺の勢力の伸張とともに、その支配下に入り、別当は興福寺権別当や諸院家などの兼帯するところとなった。鎌倉時代の嘉禎元年(一二三五)には叡尊《えいぞん》が入寺してその復興につとめ、戒律復興の中心道場とした。院・鎌倉幕府以下広く貴賤の帰依をうけ、東塔以下の堂舎が再興され、多くの寺領が寄進されたが、それは『西大寺三宝料田畠目録』に詳しい。叡尊は嵯峨清涼寺釈迦像を模した釈迦像を光明真言堂(本堂)に祀り、光明真言会を始めた。この光明真言会は現在も光明真言土砂加持祈禱とし近隣の人々の信仰を集めている。叡尊は律僧の根本原則として一味合同を説いたが、現在も行われている大茶盛《おおちゃもり》はその名残であり、それは茶道の発達にも寄与した。また当寺において豊心丹《ほうしんたん》が作られ、名薬として知られていた。文亀二年(一五〇二)に兵火によって主要伽藍を焼失したが、その後の再建は進まなかった。近世には、興福寺から独立し、朱印地三百石を与えられた。現在、建造物には古いものは存しない

西　大　寺　塔　跡

西大寺五輪塔(叡尊墓)

が、彫刻には銅造四天王像・清涼寺式釈迦如来像・叡尊像・愛染明王像・騎獅文殊菩薩像(以上重要文化財)など、絵画には十二天画像(平安時代初期、国宝)などの名作を伝えている。また『西大寺資財流記帳』・「大和国添下郡京北班田図」(重要文化財)・『西大寺三宝料田畠目録』(同)・叡尊書状(同)その他多くを含む『西大寺文書』、『大毗盧遮那成仏神変加持経』(吉備由利願経、国宝)・『金光明最勝王経』(百済豊虫願経、同)などが名高い。

参考文献　奈良国立文化財研究所編『西大寺叡尊伝

記集成』、『奈良六大寺大観』一四、大岡実『南都七大寺の研究』、和島芳男『叡尊・忍性』(『人物叢書』三〇)、太田博太郎『南都七大寺の歴史と年表』、福山敏男「西大寺の創建」(『日本建築史研究』続編所収)、浅野清「西大寺東西両塔跡の発掘」(『仏教芸術』六二)、田中稔「西大寺における「律家」と「寺僧」―文和三年『西大寺白衣寺僧沙汰引付』をめぐって―」(同)　(田中　稔)

四天王像　当寺草創にまつわる由緒ある銅造の四天王像で、四王堂に安置。『西大寺資財流記帳』によれば天平宝字八年(七六四)称徳天皇の発願によるものだが、完成は同帳が牒上された宝亀十一年(七八〇)直前ごろと考えられる。しかしその後何度かの火災によって損傷・補修が繰り返され、現存のものは、各像の邪鬼と洲浜座が焼損しながらも当初造であるほか、持国・増長・広目三天の本体が十二世紀ころの補鋳のものとかわり、多聞天の本体は左脚の一部を遺して文亀二年(一五〇二)の罹災後の木造による補作となっている。このように改変は多いが、別に当初像の断片も保存されていて、天平彫刻としては遺例のない銅造天部像に関する貴重な資料である。像高二二二・四～二三六三センチ。重要文化財。

参考文献　『奈良六大寺大観』一四、松本栄一「西大寺四王堂の諸像」(『国華』六三二)

叡尊像　当寺中興の祖、叡尊の寿像で、現在愛染堂に安置されている。檜の寄木造、彩色、玉眼嵌入の等身坐像(九一センチ)で、像内に長文の墨書と多くの納入物があり、それらによって、本像が弘安三年(一二八〇)彼の弟子惣持《そうじ》・鏡慧《きょうえ》らの発願により、仏師善春《ぜんしゅん》らの手によって造立されたことがわかる。つまり彼の没前十年の製作で、まさに像主を眼前にして製作したと思われる迫真性があり、善春の写実の手腕も高く評価される。奈良白毫《びゃくごう》寺・鎌倉極楽寺などの叡尊像は、これを範として製作されたと考えられる。重要文

西大寺叡尊像

化財。

参考文献 『奈良六大寺大観』一四、小林剛「西大寺叡尊像について」(『仏教芸術』二八)

(田辺三郎助)

十二天画像

十二天像は中国では唐朝中期から作られ、日本では空海が大同元年(八〇六)に持ち帰った所依経典と胎蔵界曼荼羅にある画像を基にして真言密教の修法用に一具として描かれだした。西大寺本は三副一舗(各ほぼ一六〇・〇センチ×一三四・五センチ)の大幅で十二幅が揃い、保存状態もよく、唐朝的鉄線描による壮重な画趣をもち、各幅ともに下方左右に侍者を従え、風天以外は禽獣《きんじゅう》に乗って真言密教にふさわしい図像であって、貞観期を下らぬ製作である。国宝。なお製作年代でこれにつぐのが大治二年(一一二七)の教王護国寺《きょうおうごこくじ》本であるが禽獣が消え人形に近づき、建久二年(一一九一)勝賀《しょうが》筆の同寺本は六曲一双の独尊形式に変化する。

参考文献 『日本国宝全集』五・六〇・七五・七九

(谷　信一)

坂田寺　さかたでら

奈良県高市郡明日香村大字阪田にあった。別称金剛寺。用明天皇二年鞍作多須奈《くらつくりのたすな》が造ったとも、推古天皇十四年（六〇六）、多須奈の子鞍作鳥《とり》が造ったともいわれる尼寺。用明天皇二年創建とすれば日本で一番古い寺院となる。朱鳥元年（六八六）には大官大寺《だいかんだいじ》・飛鳥寺《あすかでら》などとともに無遮大会《むしゃだいえ》を行なった。また奈良時代では『正倉院文書』中に「坂田寺尼信勝」の名がみえるが、寺史の詳細については文献史料の上では不明である。以後平安時代にはいって、延久二年（一〇七〇）の『興福寺雑役免帳』に坂田寺田を高市《たけち》郡内にもっていたことがみえ、承安二年（一一七二）には多武峯《とうのみね》の末寺となっていた。さらに室町時代に至っては興福寺の末寺となっていた。現在、坂田寺跡の東南二〇〇メートルの村内に金剛寺（浄土宗）があって、坂田寺の後裔とされている。

坂田寺跡は飛鳥川東岸の丘陵部にあって瓦片が散布し、また「まら石」と称する立石のほか、四個の礎石が残っているが、いずれも後代に移動されたもので、伽藍配置などはわからない。昭和四十七年（一九七二）から十次にわたって発掘調査が行われ、寺北辺で、井戸・池・塀・石垣などの遺構が発見され、南へ五〇メートルはいったところで西面する金堂の須弥壇《しゅみだん》部分と、東回廊・南回廊・西回廊跡が発見されている。このうち井戸は平安時代初期、金堂跡回廊跡は奈良時代のもので創建当初のものではない。出土遺物中、注目すべきものは、創建当初のものと思われる手彫りの素弁軒丸瓦・忍冬唐草紋軒平瓦、須弥壇内出土の水晶・銅鏡・和同開珎などがある。

参考文献　佐藤小吉編『飛鳥誌』、石田茂作『飛鳥時代寺院址の研究』、「飛鳥・藤原京跡の調査」（『奈

良国立文化財研究所年報』一九七三年・一九七四年・一九七六年・一九九六年・一九九七年二）、黒崎直「明日香村坂田寺金堂跡の調査」（『仏教芸術』一三三）

（鬼頭　清明）

志貴御県坐神社　しきのみあがたにますじんじゃ

奈良県桜井市金屋《かなや》八九六に鎮座。大和国六御県社の一つ。旧村社。天平二年（七三〇）の『大和国正税帳《やまとのくにしょうぜいちょう》』に志貴御県神戸とその貢納がみえる。『新抄格勅符抄《しんしょうきゃくちょくふしょう》』の大同元年（八〇六）牒にはその神戸十二戸が掲げられている。『延喜式』神名帳《じんみょうちょう》には「大、月次・新嘗」の官祭を示している。その後、社勢は振るわず、近代は村社に列した。祭神は大己貴命《おおなむちのみこと》。

参考文献　奈良県編『大和志料』下

（永島福太郎）

慈光院

じこういん

奈良県大和郡山市小泉町八六五にある寺院。豊臣方の名将片桐且元《かたぎりかつもと》の甥、片桐貞昌《さだまさ》(石州《せきしゅう》)が、小泉にあった居城から程遠くない富雄《とみお》川西岸の台地上に構えた草庵である。石州は徳川四代将軍家綱の茶道指南役でもあった。寛文十一年(一六七一)に建てられた茅葺の書院の側に瀟洒な数寄屋《すきや》もあり、その東から南前面に庭園が展開している。表門から茨木《いばらき》門(中門)、さらに玄関、庭門、書院南縁前面に終る畳石道の構成は、付近から産出した粗朴な石を用いていながら巧妙に仕上げられている。庭園のうち南面は緩い勾配で隆起し、そこを雄大なつつじの大刈込が蔽っているが、その間に捨石の姿が点在するところを見ると、昔は枯山水石組の下草的に植栽されたものが、生長しすぎて現在の姿になったものと思われる。また東側の平庭の先端に低い刈込生垣を設けたのは、その前面の地形が低く傾斜して

慈光院庭園

いて、前方には農村風景が展開しており、その向こうには奈良の東山連嶺が望まれる、すばらしい借景庭園としての効果を計算しての設計である。名勝及び史跡に指定されている。

参考文献 森蘊編『日本の庭園』

（森 蘊）

十輪院

じゅうりんいん

奈良市十輪院町二七に所在。真言宗寺院。もと元興寺の子院で朝野魚養《あさののなかい》の開基が伝えられる。空海とのゆかりも寺宝によってわかるが、醍醐派に属したため醍醐寺開山の聖宝《しょうぼう》僧正の開設とも語られた。寺地は東西二町・南北一町を占めたといわれる。鎌倉時代に中興され、本尊地蔵菩薩を納める石仏龕《せきぶつがん》を祭る本堂（国宝）や南門（重要文化財）および御影堂（県指定文化財）・不動堂などの建築物が並んだ。また不動堂安置の木造不動明王二童子立像（藤原時代、重要文化財）など寺宝も多い。中世は春日信仰（地蔵信仰）にちなんで興福寺の末寺とされた。当寺は石仏群で有名だが、春日社寺曼荼羅を彫りつけた曼荼羅石（鎌倉時代）も興福寺の支配を物語

っている。近世には朱印領五十石を給付され、真言寺院として独立した。なお同寺は町寺として発展している。

十　輪　院　本　堂

参考文献　奈良県編『大和志料』上、『大和古寺大観』三　（永島福太郎）

石仏龕　十輪院本堂奥の覆堂内に、花崗岩の切石を組んで築かれたわが国稀有の石仏龕。間口・高さ・奥行ともに二五〇センチ前後。奥壁中央に浮彫地蔵菩薩立像。順次前方の側壁や石柱・楣石などに、左右

十輪院石仏龕

に分けて閻魔十王・飛天、聖観音と不動、弥勒と釈迦、五輪塔十基、四天王、金剛力士、星宿の種字などを、浮彫・平彫・線刻を混えて刻む。龕前方左右におのおの『金光明最勝王経』と『法華経』の経題を刻む六角形小石幢を立てる。南都における鎌倉時代中期ごろの地蔵信仰のあり方を示す好遺例。彩色剝落。重要文化財。

参考文献　奈良市教育委員会編『十輪院本堂及び南門修理工事報告書』、石崎達二「十輪院の石仏」(『史蹟と古美術』九ノ五)

(西川　新次)

本　堂　石仏龕中に安置される石造地蔵尊(重要文化財)に対する礼堂で、桁行五間・梁行四間、寄棟造、本瓦葺。江戸時代には本堂となっていたが、昭和三十年(一九五五)の修理で礼堂の形に復原された。前後を蔀戸《しとみど》とする方三間の堂の前面と左右に角柱の庇をつけ、前庇《ひさし》を吹放しとする。角柱・肘木・桁に面を取り、軒は垂木を見せない板軒という類例の少ない形式である。面の大きさ、蟇股《かえるまた》の形などから鎌倉時代前期の建立と認められ、立ちが低く、簡素で洗練された意匠の住宅風仏堂となっている。国宝指定。

参考文献　奈良県教育委員会編『十輪院本堂及び南門修理工事報告書』

(太田博太郎)

聖林寺

しょうりんじ

奈良県桜井市下《しも》六九二にある真言宗の単独寺院。桜井市の南部、多武峯《とうのみね》街道の西側の高地に位置する。寺伝では藤原鎌足の長子定恵《じょうえ》（定慧）が一時庵を結び、中興開山の性亮玄心《しょうりょうげんしん》が三輪山の遍照院《へんじょういん》を移し、寺号を霊園山遍照院と称するというが、確証はない。性亮玄心はもと三輪《みわ》遍照院主で元禄期の人である。江戸時代中期文《ぶん》春諦玄《しゅんていげん》が下村にあった巨石を用いて丈六の巨大な地蔵菩薩坐像をつくり本尊とし、聖林寺と称したのが当寺のはじまりとみられる。当初は安倍崇敬寺の末寺であった関係上、華厳宗と古義真言宗（高野山）の両末寺院であったが、昭和十八年（一九四三）に華厳宗末となり、第二次世界大戦後さらに独立して単独寺院となった。本尊地蔵菩薩像のほかに、明治元年（一八六八）五月に神仏分離により大神《おおみわ》神社の大御輪寺より移した木心乾漆の十一面観音立像（国宝、奈良時代）、平安時代末の金銅素文の磬、聖観音立像・地蔵菩薩立像・毘沙門天像などが伝えられている。

参考文献 『桜井町史』、田村吉永「聖林寺十一面観音と大御輪寺」（『史跡と美術』二一ノ二）

（堀池 春峰）

十一面観音像 木心乾漆造り、漆箔の像で、像高二〇九・一センチ。もと大神《おおみわ》神社の神宮寺であった大御輪寺にまつられていたが、明治の廃仏毀釈に際し、本寺に迎えられた。一材から彫り出した心木に乾漆（木屎漆《こくそうるし》）を厚く盛って塑形したもの。頭体の比例が整い、肉づけや衣文の起伏に自然味があって、しかも荘重な気分に富んでいる。天平時代後半、八世紀半ば過ぎから盛行した木心乾漆像の代表的な作品である。保存がよく、頭上の面や天衣、持物、蓮華座に至るま

でほぼ当初の姿をとどめている。唐草を透し彫りした光背の残片も別に保存され、もとの華麗な荘厳をしのばせる。国宝。

参考文献　西村公朝・本間紀男「X線による聖林寺十一面観音立像の構造について」(『東京芸術大学美術学部紀要』一〇)、池田久美子「聖林寺十一面観音立像光背残欠の復原」(『仏教芸術』九九)

(水野敬三郎)

聖林寺十一面観音像

定林寺　じょうりんじ

奈良県高市郡明日香村立部《たちべ》、春日社を中心とする一帯に所在した寺院。一名立部寺ともいわれる。『七代記』に上宮太子が造立した寺の一つとしてみえ、奈良時代末には聖徳太子が建立した寺とされていたことがわかる。のち法隆寺末となる。『太子伝玉林抄』により室町時代初期までの存続が知られる。法隆寺式伽藍配置と考えられ、数次に及ぶ発掘が行われ、塔は二重基壇で、円形柱座を彫る心礎は地下深く検出し、講堂の基壇は、板状石積みと塊石の乱積みとがみられる。塑像菩薩片や、七世紀前半の瓦が出土している。「定林寺跡」として国の史跡に指定されているが、同地には、浄土宗定林寺が現存する。

定林寺跡講堂基壇

参考文献　石田茂作『飛鳥時代寺院址の研究』、同「橘寺・定林寺の発掘」(近畿日本鉄道創立五十周年記念出版編集所編『飛鳥』所収)　(小島　俊次)

新薬師寺

しんやくしじ

奈良市高畑町一三五二にある寺。華厳宗別格本山。十二大寺・南都十五大寺の一つ。創建について、『東大寺要録』では天平十九年(七四七)三月に光明皇后が聖武天皇の病気平癒を祈って九間の金堂と七仏薬師像を建立し、香薬《こうやく》寺とも称したと伝え、一方、同所引の『村上天皇御記』では、応和二年(九六二)三月に当寺縁起流記帳を勘検したところ、聖武天皇の創建と記されていたという。また、同所引の『延暦僧録』仁政皇后菩薩(光明皇后)伝には、新薬師寺のほかに香山寺を創建したと明記されている。金堂と東・西楼を配した山寺で、今日その遺構は春日山の東南の香山《こうぜん》にあり、平城京跡出土と同笵の奈良時代の古瓦が出土する。天平勝宝八

歳(七五六)六月の「東大寺山堺四至図」(正倉院所蔵)に香山堂とあるのがそれで、参道は山房道と明記しているところから、香山房ともいわれた可能性もある。昭和十八年(一九四三)三月、二度目の盗難にあった銅造香薬師立像は、この香山寺の本尊であったという寺伝で、すでに早く両寺一寺として取り扱われたものらしく、香山薬師《こうぜんやくし》寺とも称せられた。天平二十年七月ごろから『正倉院文書』には新薬師寺の寺名があらわれ、平城右京の薬師寺に対して新薬師寺と称せられ、時には香山薬師寺として『続日本紀《しょくにほんぎ》』にみえる。天平勝宝元年閏五月、十二大寺に絁《あしぎぬ》・綿・布・稲・墾田地《こんでんち》が施入されたが、崇福《すうふく》寺や法華寺などとともに四等級の大寺の中にその名がみえ、同年七月の諸寺墾田地の地限を定めた中でも、四等級にランクされ、五百町の墾田が許された。同三年六月には当寺三綱務所の存在が確認でき、三綱によって当寺の管理運営が行われていた。同年十月の聖武上皇の病全快を祈り、四十九人の賢僧をして新薬師寺で七々日間、続命の法が祈修され、天平宝字六年(七六二)閏十二月には東大寺封五千戸より百戸が割封されて、当寺の金堂・東西二塔などの伽藍の修理料に充てられた。宝亀二年(七七一)八月には大安寺など十一大寺とともに寺印が下された。同十一年正月に落雷のため西塔が焼失したが、創建当時の当寺の規模は、七仏薬師像を安置する東西に長い九間の金堂と東・西二塔とを配する七堂伽藍が、南面して建立されていたことが知られる。平安時代に入ると延暦十二年(七九三)三月に寺封百戸は引き続いて施入せられ、天長三年(八二六)には元興寺護命が淳和天皇のために『薬師経』を転読し、承和三年(八三六)・四年には天変地異の鎮圧のために『大般若経《だいはんにゃきょう》』を転読、貞観五年(八六三)七月には延暦寺とともに新銭・鉄など施入された。寺勢はなお盛んであったが、応和二年八月の南都をおそった台風で、金堂はじめ諸堂が倒潰し、長元二年(一〇二九)閏二月には三合年の災異祈攘に飛鳥元《がん》

興《こう》寺《じ》とともに公請停止となり、漸次寺勢が衰退して行った。香山にあった香山寺も台風の被害を受けたと思われるが、天元五年(九八二)二月には興福寺真興《しんごう》は当寺で『縛日羅駄覩私記《ばざらだとしき》』を著作し(清水寺蔵)、以後廃滅したようで史上に名をみせない。中世には竜神信仰の高揚とともに香山(高山)は祈雨の霊場となり、高山八講が新薬師寺でも行われるに至った。鎌倉時代には現本堂を中心に整備が行われたらしく、鐘楼・地蔵堂・南門などが建立され、旧伽藍地には在家などが建ち、興福寺七郷のうちの新薬師寺郷が成立、慶長七年(一六〇二)八月には徳川家康より朱印百石がよせられた。元禄十一年(一六九八)七月ごろ、住持舜清《しゅんせい》は徳川綱吉生母の桂昌院より黄金若干の寄進を得て、本尊薬師如来・十二神将像を修理した。昭和五十年十二月に本尊修理の調査の際、体内より『法華経』の古写本八巻などが発見され、本尊造像の年代を窺わせるものとして問題を提供することになった。本堂・鐘楼・南門・東門・地蔵堂のほか、本尊薬師如来坐像・塑造十二神将像・十一面観音像・銅鐘・錫杖・法華経八巻・絹本著色仏涅槃図などは国宝・重要文化財に指定されている。

参考文献 『大和古寺大観』四、戸部隆吉「新薬師寺の十二神将と新薬師寺の造立について」(『日本仏教美術之研究』所収)、毛利久「奈良春日山中の香山寺阯について」(『考古学雑誌』三二ノ七)

(堀池　春峰)

本堂　桁行七間、梁行五間、入母屋造、本瓦葺の仏堂で、中央に大きな円形仏壇を築き、薬師如来座像と十二神将を安置する。桁行中央間のみ奈良尺で十六尺と他の十尺にくらべて特に大きくし、母屋梁行が三間であることは、大きな仏壇を造る必要から生じたものであろう。組物は大斗肘木《だいとひじき》、内部は叉首《さす》を組み化粧屋根裏とする簡素な構造で、扉と白壁の対比が美しく、落ち着いた姿を示している。計画尺が〇・九八四尺で、やや長いが平安時代のものより短く、桁

鐘　楼

本　堂

東　門

四脚門（南門）

薬師如来像

地　蔵　堂

摩虎羅大将像

真達羅大将像

招杜羅大将像

毘羯羅大将像

頞儞羅大将像

珊底羅大将像

因達羅大将像

波夷羅大将像

宮毘羅大将像

伐折羅大将像

迷企羅大将像

安底羅大将像

十　二　神　将　像

や垂木の断面が円く、虹梁《こうりょう》の反りが強い点などからみて、奈良時代末のものとみられる。国宝。

参考文献 『大和古寺大観』四、太田博太郎他編『日本建築史基礎資料集成』四、『新薬師寺東門修理工事報告書』

（太田博太郎）

薬師如来像 本堂の本尊で、円形土壇上の中央に安置される。座像。像高一九一・五センチ、周丈六の像で、光背につけた同形の薬師仏像とあわせ、一仏で七仏薬師をあらわす。本体は榧材の一木造りで、頭体に内刳りを施すが、矧付けの材は右腕の前膊や両脚部に至るまですべて縦材を用いるのは、一木彫の意識を強く示す特異な手法である。いまほとんど素地をあらわすが、もとは彩色像とみられる。大きく目を見開いて面相は厳しく、体部は重量感に富み、衣文の彫りには型にはまらぬ力強さがある。中国美術の新たな影響や檀像の刺戟によって成立する平安時代初期木彫の特色が、本像の技法や様式によくうかがわれる。像内に『法華経』八巻を納入するが、これもその書風や付された白点から平安時代初頭のものと知られる。宝相華唐草を配した檜材漆箔の光背や、裳懸宣字座も当初のものである。国宝。

参考文献 『大和古寺大観』四

十二神将像 本堂内の円形須弥壇上に、本尊薬師如来像をとり囲むように安置されている。近くの岩淵寺から移安されたと伝えられる。塑造彩色の像で、像高一五三・六〜一七〇・一センチ。体部では縦の心木や横桟に折板《へぎ》を並べて木舞を造り、内部を空洞にし、これに三層に塑土を盛って塑形する。黒目にはガラス玉を嵌入する。各像とも頭体の比例が整い、体の動きは自然で、薄手の皮甲を通して肉身の抑揚があらわされる。これらの点に東大寺戒壇院の塑造四天王像など天平盛期の着甲像と共通する趣きがある。着衣は繧繝《うんげん》の錦文風の団花文や黄土描の草花文で彩られ、一部に切金文様も用いられるが、戒壇堂四天王像にくら

べてやや簡略化された手法になる。因陀羅像の框座裏桟に墨書があり、七世父母六親族のためにこの台座を作ったと記すので、私的な発願による造像と推測され、また天平天平云々とあることから天平年間(七二九—四九)の造立とみられる。昭和六年(一九三一)補作の一体(宮毘羅大将)をのぞいて国宝。

参考文献　『大和古寺大観』四

（水野敬三郎）

菅原寺

すがわらでら

奈良市菅原町五〇八にある法相宗の寺。薬師寺末寺。山号は清涼山。喜光寺《きこうじ》ともいう。当寺の草創については『行基菩薩伝』『行基年譜』によると養老五年(七二一)五月に、寺史乙丸の邸宅の寄進を受けた行基《ぎょうき》が、翌六年二月に起工して寺としたのが菅原寺で、平城右京三条三坊に五坪の寺院地があったという。西大寺蔵の「平城坪割図」には右五坪のほかに九坪の寺院地を明記し、長承三年(一一三四)の大和国南寺敷地図帳案では四丁六段を寺院地とする。寺史氏については天平十七年(七四五)八月の「優婆塞貢進解」で存在が確認されるが、寺院地についてはにわかに決し難い。後代に至って漸次寺院地が拡張したものであろう。当寺が行

基やその門徒の大和国での布教の中心的存在になったことは否定できず、『行基年譜』によれば天平二十年十一月、聖武天皇は当寺に行幸し、喜光寺の寺額を与えたと伝える。「大僧正舎利瓶記」(行基墓誌銘)、『行基菩薩伝』などでは行基は当寺で寂したと伝える。当寺の運営は詳らかでないが、天平宝字二年(七五八)八月には菅原寺三綱務所の存在が認められるから、三綱によって寺院経営が行われ、千手千眼悔過が行われんとしているところから、観音像が安置されていたことが知られる。その後の変遷は明らかでないが、中世には興福寺一乗院末となり、同院関係者の墓所が設けられた。明応八年(一四九九)十二月に焼亡し、天文十三年(一五四四)ころに再建されたのが今日の本堂である。慶長七年(一六〇二)八月、徳川家康より菅原村で寺領三十石の朱印地を安堵され、幕末に及んだ。享保十五年(一七三〇)十二月住持寂照《じゃくしょう》により木造行基御影像が再興され、現に西大寺に移安されている。昭和四十四年(一九六九)三月、発掘調査が行われ、基壇と門跡が検出され、奈良時代後期の軒瓦などが発見された。本堂およびそこに安置する平安時代末期の寄木造り漆箔の阿弥陀坐像は、ともに重要文化財に指定。

参考文献 『大和名勝志』一(玉井義輝蔵)、『大乗院寺社雑事記』一一、井上薫『行基』(『人物叢書』二四)、福山敏男「菅原寺」(『奈良朝寺院の研究』所収)

(堀池　春峰)

禅院寺

ぜんいんじ

もと平城右京四条一坊に在った仏典などを収蔵した寺院。白雉四年(六五三)五月の第二次遣唐使に随って入唐留学した僧道昭《どうしょう》(道照)は帰国後の天智天皇元年(六六二)三月に飛鳥寺《あすかでら》(本元興寺)の東南隅に禅定を修し、かつは在唐中に蒐集し請来した仏舎利・仏典などを収蔵して、後世に伝え、万民のよりどころとするために一院を建立し禅院と称した。平城遷都の翌年の和銅四年(七一一)八月、飛鳥寺の平城左京移建より七年早く平城京に移された。薬師寺境内に伝わる天平勝宝五年(七五三)七月の「仏足石記」により、平城京に移建された当寺は右京四条一坊であったことが判明する。ここに約半世紀にわたる飛鳥寺との関係は中断され、単独寺院となったらしい。『続日本紀《しょくにほんぎ》』文武天皇四年(七〇〇)三月己未条の道昭没伝には当寺に収蔵された経典について「書迹楷好にして並に錯誤あらず」(原漢文)と指摘し、写経の藍本として高く評価されていたことが知られる。『正倉院文書』によると天平十四年(七四二)七月ごろから金光明寺写経所において、当寺の論疏を借用して書写が行われ、同十八年ごろの注文には「禅院寺経目録」一巻が写一切経司に送られたこと、同十九年三月には写経司で検定した七百六十八巻の借書のうち、四百十三巻は「禅院之本」であったこと、同年十月九日の注文(『大日本古文書』二四)には、「自禅院寺奉請疏論等歴名」として、約九十種、三百七十七巻の仏典名を掲示し、ほかに紅白など三重袋に入れ、漆塗りの管に入れられた仏跡図一巻を記載している。この仏跡図は薬師寺の仏足石図の藍本であったことは同刻文によって明らかにされる。また中には聖徳太子撰の『勝鬘経疏《しょうまんぎょうのそ》』三巻も含まれているから、道昭請来

経ばかりではなかったらしい。しかし当寺は質・量ともに有数の聖教類を所有する寺であったことが注目される。『延喜式』玄蕃寮《げんばりょう》では当寺の仏典の曝涼《ばくりょう》について、三年に一度、治部省・玄蕃寮・僧綱・三綱などが立会して行うことを明記し、その保存が計られたこと、三綱によって運営されていたことが知られる。しかし元慶元年(八七七)十二月に至って平城の元興寺《がんごうじ》の別院となり、両寺の関係は道昭の昔にかえったが、以後の衰亡については明らかでない。昭和五十四年(一九七九)に至り飛鳥寺東南で行われた発掘調査で、玉石組の溝・築地・掘立柱の建物などの遺構が検出され、禅院跡と認められた。

参考文献 福山敏男『奈良朝寺院の研究』、堀池春峰「平城右京禅院寺と奈良時代仏教」(『仏教史学』二ノ四)、藤野道生「禅院考」(『史学雑誌』六六ノ九)

(堀池　春峰)

大安寺

だいあんじ

奈良市大安寺二―六―一にある真言宗高野山派の寺。南都七大寺の一つで南大寺ともいう。『大安寺《だいあんじ》伽藍《がらん》縁起《えんぎ》幷《ならびに》流記《るき》資財帳《しざいちょう》』(以下『資財帳』と略称)に聖徳太子は熊《くま》凝《ごり》寺(精舎)を大寺として造営することを田村皇子(のちの舒明天皇)に託し、これが大安寺の起源をなすと記される。『聖徳太子伝私記』にも熊凝寺は大安寺の前身をなし、平群《へぐり》郡額《ぬか》(田《た》)部《べ》郷の額田《ぬかた》寺(のち奈良時代に額安《がくあん》寺と改称。大和郡山市額田部寺町)にあたると記し、額田寺付近に出土する飛鳥時代末期の瓦は額田部連の氏寺のものと考えられ、熊凝寺と太子の関係は仮託で、大安寺の起源となる事情も不明である。『日本書紀』に、舒明天皇十一年(六三九)大宮と大寺

(国家から最高の経済的待遇をうける地位の高い寺)を百済河畔に造ることを詔し、九重塔を建てたと記され、皇極天皇元年(六四二)にも大寺造営を詔したとある。『資財帳』での対応記事は『書紀』よりも詳細で異同があり、両史料から勘案すると百済大寺《くだらのおおでら》(北葛城郡広陵町百済)は舒明—皇極朝ごろ建てられたのであろう。天武天皇二年(六七三)の高市大寺《たけちのおおでら》(高市《たかいち》郡明日香村小山)建立は、百済大寺の移建か新建かに関し諸説がみられるが、父舒明・母皇極天皇の三十三回忌と十三回忌供養のためで、高市大寺は舒明・皇極天皇の百済大寺の由緒を継承した。天武天皇六年高市大寺を大官大寺と改称した。大官は天皇をさし、大官大寺《だいかんだいじ》は天皇がその寺の願主となり、仏教の興隆と統制を掌握するための大寺という意味をもつ。藤原京時代となり、大安寺と改称され、鎮護国家祈願の任務が重視された。大宝元年(七〇一)大安・薬師二寺を造る(造営と修理を含む)官を寮に准じ、同二寺の塔・丈六仏を造る宮を司に准じ、大安寺は四大寺の一つとして、寺では護国祈願や天皇追善の法要などが営まれた。霊亀二年(七一六)平城左京六条四坊移建との記事(『続日本紀《しょくにほんぎ》』)は、工事着手らしく、道慈《どうじ》(養老二年(七一八)帰国)が遷造に関与した。天平十九年(七四七)の『資財帳』に複廊をめぐらした金堂院・三面僧房・食堂が記され、のち東西両塔が南大門よりも南に建てられ(大安寺式伽藍配置)、境内は左京六条四坊から七条四坊にまたがり、東大寺建立以前は大安寺の規模が第一位であった。寺僧に審祥《しんじょう》・道慈・永叡《えいえい》・普照《ふしょう》・菩提僊那《ぼだいせんな》・道璿《どうせん》・仏哲《ぶってつ》・行教《ぎょうきょう》・善議《ぜんぎ》・隆尊《りゅうそん》・慶俊《きょうしゅん》・修栄《しゅうえい》・行表《ぎょうひょう》・戒明《かいみょう》・思託《したく》・最澄《さいちょう》・空海《くうかい》・安澄《あんちょう》・勤操《ごんそう》・常騰《じょうとう》・義真《ぎしん》らがある。当寺の研究僧団の三論宗は大安寺流とよばれる。天暦三年(九四九)・寛仁元年(一〇一七)・長久二年(一〇四一)に火災にかかり、そのつど復興された。『七大寺巡礼私記』によると東塔に勝鬘《しょうまん》夫人像がまつられ、檫に曼茶羅が描かれ、講堂に阿弥陀像・四天王像、中門・廻

廊に四天王像・十大弟子像・八部衆像が安置された。当寺は南北朝時代に西大寺末となり、宝徳元年(一四四九)地震で堂が倒れ、慶長ごろには二間四面の堂一宇といわれるほど荒廃した。明治十五年(一八八二)再興が発願され、本堂が建てられ、本尊十一面観音像の左脇壇に聖徳太子像・弁財天・阿弥陀像、右脇壇に弘法大師像・舎利塔・堅雄和尚像などが安置された。いななき堂は叡福《えいふく》寺(大阪府南河内郡太子町)から移したもので、馬頭観音像を中心に弘法大師像・不動明王像・如意輪《にょいりん》観音像などがまつられる。宝物館に所蔵される四天王像と観音像(十一面観音・馬頭観音・楊柳《ようりゅう》観音・聖《しょう》観音・不空羂索観音《ふくうけんさくかんのん》)の九体は一木造で、奈良時代から平安時代に移る過渡期の特色をもち、それは大安寺様式とよばれ、文化庁所蔵の『大安寺伽藍縁起幷流記資財帳』とともに重要文化財である。画像に鎌倉時代の弘法大師像、室町時代の勤操僧正像などがみられる。興福寺北円堂の四天王像(木心乾漆)のうち増長天・多聞天像の台座框裏の銘に、本像がもと大安寺のもので、延暦十年(七九一)に造られたと記される。当初の境内地の大半に人家が建てられ、田畑化し、現境内は南大門付近から旧金堂跡の手前までで、東西の幅も狭くなり、南方の東西両塔跡は第二次世界大戦前に発掘調査され、土壇と礎石が残る。→額安寺《がくあんじ》

[参考文献] 大安寺史編集委員会編『大安寺史・史料』、『大和古寺大観』三、橿原考古学研究所編『大安寺—五十年度発掘調査概報—』、『奈良市史』社寺編、小島俊次『奈良県の考古学』(『郷土考古学叢書』一)、田村圓澄『飛鳥仏教史研究』、井上光貞『日本古代の国家と仏教』(岩波書店『日本歴史叢書』)、毛利久『日本仏像史研究』、福山敏男「大安寺と元興寺の平城京移建の年代」(『日本建築史研究』所収)、田村吉永「百済大寺と高市大寺」(『南都仏教』八)、浅野清他「大安寺南大門・中門及び回廊の発掘」(『日本建築学会論文集』五〇)、杉山信三「大安寺講堂

跡等発掘調査概報」(『大和文化研究』八ノ一二)、渡辺晃宏「天平感宝元年大安寺における花厳経書写について」(『日本史研究』二七八)

(井上　薫)

当麻寺

たいまでら

奈良県葛城市当麻一二六三にある。もと興福寺末であったが、江戸時代中期に同寺を離れ、その塔頭は真言宗と浄土宗に分かれた。この寺の創立については正確な記録がない。『建久御巡礼記』には、当寺を用明天皇の皇子麻呂子《まろこ》親王の本願とし、のち壬申の乱の功臣当麻《たいまの》真人国見《まひとくにみ》が、天武天皇の白鳳九年辛巳(六八一)に当地に遷し造ったが、ここは役優婆塞《えんのうばそく》の領地で、彼の本尊孔雀明王《くじゃくみょうおう》を金堂の本尊弥勒像の身中にこめたと記す。嘉禎三年(一二三七)の『当麻寺縁起』(『上宮太子拾遺記《じょうぐうたいししゅういき》』三に引く)では、推古天皇のとき麻呂子親王が聖徳太子の教によって味曾路に万法蔵院を造り、天武天皇の朱鳥六年に、同親王の夢告により宣旨を下し、伽

藍を北方の現在地に移し、禅林寺と号したと記す。つまり当寺は、当麻氏が白鳳時代に創立し、弥勒像を金堂の本尊とした寺であったろう。奈良時代には東塔が、おくれて平安時代前期までに西塔が建てられた。二上山の東南麓に位置する当寺の伽藍は、東向きとすれば都合がよいが、強いて南向きにしたため、東西両塔が金堂より高所に立つことになった。西塔造営のころ、金堂の西北に東面して今の曼荼羅堂(本堂)の前身堂が造られた。観経浄土変相(当麻曼荼羅)をおさめる六角宮殿(厨子)もこのとき造られたものらしい。『往生要集《おうじょうようしゅう》』を作って浄土信仰を鼓吹した恵心院僧都源信《げんしん》は当麻郷の出身で、当寺との深い関係が考えられる。応保元年(一一六一)曼荼羅堂の上棟が行われたが、この時この堂は大改修を受け、今見るような規模に変わった。治承四年(一一八〇)十二月、平家の軍勢が河内から当寺に攻め入り、金堂・講堂などを焼いた。金堂は元暦元年(一一八四)に再興され、今の講堂は嘉元元年(一三〇三)の再建である。仁治三年(一二四二)には、曼荼羅の厨子が化粧され、蓮池を蒔絵した扉も造られた。当寺の迎講は、毎年五月十四日(江戸時代では三月十四日)に行われ、曼荼羅堂と東方の娑婆屋との間に掛橋を作り、二十五菩薩来迎の儀を演出する。金堂・講堂・薬師堂(文安四年(一四四七))・中之坊書院(江戸)は重要文化財。

本堂　奈良時代に造営された簡素な堂二棟の部材を一部利用し、当麻曼荼羅を安置する堂が平安時代初期ころに建てられたが、永暦二年(応保元、一一六一)に改修して、在来堂を内陣とし、前方に広い外陣《げじん》を構えて面目を一新した。桁行七間、梁行六間、屋根寄棟造、本瓦葺で、堂の背面北部に三間の閼伽棚《あかだな》(鎌倉時代)が付属する。国宝。内部須弥壇《しゅみだん》には漆塗に金銀泥絵や金平脱を施した六角厨子を作り、その内に当麻曼荼羅を安置するが、現在安置されているのは後世の模本である。

東塔　三重塔。奈良時代の三重塔の数少ない遺例である。鎌倉時代初期ごろと、宝永三年（一七〇六）、明治三十五年（一九〇二）―三十七年の修理をうけている。柱間は初重は三間であるが、二重と三重を二間とし独特である。三重は鎌倉時代初期ごろの改築であるが、柱間を二間とする点は旧状を守るも

当麻寺本堂(上)・西塔(左)・東塔(右)

のであろう。組物は三手先《みてさき》で、斗《と》も肘木《ひじき》も形が整い、完備した方式になっている。屋上の相輪《そうりん》では魚骨状の水煙《すいえん》が古風であり、九輪が八箇であるのは西塔の例とともに特異である。国宝。

西塔 三重塔。創立は奈良時代後期か平安時代前期か説が分かれる。承久元年(一二一九)、慶長十八年(一六一三)、正保三年(一六四六)、明和三年(一七六六)—四年、明治四十五年(一九一二)—大正三年(一九一四)に修理された。柱間は、東塔とちがって、各重三間である。組物は三手先で、斗も肘木も形は東塔のものほど整ってはいない。二重と三重の柱の下部などの風蝕が少ない点から、当初から野小屋があったものと考えられる。相輪では水煙の忍冬文透しの意匠が特にあざやかで、九輪が八箇である点は東塔と共通する。国宝。

参考文献 東京美術学校編『当麻寺大鏡』(『南都十大寺大鏡』別輯)、『大和古寺大観』二、福山敏男『寺院建築の研究』上(『福山敏男著作集』二)、奈良県教育委員会文化財保護課編『国宝当麻寺本堂修理工事報告書』、『仏教芸術』四五(特集・当麻寺)、太田博太郎編『日本建築史基礎資料集成』一一

(福山 敏男)

弥勒仏像 金堂の本尊で、塑造漆箔、像高二二二・八チセン。須弥壇上中央に塑土で築かれた宣字座上に塑形されている。切長の目を刻んだ、弾力的な球体を思わせる頭部は、天武天皇十四年(六八五)完成の興福寺銅造仏頭に通じ、肩幅広く胸が厚い角張った体

当麻寺弥勒仏像

軀の表現は、中国隋代彫刻に源流をもつ新羅の軍威石窟阿弥陀如来坐像に類似する。その造立年代は天武天皇十年と伝える本寺の創建時のころと考えてよく、わが国の七世紀にさかのぼる塑像の代表的遺品である。光背、台座の懸裳・框・反花などは治承四年(一一八〇)罹災後の補作。須弥壇上の台座左右の、中央に円孔をあけた石組はもと両脇侍を立てた台石と思われる。国宝。

参考文献　『大和古寺大観』二

(水野敬三郎)

高鴨神社

たかかもじんじゃ

奈良県御所《ごせ》市鴨神《かもがみ》一一〇に鎮座。通称「さびの宮」。旧県社。『延喜式』神名帳《じんみょうちょう》に「高鴨阿治須岐《あじすき》託彦根《たかひこね》神社(並名神大、月次相嘗新嘗)」とある。阿治須岐託彦根命以外の三座の祭神は、近世宮座文書に下照姫・天稚《あめのわか》彦命《ひこのみこと》・田心姫《たごりひめ》と伝えるが、異伝もある。『延喜式』祝詞《のりと》の出雲国造神賀詞《いずものくにのみやつこかんよごと》には「葛木の鴨の神奈備」とみえ、『出雲国風土記』は神戸を記す。『続日本紀《しょくにほんぎ》』天平宝字八年(七六四)十一月庚子(七日)条には、かつて大泊瀬(雄略)天皇の怒りに触れ土佐に流された高鴨神を再び元の所にまつらせたとある。『三代実録』貞観元年(八五九)正月二十七日条の叙位では従二位勲八等高鴨阿治須岐宅比古尼神と正三位高鴨神をともに従一位にし

たとみえる。『土佐国風土記』逸文では土佐の高賀茂神社の神は一言主尊《ひとことぬしのみこと》であると伝え、不明な点が多い。例祭は四月十五日。本殿は三間社流造、檜皮葺で正面に大唐破風がある。内陣正面扉口の楣に天文十二年（一五四三）の墨書があり、建立年代が明らかである。重要文化財。

参考文献　式内社研究会編『式内社調査報告』二、谷川健一編『日本の神々』四　（山田　浩之）

橘寺　たちばなでら

奈良県高市郡明日香村橘五三二にある寺。天台宗。正式には仏頭山上宮皇院菩提寺《ぶっとうさんじょうぐういんぼだいじ》と号する。天平十九年（七四七）の『法隆寺伽藍縁起幷流記資財帳《ほうりゅうじがらんえんぎならびにるきしざいちょう》』には聖徳太子建立の七寺の一つとして「橘尼寺」をあげている。『聖徳太子伝暦』には推古天皇十四年（六〇六）太子が『勝鬘経《しょうまんぎょう》』を講説した賞として、天皇が橘寺を創立したと記している。しかし、この寺の境内から出土する当初の軒丸瓦は、川原寺《かわらでら》のものに似て、豊麗でかつ力強い複弁式蓮華文から成る。その年代は白鳳時代の半ばごろ天智朝ごろの作とみるのが穏当であろう。当寺の金堂の本尊は『諸寺縁起集』などによると「救世《くぜ》観音」であったとされ、四天王寺金堂や中宮寺の弥勒像

と同形式の弥勒像であったことが知られている。『日本書紀』天武天皇九年(六八〇)四月乙卯条には当寺の尼坊十房が焼けたとある。延暦十四年(七九五)四月二十日、菩提寺が火災に遭ったので大和国稲二千束を施入した(『類聚国史《るいじゅこくし》』一八二)。平安時代中期の橘寺は三間四面二階の金堂、五間四面の講堂(丈六釈迦像安置)、五重塔が主要堂塔であった。五重塔の露盤には「徳真・法運草創之」という旨の銘文があったという(天王寺本『古今目録抄』)。この塔は久安四年(一一四八)六月十五日に雷火で焼け、建仁三年(一二〇三)三月から着手して再建し、暦仁元年(一二三八)四月以後に託宣によって、近くの豊浦寺《とゆらでら》の塔の四方四仏を移入した(『上宮太子拾遺記《じょうぐうたいししゅういき》』)。この再建塔は三重塔であったらしい(『南都七大寺巡礼記』)。文安初年ごろ、多武《とうの》峯《みね》攻めのとき兵火に遭い、永正三年(一五〇六)にも多武峯の僧徒によって放火された。寛永元年(一六二四)ごろに書かれた『南北二京霊地集』には、当時は講堂だけ遺り、そのほかの堂は失われ、礎石だけになっていると記してある。その後元治元年(一八六四)から明治初年にかけて再興され、現在の寺観になった。当寺の罹災以前の伽藍配置は東向きの四天王寺式であることは記録や『聖徳太子絵伝』(室町時代)、また発掘調査によって確かめられたが、西回廊は一線をなして閉じ、その背後に講堂がある方式であった点は山田寺と共通する。寺宝の「太子絵伝」八幅、木造日羅像・如意輪観音像・聖徳太子像などは重要文化財に、また境内地は国史跡に指定されている。

橘寺塔心礎

参考文献　『古事類苑』宗教部三、奈良県編『大和志料』下、保井芳太郎『大和上代寺院志』、福山敏男『日本建築史研究』

（福山　敏男）

竜田大社

たつたたいしゃ

奈良県生駒《いこま》郡三郷《さんごう》町立野南《たつのみなみ》一―二九―一に鎮座。俗に竜田明神という。旧官幣大社。天御柱命《あめのみはしらのみこと》・国御柱命《くにのみはしらのみこと》をまつる。『延喜式』神名上の大和国平群《へぐり》郡に、「竜田坐天御柱国御柱神社二座（並名神大、月次、新嘗）」とみえるのがこの神社である。天御柱命・国御柱命は風の神で、竜巻の旋風を天地間の柱と見立てた神名である。この神社の祭は、早く神祇令《じんぎりょう》に、「孟夏、（中略）風神祭、（中略）孟秋、（中略）風神祭」と規定されていて、古来四月と七月に朝廷から使が派遣されて執り行われた。国史にみえる最初は、『日本書紀』天武天皇四年（六七五）四月癸未条に、「小紫美濃王・小錦下佐伯連広足を遣して、風の神を竜田の立野に祠らしむ、小錦中間人

連大蓋・大山中曾禰連韓犬を遣して、大忌の神を広瀬の河曲に祭らしむ」(原漢文)とあるもので、それ以来、竜田の風の神の祭と広瀬《ひろせ》の大忌《おおいみ》の祭とは、毎年同日に行われて、長く後世に続いた。両社の祭の趣旨は、西方からの暴風が、大和盆地に吹き込む入口にあたる竜田の地に、風の神をまつり、同時に、大和の農地を潤す諸川が一つに落ち合う広瀬の地に、穀物の神を祀って、天の下の農作物が風水害に逢うことなく、豊かに稔るようにと祈るところにある。『延喜式』祝詞《のりと》の竜田風神祭の祝詞に、崇神天皇の御代、農作物が何年も稔らなかったので、天皇が何の神の祟りかと祈ったところ、夢の中に天御柱命・国御柱命が現われて、それは自分の所為であるとお告げがあり、竜田の立野に宮を建てて祀るよう悟されたという、この神社の鎮座縁起が述べられている。祭日は、初めは四月・七月というだけで日まで一定していなかったが、平安時代に入り、『延喜式』四時祭上に、「大忌・風神祭、並四月・七月四日」とあるように、四月四日および七月四日と定まった。平安時代までは朝廷の崇敬が厚く、恒例の祭日のほか、臨時の風雨鎮圧を祈る祭にも使が派遣され、授けられた神位も累進して、貞観元年(八五九)には正三位に至り、永保元年(一〇八一)には二十二社の中に選ばれている。ところが中世以降衰微して、江戸時代には幕府から十二石の朱印領を与えられたにすぎなかった。今日では、農業・漁業・航海・航空など風に関係のある職業者の厚い信仰を受けている。現在、例祭は四月四日で、別に風鎮祭が六月二十八日—七月四日に行われる。

参考文献 青木紀元「広瀬・竜田」(『日本神話の基礎的研究』所収)

(青木　紀元)

手向山神社

たむけやまじんじゃ

奈良市雑司《ぞうし》町四〇六に鎮座。旧県社。祭神は品陀別命《ほむたわけのみこと》・足仲彦命《たらしなかつひこのみこと》・息長帯姫命《おきながたらしひめのみこと》・比売大神《ひめおおかみ》。元は東大寺の鎮守であったが明治の神仏分離令で独立。国家的大事業であった東大寺大仏鋳造が八幡神の神助を得て天平勝宝元年(七四九)十月に完成したので、宇佐八幡神を東大寺大仏の守護神として勧請、同年十一月二十四日迎神使を遣わして道中の国々に殺生禁断の令を出し、十二月十八日平群《へぐり》郡より入京、梨原宮に新殿を造って神宮とした。翌二年二月、一品八幡大神に封八百戸・位田八十町、二品比売大神に封六百戸・位田六十町を奉り厚遇した(『続日本紀《しょくにほんぎ》』)。その後東大寺は事あるごとに神助を仰ぎ、一山の守護神として尊崇してきた。創祀後梨原宮から大仏殿南東鏡池の東に遷座した。治承四年(一一八〇)十二月平重衡《たいらのしげひら》の南都焼討に東大寺とともに焼失した(『玉葉《ぎょくよう》』)ので、社地を千手院岡に移し源頼朝によって再建された。ところが寛永十九年(一六四二)十一月二十七日の奈良の大火に類焼、万治元年(一六五八)に仮殿が建てられ、元禄四年(一六九一)八月二十六日本殿はじめ全建築が成って遷座祭が行われ、今日に及んでいる。神仏分離以前は、今東大寺八幡殿にある秘仏の僧形八幡神坐像《そうぎょうはちまんしんざぞう》(国宝)を御神体として奉安していた。鎌倉時代初期、快慶の彫刻で「東大寺八幡宮安置之　建仁元年(一二〇一)十二月廿七日開眼」など長文の銘記がある。像高八六・九五チセンであたかも実在の僧侶に接しているごとく生々しさと同時に謹厳で神々しい偉容がしのばれる。例祭は十月五日で、御田植祭は二月三日。当社祭礼の中心である碾磑会《てがいえ》は転害会・手掻会とも書く。天文八年(一五三九)までは勅祭であったが、以後は神社や郷民が中心になって行わ

手向山神社拝殿(上)と宝庫(下)

輿・神社宝庫・銅造太刀はじめその他重要文化財多数。

参考文献 『奈良市史』社寺編・美術編、奈良県編『大和志料』上

（宮坂 敏和）

れるようになった。かつて八幡神が宇佐から影向した神迎の模様を再現したもので、勅祭のころは宵宮に田楽や舞楽が催され、当日は畿内と伊賀の六ヵ国で殺生が禁断された。唐鞍一具(国宝)、木造舞楽面・錦貼神

達磨寺

だるまでら

奈良県北葛城郡王寺町本町二―一―四〇にある臨済宗南禅寺派の寺。鎌倉時代初期の創建。開基は勝月。古く片岡《かたおか》と呼ばれた丘陵地に位置し、片岡山と号する。『日本書紀』『日本霊異記《にほんりょういき》』などにのせる聖徳太子の片岡飢者説話が、同じく空棺隻履《せきり》の故事をもつ菩提達磨と結びつき、聖徳太子と達磨との対問伝説を生んだとみられ、本堂は達磨の墓と称する古墳の上に建てられている。大和の新仏教の道場となったため、嘉元三年(一三〇五)四月、興福寺衆徒によって焼かれた(『春日社司祐春記』)。しかし、仙海《せんかい》の勧進によって復興が進むと、徳治二年(一三〇七)十二月、興福寺は仙海を流罪に処するよう幕府に求め、春日神木動座をもってこれを実現。復興は一時、放棄されたが、延文年間(一三五六―六一)霊潤房《れいじゅんぼう》らが石塔・拝殿を建立、のち山名《やまな》時熙《ときひろ》と足利義満・義持・義教の三将軍の庇護によって再興された(『達磨寺中興記』)。戦国時代には松永久秀《まつながひさひで》の兵火にかかり衰えたが、天正五年(一五七七)正親町天皇の再興の綸旨が下され、慶長七年(一六〇二)三十石ならびに境内の竹林が寄進された。同十年豊臣秀頼が本堂を改修。木造達磨坐像は永享二年(一四三〇)足利義教が大破した旧像の一部を残して再興させたもの、木造聖徳太子坐像は建治三年(一二七七)の作で、いずれも重要文化財。ほかに重要文化財の絹本着色涅槃《ねはん》図・石造中興記幢などがある。

参考文献　保井芳太郎編『大和王寺文化史論』、『王寺町史』、田村圓澄「片岡飢者説話・慧慈悲歎説話成立の背景」(『飛鳥仏教史研究』所収)

(大矢　良哲)

談山神社

たんざんじんじゃ

奈良県桜井市多武峯《とうのみね》三一九に鎮座。旧別格官幣社。祭神は大織冠《たいしょくかん》藤原鎌足。鎌足は摂津阿威山（大阪府茨木《いばらき》市）に葬られたが、その息の定恵《じょうえ》が天武天皇六年（六七七）、父の遺命と称して遺骸を大和国十市《とおち》郡多武峯に移葬、十三重塔（重要文化財）を建てて廟所としたが、なお文武天皇大宝元年（七〇一）に宝塔の東に祠堂を設けて父の木像を安置、聖霊院《しょうりょういん》と号したという。これが談山神社の起りだが、一山は多武峯（多武峯寺）と称せられて繁栄した。寺号は天台宗妙楽寺《みょうらくじ》。多武峯は談峯、鎌足が中大兄皇子と蘇我氏制圧を語り合ったのに因んだといわれる。やがて神仏習合が進展、その僧兵が興福寺衆徒と戦ったり、多武峯の鳴動や大織冠木像の破裂を

談山神社十三重塔(左)と本殿(右)

称して公家に強訴したのが有名。明治初年、神仏分離によって多武峯は談山神社となり、聖霊院を本殿（重要文化財）、護国院をその拝殿（同）、東西の透廊（同）と楼門（同）で囲む一郭を本社とし、従来の講堂を拝所（同）、十三重塔を神廟と改称、なお常行堂を権殿（同）、護摩堂を祓殿（同）、御供所を御饌《みけ》殿として境内を整備した。明治七年（一八七四）十二月に別格官幣社に列せられた。第二次世界大戦終戦後は宗教法人談山神社を称する。なお、当社の特殊神事として十月十一日（もと九月十一日）の嘉吉祭《かきつさい》がその御神供とともに盛大で有名である。嘉吉祭は永享十年（一四三八）の室町幕府の後南朝討伐の兵火に一山が焼亡、嘉吉元年（一四四一）の復興成就の祝祭に因んだものという。また旧神領八村の大織冠鎌足を敬慕する八講祭がある。現在、三月十二日、八大字の各八講堂において執行される。このほか、社宝として粟原《おばら》寺三重塔伏鉢（国宝）、古文書・記録多数がある。

参考文献 『桜井市史』、辻善之助・高柳光寿「多武峯の神仏分離」（村上専精他編『（明治維新）神仏分離史料』三所収）、永島福太郎「多武峯の郡山遷座について」（『大和志』三ノ一）

（永島福太郎）

竹林寺

ちくりんじ

奈良県生駒《いこま》市有里《ありさと》町二一一にある寺。律宗。山号文殊山。本尊文殊菩薩。別称を生駒寺という。行基の開基と伝え、境内には行基墓(国史跡)がある。『行基菩薩伝』の生馬仙房、『続日本紀《しょくにほんぎ》』の生馬院、『日本霊異記《にほんりょういき》』の生馬山寺は当寺のことと推察される。行基は天平勝宝元年(七四九)二月菅原寺《すがわらでら》で死んだが、遺言により大倭《やまと》国平群《へぐり》郡生駒山の東陵で遺体を火葬。弟子景静《けいせい》らは遺骨を拾って舎利瓶におさめ、山上を結界して墓地とし、真成《しんじょう》が舎利瓶に行基の伝記(『大僧上舎利瓶記』)を刻んでこれを墓地に埋めた。墓地南方の輿山《こしやま》は、火葬の場所とみられている。宝亀四年(七七三)には田三町が官より施入された。嘉禎元年(一二三五)八月、墓地より舎利瓶が出土、当時の状況は『生馬山竹林寺縁起』に記す。舎利瓶(残欠)は奈良国立博物館の所蔵、『舎利瓶記』の写は唐招提寺に伝えられる。こののち、行基の墓地に対する信仰が高まり、廟塔堂舎が建ち、行基が文殊菩薩の化身とされていたことから、文殊の霊場五台山大聖竹林寺にならって大聖竹林寺の門額がかけられ、明遍《みょうへん》・良遍《りょうへん》・忍性《にんしょう》(良観《りょうかん》)らが遁棲。嘉元三年(一三〇五)東大寺の凝然《ぎょうねん》が調査し、『竹林寺略録』を著わした。文殊菩薩を篤信した忍性の遺骨は、遺言により、鎌倉極楽寺・大和額安寺とともに当寺にも分骨された。昭和六十一年(一九八六)、忍性墓と伝えられていた境内の石塔の発掘調査が行われ、極楽寺・額安寺の墓と同様、「良観上人舎利瓶記」を刻んだ銅製舎利瓶が出土。また『竹林寺略録』が記すように、墓所周辺には師の徳を慕って、関東をはじめとする遠近の信者たちの遺骨が納骨されたことも確認された。永仁六年(一二九八)将軍家祈禱寺三十四ヵ寺の一つに数え

られたが、明応七年(一四九八)八月兵火で炎上(『大乗《だいじょう》院寺社雑事記《いんじしゃぞうじき》』)。近世には屋敷・寺廻山林のみ朱印地とされた。江戸時代初期に智教《ちきょう》が再興したが、明治維新に無住、明治六年(一八七三)ころ廃寺同然となり、律宗総本山唐招提寺が管理、寺の整備を進めた。

参考文献 井上薫『行基』(『人物叢書』二四)、内務省編『奈良県に於ける指定史蹟』一(『史蹟調査報告』三)、鎌田茂雄・田中久夫『鎌倉旧仏教』解説(『日本思想大系』一五)

(大矢 良哲)

中宮寺

ちゅうぐうじ

奈良県生駒《いこま》郡斑鳩《いかるが》町法隆寺北一―一―二にある聖徳宗の尼寺。鵤尼寺《いかるがにじ》・法興尼寺《ほうこうにじ》ともいう。聖徳太子の母穴穂部間人皇后のためにその宮を改めて寺としたと伝え、聖徳太子建立七ヵ寺の一つに数えられる。当初の寺地は現在地の東方約五五〇メートルの「幸前小字旧殿」にあった。昭和三十八年(一九六三)と同五十九年の発掘調査の結果、旧寺地の金堂跡・塔跡などが確認され、四天王寺式の伽藍配置であったことが判明している。この寺の建立年代には諸説があって確実な年代は明らかではないが、飛鳥時代の古瓦が多数出土していることから飛鳥時代の末期には建立されていたものと考えられる。創建以来の沿革を示す史料はきわめて少ないが、康和

三年(一一〇二)から天承元年(一一三一)にかけて塔と金堂の修理が行われたことが『法隆寺別当記』によってわかる。また、文永年間(一二六四—七五)信如比丘《しんにょびく》尼《に》が寺門の再興を計り、文永十一年に法隆寺の綱封蔵《こうふうぞう》から「天寿国曼荼羅《てんじゅこくまんだら》」を発見した話は名高い。しかし延慶二年(一三〇九)の火災以来再び退転し、多くの寺宝を法隆寺へ移納したという。天文年間(一五三二—五五)寺地を法隆寺夢殿の東隣へ移してその再興を計り、以来宮家の皇女が入寺する習慣が生まれ、江戸時代には法隆寺よりの知行配分十二石のほか、寺領四十六石が幕府から寄せられている。明治維新を迎え、真言宗泉涌寺派に属したが、昭和二十八年聖徳宗に入宗している。昭和四十三年新本堂を建立し、飛鳥時代の如意輪観音半跏像(国宝)・天寿国曼荼羅繡帳(同)など多くの寺宝を蔵する。

[参考文献]『大和古寺大観』一、石田茂作編『中宮寺大鏡法起寺大鏡』、高田良信『中宮寺法輪寺法起寺の歴史と年表』、稲垣晋也「旧中宮寺跡の発掘と現状」(『日本歴史』二九九)

(高田　良信)

天寿国曼荼羅繡帳　七世紀に作られたという、日本最古の刺繡。残片が中宮寺(国宝)その他に所蔵されている。その制作の由来は、帳に配された百箇の亀甲図に、四字ずつ記された、計四百字の銘文によって知ることができる。しかし、現存の残片は、当初の数分の一にすぎず、文字の見える亀甲図は数箇を存するのみである。しかし、これと、聖徳太子の伝記史料集『上宮聖徳法王帝説』とによって、銘文の復原ができる。それによると、推古天皇三十年(六二二)二月二十二日に聖徳太子が没すると、その妃多《た》至波奈大女郎《ちばなのおおいらつめ》(推古女帝の孫)が、女帝に、太子が往生したと考えられる天寿国の状を描いて、太子を偲びたいと願い出たので、帰化系工人、東漢末賢《やまとのあやのまけ》・高麗加西《こまのかさい》溢《いつ》・漢奴加己利《あやのぬかこり》が下絵を描き、同じく椋部秦久麻《くらべのはたのくま》の監督指導のもとに、采女《うねめ》たちが二帳の繡帳に完成させた

ものがこれである、という。帳銘は、前半の太子の系譜をはじめとして、推古朝の貴重な遺文と考えられていた。しかし、ここにみえる欽明・敏達・用明・推古四天皇を国風諡号で示す、などの疑問が提示されるようになった。この帳は、永くその所在が不明であったが、文永十一年(一二七四)に、中宮寺信如によって、法隆寺綱封倉から発見された。このとき、帳の修理と模本新曼荼羅の作成が行われた。その開眼供養にあたって、園城寺《おんじょうじ》僧定円《じょうえん》が作った「太子曼荼羅講式」にみえる図様に関する記事と現存残片から、帳には、日月・人物・禽獣《きんじゅう》・四重宮殿・如来像・蓮花托生像・飛仙像などが描かれており、帳が描いた天寿国の姿が、朧気ながら想像されないでもない。「天寿国」については、推古朝当時見られた弥勒信仰から、その浄土の兜率《とそつ》天、阿弥陀如来の極楽浄土、太子の理想像であった維摩《ゆいま》居士の妙喜浄土、などの説が古くから見られるが、未だ、定説とはなり得ない。『上宮聖徳法王帝説』は、これ

中宮寺天寿国曼荼羅繡帳

について、「猶ほ天と云ふがごときのみ」と注記しているのは、これに関する、もっとも古い時期の解釈であろう。また、晋の葛洪の著『神仙伝』の陰長生の伝の「神道一成、升㆓彼九天㆒、寿同㆓三光㆒」という句から、九天の寿三光(日月星)に同じかるべき国を、天寿国と理解していたのではなかろうか。すると、天寿国

とは、仏教が説く浄土の思想に、中国の神仙思想が説く、天上の日月星と「いのち」を同じくする国という考えを合わせたもの、と見ることができよう。この二帳は、台裂に羅・綾・平絹を用いている。文保年間(一三一七—一九)の『聖徳太子伝記』には、三間に引きわたす大きさ、と記され、寛正四年(一四六三)の法隆寺董麟の『中宮寺縁起』は、大きさ一丈六尺、というほどに大きなものであったが、享保十六年(一七三一)のころには、数箇の断片を縫い合わせた、現状に近いもの(『法隆寺良訓補忘集』)となり、安永年中(一七七二—八一)には、これを軸表装にし(『観古雑帖』)、大正八年(一九一九)に、現在のような額表装に改められた。

参考文献　大矢透『仮名源流考』、内藤藤一郎『日本仏教絵画史』飛鳥篇、辻善之助「聖徳太子」(『日本文化史』別録一所収)、小杉榲邨「天寿国の曼陀羅」(『国華』八三)、林幹弥「聖徳太子と神仙説話」(『国史学』五三)、同「天寿国繍帳と復原」(『南都仏教』八)

(林　幹弥)

菩薩半跏像　中宮寺本尊。中国の南北朝時代、朝鮮の三国時代に作例の多い半跏思惟《はんかしゆい》の菩薩像で、おそらく弥勒菩薩として造像されたものであろう。飛鳥彫刻の諸作例の中でも特に温雅な作風のものであるが、像・光背・台座ともに樟材を組んで造り、造像時には肉身は肌色、裳は緑青や朱で彩られ、頭部には宝冠、体部には古風な胸飾や腹当、腕・臂釧《くしろ》をつけていた痕跡があり、現状とはかなり違う印象を示すも

中宮寺菩薩半跏像

のであったと思われる。朝鮮風の強い広隆寺の弥勒菩薩像とは対照的な美しさを持つ半跏思惟像の重要な作例である。制作時代などについては何ら史料がなく、明確にし難いが、白鳳期に近い時期の制作とする説が有力である。坐高八七・九センチ。国宝。

参考文献 『大和古寺大観』一 （西川杏太郎）

長弓寺

ちょうきゅうじ

奈良県生駒《いこま》市上町《かみまち》四四五にある寺院。もと真言宗仁和寺派であったが、現在は真言律宗西大寺末となっている。『春華秋月抄草』に引く「尊阿弥陀仏勧進状案」によれば、寺は藤原《ふじわらの》緒《お》嗣《つぐ》の創立で、養和ころ炎上したとあり、本堂の野棟木には「長弓寺棟上弘安二年（一二七九）（己卯）二月廿五日大工狛宗元」などとある。本堂は、桁行五間、梁行六間、入母屋造、檜皮葺の堂で、前三間を外陣とする。外回りは桟唐戸に連子窓《れんじまど》で、奈良風の外観を持ち、外陣に梁行三間の虹梁《こうりょう》をかけるが、一間入った所に柱を立並べて大斗で虹梁を支えている。虹梁・木鼻・双斗・桟唐戸などに大仏様の影響が顕著で、折衷様への新しい傾向が見える。国宝。

長弓寺本堂

参考文献　太田博太郎編『日本建築史基礎資料集成』七　（太田博太郎）

朝護孫子寺

ちょうごそんしじ

奈良県生駒郡平群町信貴山《しぎさん》二二八〇‐一の信貴山頂近くに位置する。信貴山真言宗の総本山。信貴山歓喜院朝護国孫子寺と号し、別名を信貴山寺（志貴山寺）という。俗に「信貴の毘沙門《びしゃもん》さん」とよばれ、本尊毘沙門天。信貴山は河内・大和国境付近に聳え、西南麓は古代河内の豪族志幾《しき》大県主の本拠地で（『古事記』）、山名は古く志幾（志貴）と呼ばれた西麓地域と関わるものと考えられる。信貴山寺の創建は詳らかでなく、天台僧承澄《しょうちょう》（一二〇五―八二）の『阿娑縛《あさば》抄』によれば、道鏡がこの寺に詣でたとの伝承があり、創建は天平勝宝年間（七四九―五七）以前にさかのぼるという。寺伝では、聖徳太子の物部守屋《もののべのもりや》討伐にまつわる四天王信仰に結び

つけて語られるが、宝亀五年(七七四)筑前大野《おおの》城に新羅呪詛に対抗するため四天王を祀る四王寺(四天王寺)が建立されたのと同様、信貴山寺も高安《たかやす》城東北部に異国祈伏の目的で建てられたとの推察も可能である。平安時代中期ごろには衰微していたが、延喜年中(九〇一—二三)修行僧命蓮《みょうれん》(明蓮・明練)が中興。承平七年(九三七)に命蓮が大和国に差し出した『信貴山寺資財宝物帳』には、寛平年中(八八九—九八)彼が信貴山に参登した時、毘沙門天一軀を安置した円堂一宇を残すのみであったが、延喜年中新たに金剛界五仏を安置する堂を建立、延長年中(九二三—三一)には本堂を改築して釈迦三尊をおさめ、次第に僧房・中房・客殿などを整備したとある。命蓮は籠山の間、種々の奇跡を行なったと伝え(『古本説話集』『宇治拾遺物語《うじしゅういものがたり》』)、『信貴《しぎ》山縁起絵巻《さんえんぎえまき》』にもそれが生き生きと描かれている。このように寺は山岳密教の道場、修験道の宿としての性格をもち、当初は比叡山系統の天台宗で、のち葛城修験の勢力下に入って真言宗となった。鎌倉時代、興福寺大乗院支配下に入ってからは、法相・真言両宗兼帯寺院となった。この間、永久四年(一一一六)には法隆寺一切経の一部が信貴山で書写されたことが知られており(『日本古写経現存目録』)、いつのころか法隆寺との関係もでき、聖徳太子開創説話が生まれるようになったと考えられる。寺中には数十の堂塔院坊があり、学道履修をする学衆と、山伏・聖が組織化された禅徒に分かれていた。元弘の乱後、大塔宮護良親王《おおとうのみやもりよししんのう》が毘沙門堂にとどまって河内の楠木正成《くすのきまさしげ》と連絡を取り合って戦備を整えた(『太平記』)。本堂は応永二年(一三九五)に焼失、再建されたが、文明十五年(一四八三)本覚院より出火して約三十の僧坊を失った。翌十六年には学衆と禅徒とが闘争し、学衆が離山、禅徒が学衆の坊舎を焼いている(『大乗院寺社雑事記《だいじょういんじしゃぞうじき》』)。天正五年(一五七七)寺背後にあった松永久秀《まつながひさひで》の信貴山城を織田信長が攻略した時にも、多くの寺坊を焼失している。四天

王信仰に厚い甲斐の武田信玄などは当寺に帰依した(『信貴山文書』)。慶長七年(一六〇二)豊臣秀頼の寄進により片桐且元《かたぎりかつもと》が本堂などを復興。江戸時代には徳川氏の崇敬を受けて繁栄し、興福寺一乗院・大乗院末寺に属して、寺内二十軒、山下に末寺七ヵ寺を有した(寛永九年(一六三二)『興福寺末寺調』)。昭和二十六年(一九五一)本堂を再び全焼し、同三十三年復興された。同二十六年高野山真言宗から独立し、翌年には信貴山真言宗をたてて総本山となった。いまは玉蔵《ぎょくぞう》院・成福《じょうふく》院・千手《せんじゅ》院の三院を残すのみとなっている。寺宝には国宝『信貴山縁起絵巻』、重要文化財の金銅鉢・武器などがある。

参考文献 『三郷町史』上、『平群町史』

(大矢　良哲)

超昇寺

ちょうしょうじ

奈良市佐紀《さき》町にあった寺。南都十五大寺の一つ。平城天皇の皇子真如《しんにょ》(高丘《たかおか》親王)の創建といわれる。平城天皇陵近くに菩提所として建てられたものであろう。貞観二年(八六〇)同親王は平城京中の水田五十五町余を不退《ふたい》寺と超昇寺に下賜、同七年には親王に真言密教を授けられた壱演《いちえん》が座主《ざす》となった(『三代実録』)。本堂に金剛界五仏、阿弥陀堂に本願御影が祀られた(『諸寺縁起集』護国寺本・菅家本)。平安時代の高僧清海《せいかい》がこの寺に住んだが、彼は山城木幡《こはた》で京都清水《きよみず》寺の観音の化身である翁から曼陀羅を授けられたという。いわゆる『清海曼陀羅』がこれで、超昇寺の法花三昧堂に置かれていたらしい(『縁起集』)。中世の消長は詳らかで

ないが、長禄三年(一四五九)塔坊から出火(『大乗院寺《だいじょういんじ》社雑事記《しゃぞうじき》』)、天正六年(一五七八)にも井戸若狭守の兵火で焼失した。江戸時代前期まで一宇を残し、五代将軍徳川綱吉の信任厚かった護持院隆光《りゅうこう》は、宝永六年(一七〇九)超昇寺に隠退している。明治十年(一八七七)ごろ廃滅。

参考文献 森川辰蔵他編『平城宮跡照映—溝辺文和記念文集—』、『平城村史』

(大矢 良哲)

都祁水分神社

つげみくまりじんじゃ

奈良市都祁友田町一八二に鎮座。旧県社。祭神速秋津彦《はやあきつひこ》命《のみこと》・天水分神・国水分神。天平二年(七三〇)の『大倭《やまとの》国正税帳《くにしょうぜいちょう》』に「都祁神戸」がみえ、貞観元年(八五九)には正五位下に進階、風雨を祈り奉幣《ほうべい》された。『延喜式』神名帳《じんみょうちょう》には大社とあり、同式祈年祭祝詞《のりと》に大和四水分神の一つとしてみえ、祈年祭には絁《あしぎぬ》などの幣帛《へいはく》のほかに馬一匹を加えられた。大和高原から流出する木《き》津《づ》川・大和川上流水系の司水神で、都祁小山戸《おやまと》町(奈良市)にある巨岩「御社尾《ごしゃお》」に垂迹《すいじゃく》して鎮座した。のち現在地に遷座。例祭は十月二十六日。本殿は室町時代のもので、一間社春日造、檜皮葺、重要文化財。神輿は康正三年(一四五七)の造立で、県指定文化財とな

っている。

参考文献 谷川健一編『日本の神々』四、奈良県編『大和志料』、式内社研究会編『式内社調査報告』三、宮坂敏和「大和の水分《みくまり》の神」(『歴史手帖』一二ノ六)

（宮坂　敏和）

都祁山口神社

つげやまぐちじんじゃ

奈良市都祁小山戸《おやまと》町四〇に鎮座。旧村社。祭神は大山《おおやま》祇命《ずみのみこと》。天平二年(七三〇)の『大倭国正税帳《やまとのくにしょうぜいちょう》』に「都祁神戸、稲壱伯参拾陸束、租壱拾束壱把」、『新抄格勅符抄《しんしょうきゃくちょくふしょう》』の大同元年(八〇六)牒に「都祁山口神一戸」とある。貞観元年(八五九)には正五位下に昇叙、風雨を祈って奉幣《ほうべい》された。『延喜式』神名帳《じんみょうちょう》には大社とあり、臨時祭・四時祭に山口神として特に崇敬された。中世以降衰退、豊受大神《とゆけのおおかみ》と呼ばれた時もある。神社背後の巨岩「御社尾《ごしゃお》」は磐座《いわくら》で祭祀跡。例祭は十月二十五日。

参考文献 谷川健一編『日本の神々』四、奈良県編『大和志料』、式内社研究会編『式内社調査報告』三

（宮坂　敏和）

壺阪寺

つぼさかでら

奈良県高市郡高取町壺阪三にある真言宗豊山派の寺。正式名称は壺阪山平等王院南《みなみ》法華寺。俗に壺阪寺・壺阪観音といい、江戸時代までは「坂」の字を使用。西国三十三所第六番の札所で、本尊の千手観音は眼病に効験があると伝え、お里・沢市の『壺坂霊験記』で有名。創建については『帝王編年記』の佐伯善心尼《さえきのぜんしんに》説、『拾芥抄《しゅうがいしょう》』の道基《どうき》説、『南法華寺古老伝』の弁基《べんき》説など諸説あるが、旧塔婆心礎舎利穴や出土古瓦などの年代からみて、文武天皇の時代の創立と認められる。承和十四年(八四七)長谷《はせ》寺とともに定額寺《じょうがくじ》となり、『延喜式』によれば稲三千束を受けている。永観年中(九八三—八五)子島《こじま》寺の真興《しんごう》が、東密の子島流(壺坂流)を開いてからはその根本道場となった。寛弘四年(一〇〇七)藤原道長が金峯山参詣の途次当寺に宿泊、『枕草子』は「寺は壺坂、笠置、法輪」として筆頭にあげる。永長元年(一〇九六)と承元元年(一二〇七)の火災で烏有に帰したが、鎌倉時代初期に興福寺別当覚憲《かくけん》が復興、覚憲は壺坂僧正と称された。以来、興福寺との関係を深め、寺辺に興福寺一乗院領壺坂荘が成立、当寺が荘官となった。また宗派も法相宗・真言宗兼学となっている(『大乗院寺社雑事記《だいじょういんじしゃぞうじき》』)。嘉吉元年(一四四一)の『興福寺官務牒疏』によれば僧坊三十。室町時代には

壺阪寺三重塔

東方の高取城とともに一乗院方国民越智《おち》氏の拠点となるが、同氏の滅亡とともに寺勢は衰退。江戸時代には五十石の朱印地を得、また高取城主本多氏の庇護を受け、続く城主植村氏も諸堂を修築した。現在、境内には本堂のほか阿弥陀堂や重要文化財の礼堂(室町時代中期以前)・同三重塔(明応六年(一四九七)竣工)が建ち、盲人のための図書館・養老院がある。寺宝は重要文化財の鳳凰文塼《せん》・絹本著色一字金輪曼荼羅図など。なお寺東方の香高山《こうこう》は奥院といわれ、山腹から山頂にかけて室町時代の作とみられる小磨崖仏《まがいぶつ》群がある。

参考文献　福山敏男『奈良朝寺院の研究』、『高取町史』

(大矢　良哲)

伝香寺

でんこうじ

奈良市小川町二四にある寺。律宗。天正十二年(一五八四)に病没した、筒井《つつい》城主筒井順慶《じゅんけい》の菩提所として、母宗英尼《そうえいに》(芳秀《ほうしゅう》)が創立した。本堂(重要文化財)は天正十三年に上棟された。本尊は釈迦如来坐像で、京都方広寺大仏の作者下御門《しもみかど》宗貞の作である。開山の唐招提寺泉奘《せんじょう》は、同十五年、伝香寺を昭珍《しょうちん》に譲り、順慶法印御影の厳持を命じた(置文、唐招提寺蔵)。客仏の裸形着衣の地蔵菩薩立像(重要文化財)は、胎内納入品によって、安貞二年(一二二八)ごろ、尼妙法《みょうほう》が亡母の菩提を弔って作ったことがわかり、結縁者二百六十余人の中には、重源《ちょうげん》・貞慶《じょうけい》・明遍《みょうへん》ら高僧が名を連ねている。納入品には舎利容器や、薬師如来像・十一面観音像な

どがある。寺宝には、ほかに桃山時代の表門、鎌倉時代の南無仏太子像などがある。境内に筒井氏一門の石碑がある。

伝香寺本堂

参考文献　伝香寺編『南都伝香寺』、村井古道『奈良坊目拙解』(『奈良市史編集審議会会報』一)、『奈良市史』美術編

(大矢　良哲)

唐招提寺

とうしょうだいじ

奈良市五条町一三―四六にある寺。律宗総本山。招提寺・唐寺・建初律寺《けんしょりつじ》ともいう。南都七大寺の一つ、十五大寺の一つ。『唐大和上東征伝《とうだいわじょうとうせいでん》』には、天平宝字元年(七五七)十一月二十三日、勅して唐僧鑑真《がんじん》に備前国水田一百町を施入され、ついで新田部《にいたべ》親王の旧宅の地(平城右京五条二坊の西北隅四町)を賜わり、同三年八月一日、私に「唐律招提」の名を立て、のち官額を請けて定額寺《じょうがくじ》とした、これが唐招提寺の起源であるとしている。その伽藍としては、『諸寺縁起集』に収める『招提寺建立縁起』によると、金堂は唐僧少僧都如宝《にょほう》が募財をして建て、その本尊盧舎那仏《るしゃなぶつ》は唐僧義静《ぎせい》が造ったもの、経楼と鐘楼は如宝が造ったもの、講堂は平城宮朝集《ちょうしゅう》殿を移建したもの、食堂は藤原仲麻呂《ふじわらのなかまろ》が施入したもの、羂索《けんさく》堂は入唐《にっとう》大使藤原清河《きよかわ》の家を施入したもの、『一切経』四千二百八巻は大僧都賢璟《けんきょう》が納めたもの、東北・東一・東二・東北後一の諸僧房は唐僧法載《ほうさい》が造ったもの、そのほかの諸僧房や温室・政所屋・炊殿・西井殿・甲倉三棟などがあったことを記している。平安時代になって、弘仁元年(八一〇)四月、朝廷によって招提寺の塔が立てられた(『日本紀略』)。同三年七月には招提寺に封五十戸が施された。現在まで遺っている奈良時代の遺構は、講堂・金堂・宝蔵・経蔵の四棟で、鼓楼・礼堂は鎌倉時代、近年興福寺一乗院宸殿《しんでん》が当寺に移されている。なお当寺の戒壇は平安時代までの記録には現われず、再興と称して弘安七年(一二八四)に造られたものであることは、早く境野黄洋『日本仏教史講話』が指摘したとおりである。

参考文献 『古事類苑』宗教部三、奈良県教育委員会編『国宝唐招提寺講堂他二棟修理工事報告書』、

福山敏男『日本建築史研究』続編、関野貞「唐招提寺講堂」(『考古界』五ノ一)、喜田貞吉「唐招提寺講堂の年代に就きて」(『歴史地理』七ノ一〇)、天沼俊一「唐招提寺講堂と朝集殿との関係に就て」(『建築雑誌』三二三)

(福山　敏男)

金　堂　桁行七間、梁行四間、寄棟造、本瓦葺の堂々たる姿である。鑑真の弟子如宝の建立と『招提寺建立縁起』にあるから、寺院創立よりやや遅れ、宝亀年間(七七〇―八一)ころの造立であろう。前面一間通りを吹放しとするのはここに回廊が連なるからで、三手先《みてさき》の組物は薬師寺東塔などより整備され、奈良時代も後半のものであることを示している。外周は扉と連子窓《れんじまど》で壁はなく、法隆寺金堂が扉と壁で窓がないのと大きく違い、開放的に造られている。内部は折上組入天井を張るが、二重虹梁蟇股《こうりょうかえるまた》の構架が見え、力強い室内空間を形成し、剝落は著しいが、組物・虹梁・天井などに当初の彩色が残っている。外部は連子窓・長押《なげし》・屋根が後世変更されて当初の軽快さはかなり失われているが、奈良時代金堂のただ一つの遺例である。国宝に指定。

参考文献　『奈良六大寺大観』一二、浅野清『奈良時代建築の研究』、大岡実『南都七大寺の研究』、太田博太郎編『日本建築史基礎資料集成』四、福山敏男『日本建築史研究』続編

講　堂　『招提寺建立縁起』や『延暦僧録』によれば、平城宮朝集殿を移したと伝え、平城宮の遺跡の基壇規模とも一致し、この伝えは誤りないものと認められる。蟇股・頭貫の墨書の番付により東朝集殿であったことがわかる。朝集殿は桁行九間、梁行四間、切妻造で側面と背面両端間以外は開放であったが、講堂とするため入母屋造に改め、扉や連子窓を設け、来迎壁・須弥壇《しゅみ》を造った。建治元年(一二七五)大修理を行い、柱・垂木などを細くし、貫を加え、組物を大斗肘木から三斗に変え、野小屋を造って屋根勾配

を急にし、扉を桟唐戸にし、母屋中央に折上小組格天井を設けた。この結果、外観はほとんど鎌倉時代のものとなり、新和様の代表と見られる姿となったが、部材の多くは当初のもので、奈良時代寺院講堂の、さらにさかのぼっては平城宮の唯一の遺構として重要な価値を持つ。移建の年次は鑑真入寂前と考えられるが、前身の平城宮の建物は建て替えが多いので、何時のものと確定することはできない。国宝。

参考文献 『奈良六大寺大観』一二、浅野清『奈良時代建築の研究』、奈良県教育委員会編『国宝唐招提寺講堂他二棟修理工事報告書』、太田博太郎編『日本建築史基礎資料集成』四

経蔵・宝蔵 ともに寄棟造、本瓦葺の校倉《あぜくら》で、奈良時代校倉の典型的なものである。礼堂の東に立つ。南が経蔵で、北が宝蔵である。経蔵はもと切妻造、一軒であったのを寄棟造、二軒に改造したもので、『招提寺建立縁起』に「東一甲倉一宇、二甲倉、三甲倉、右地主倉」とあるものの一つにあたると思われ、新田部親王邸から寺になったとき改造されたと推定される。宝蔵は経蔵のような改造はなく、寺創立時の建立と考えられ、経蔵より大きく、材質・施工とも上質である。ともに国宝に指定。

参考文献 『奈良六大寺大観』一二、奈良県教育委員会文化財保存課編『唐招提寺宝蔵及び経蔵修理工事報告書』

鼓楼 金堂・講堂間の東にあり、伽藍の経楼の後身で、鑑真将来の舎利をまつる舎利殿であるが、江戸時代から何故か鼓楼と呼ばれている。棟木に「仁治元年(一二四〇)(庚子)七月廿六日(左方大工藤井成貞右方大工寺主舜禅)別当法印信忠(下略)」の銘がある。桁行三間、梁行二間の楼造であるのは創建堂の形式を伝えるものであろう。床を設け、縁をめぐらし、入母屋造としたのは再建の時からららしく、初層が扉と連子窓なのは、舎利殿としての設計であろう。

唐招提寺の建築

金　　堂

講　　堂

鼓　　楼

宝蔵(左)と経蔵(右)

千手観音像

盧舎那仏像

薬師如来像

梵天像(右)と
帝釈天像(左)

多聞天像

広目天像

増長天像

持国天像

四　天　王　像

和様であるが、頭貫木鼻に大仏様が入っている。国宝。この東の建物を礼堂(重要文化財)というのは、舎利を拝する礼堂の意である。

参考文献 『奈良六大寺大観』一二、『薬師寺・唐招提寺』(『全集日本の古寺』一三)　(太田博太郎)

盧舎那仏像 金堂本尊。像高三〇四・五センチの坐像で脱《だっ》活乾漆《かつかんしつ》造り漆箔。光背と台座は木造で、光背には盧舎那仏の分身である千体の釈迦がつけられ、台座蓮弁にも一体ずつ釈迦が墨で描かれており、『梵《ぼん》網経《もうきょう》』に説く世界観を表現している。『招提寺建立縁起』には鑑真に従って来朝したその弟子義静の造立という。天平時代後半期の代表的な大作で、厳しい表情と胸幅の広い重厚な体つき、流動的な衣文に八世紀半ばころの中国彫刻の影響を示している。台座内に「造物部広足生」「造漆部造弟麻呂」その他、造像にかかわったとみられる人名の墨書がある。国宝に指定。

参考文献 『奈良六大寺大観』一三

薬師如来像 金堂の須弥壇上、本尊の向かって右側に安置される。像高三三六・五センチの立像で木心乾漆造り。『招提寺建立縁起』に如宝の造立という。左掌の乾漆層の下に和同開珎《わどうかいちん》・万年通宝《まんねんつうほう》・隆平永《りゅうへいえい》宝《ほう》が納入されており、そのうちもっとも新しい隆平永宝は延暦十五年(七九六)初鋳であるから、これ以後間もなく、遅くも如宝没の弘仁六年(八一五)以前の作である。光背は同時期の作と見られるが像と大きさがあわず、他像からの転用であろう。国宝に指定。

参考文献 『奈良六大寺大観』一三

千手観音像 金堂の須弥壇上、本尊の向かって左側に安置される。像高五三五・七センチの立像で、木心乾漆造り漆箔。いま九百五十三本の手をそなえるが、もとはまさしく千本の手をつけていたと見られる。『招提寺建立縁起』に如宝の造立という。本尊とは材質も作風も異なり、単純化された肉どりや光背の透かし彫り宝相華文の趣きから、少し遅れて天平時代末か

平安時代初期に造られたものであろう。国宝に指定。

参考文献　『奈良六大寺大観』一三

梵天・帝釈天像　金堂本尊盧舎那仏像の左右前方に侍立する。像高各一八八センチ内外、檜材の一木造り彩色の像で、頭髪や衣の一部は柔かい質感を表現するために乾漆で塑形する。『招提寺建立縁起』に如宝の造立という。本尊とは材質が異なり、大きさも不釣合に小さいが、顔の肉どりの仕方や目鼻だちは本尊と共通し、同系の工人によるあまり隔たらないころの作であろう。両像の台座反花上面に、造立にたずさわった工人の筆のすさびと思われる、山水・人物・動物など、多様な戯画が墨書され、そのうちに見られる宝相華文も本尊光背のそれに趣きが近い。天平後半期の木彫として注目される。国宝に指定。

参考文献　『奈良六大寺大観』一三

四天王像　金堂須弥壇上の四隅に配される。像高各一八七センチ内外。檜材の一木造りで、頭髪その他一部を乾漆で仕上げている。四体の大きさや造像技法、彫法は金堂内の梵天・帝釈天像と共通しており、同時期に同一工房の工人によって造立されたものと推定される。ともに鑑真によってもたらされた新たな中国影響を示している。国宝に指定。

参考文献　『奈良六大寺大観』一三

鑑真和上像　開山御影堂安置。像高八〇・一センチ、等身大の坐像で、脱活乾漆造り彩色。『唐大和上東征伝』に天平宝字七年（七六三）春、鑑真死没直前に弟子僧忍基《にんき》が講堂の梁が折れる夢を見て、鑑真の死期を知り、その影像を造ったといい、この像がそれにあたると思われる。もと金堂西北の鑑真住房に祀られていた。身近に接した師僧の肖像を造り、礼拝した例としてわが国で最も古く、天平彫刻の傑作であるばかりでなく、日本で最初の本格的肖像彫刻として大きな意義を有する。国宝に指定。

参考文献　『奈良六大寺大観』一三、浅井和春「来

朝後の鑑真」（『名宝日本の美術』七所収）、井上正「鑑真和上像序説」（『MUSEUM』三一四）

（水野敬三郎）

東大寺

とうだいじ

奈良市雑司《ぞうし》町四〇六-一にある華厳宗の総本山。大華厳寺《だいけごんじ》・金光明《こんこうみょう》四天王《してんのう》護国寺《ごこくじ》・総国分寺《そうこくぶんじ》などの別称がある。南都七大寺・十三大寺・十五大寺の一つ。東大寺の寺号は平城京の東方にある大寺を意味し、『正倉院文書』の天平十九年（七四七）十二月の「東大寺写経所解案」に初見するが、『正倉院文書』では、時に東寺の称号も使用している。聖武天皇の発願にかかり、天皇は天平十二年二月に河内国の智識寺に詣で、知識により造像された盧舎那仏《るしゃなぶつ》をみて「朕も造り奉らむ」と決心したと、『続日本紀《しょくにほんぎ》』天平勝宝元年（七四九）十二月条は伝えている。天平十五年十月十五日に『華厳経』の教理にもとづき、金銅盧舎那大仏造立の詔が発せられた。

この詔には律令制の頂点に立つ強大な帝権を誇示するかたわら、広く国民に助援を求めて完成を期せんとした点に、従来の官大寺とは一線を画すものがあり、国民大衆を知識として協力をたのみ、造立を果たさんとした精神は、以後、平安・鎌倉・江戸・明治各時代の再興や修理にも相承された。大仏の鋳造計画は、当初、近江国紫香楽《しがらき》(信楽)の甲賀寺《こうがでら》において着手され、詔が出された四日後に、民間伝導に経験と人望の厚かった行基《ぎょうき》が弟子達を率いて勧進に出発した。翌十六年十一月には鋳造の初段階ともいえる土像の大仏が完成したが、同十七年五月紫香楽宮からの平城還都に伴い、平城京の東山にあった金鐘寺《こんしゅじ》(大和国金光明寺)の寺地で、大仏造立の工事が再開された。造像の工事は、のちに造東大寺司に発展した金光明寺造仏所の手で開始され、同十九年九月から天平勝宝元年十月に至る三年間に、八回の鋳継ぎを行い、像高五丈三尺五寸の大仏像が鋳造された。昭和六十三年(一九八八)一月から行われた奈良県立橿原考古学研究所による大仏殿西廻廊西方の台地の発掘調査で、旧中門堂池(現在は湿地帯)にかけての地下より、溶解炉の破片や溶銅塊、また奈良時代の東大寺古瓦や木簡二百二十六点などが発見された。木簡の一部には、「□右二竈卌一斤(投一度)」「□右四竈卅斤」「□七竈卌八斤」といった鋳造にあたっての溶解炉の順序と位置を示したものや、「□竈丈部□竈波太安万呂」といった担当者名を記した小片や、「自宮請上吹銅一万一千二百廿二斤」(表)、「薬院依仕奉人(大伴部鳥上入正月□　肥後国菊地郡子養郷人／大伴部稲依入正月五日)」(表)などが書かれた大形の木簡が数点あり、また小片ながら、「□主□智識」が銭二百文を進めた付札がみられる。上吹銅(熟銅)一万千二百二十二斤は宮(皇后宮)より請け取った時の注文で、年紀はないが、鋳造が開始された天平十九年九月ごろから、皇后宮が紫微中台に改称される天平勝宝元年八月の間のものらしく、「一枝の草、一把の土」の喜捨《きしゃ》

を呼びかけた大仏造立の詔に応じた光明皇后の知識物であり、薬院も同じく皇后宮職に設けられていた施薬《せやく》院のことで、『続日本紀』や『東大寺要録』などにはみられない具体的な史実が明らかになった。一方、大仏殿の建立も開始され、陸奥守百済王敬福《くだらのこにきしきょうふく》が貢上した同国小田郡の黄金で大仏の塗金も始められ、尼善光《ぜんこう》・信勝《しんしょう》の寄進にかかる乾漆《かんしつ》造の像高三丈の如意輪観音《にょいりんかんのん》・虚空蔵菩薩《こくうぞうぼさつ》の両脇侍像を安置し、天平勝宝四年四月九日に「仏法東帰、斎会之儀、未㆔嘗有㆓如㆑此之盛㆒」(『続日本紀』)といわれた盛大な大仏開眼供養会《だいぶつかいげんくようえ》が行われた。開眼師には聖武太上天皇(天平勝宝元年七月に譲位)に代わって印度僧の波羅門菩提僊那《ばらもんぼだいせんな》、華厳経講師には隆《りゅう》尊《そん》、読師には延福《えんふく》、呪願《じゅがん》師には唐僧の道璿《どうせん》が、また、すでに物故していた行基に代わって高弟の景静《けいせい》が都講に起用された。さらに、翌十日には聖武太上天皇の生母である藤原宮子が大仏殿に詣で、種々の楽を奉納供養した。工事に名をとどめた官人としては、造東大寺司長官の市原王《いちはらおう》や、後年、「東大の居士」と称された佐伯今毛人《さえきのいまえみし》、工匠の大仏師国中公麻呂《くになかのきみまろ》・仏師李田次麻呂・大鋳師高市《たけち》大国・同柿本《かきのもと》男玉・大工猪名部《いなべ》百世・同益田縄手《ますだのなわて》らがおり、公民の力役奉仕や資財など知識物を提供した人々は多数に及んだことが「造寺材木知識記」(『東大寺要録』二、『二月堂修中過去帳』)や『続日本紀』によって判明する。金鐘寺以来、当寺の創建に尽力した良弁《ろうべん》は、この供養会の翌五月に東大寺別当に補任され、諸大寺別当職の先例を開いた。また、西塔・講堂・三面僧坊・東塔などの諸堂が造営され、鑑真一行の来朝による戒壇院《かいだんいん》、百万小塔を収納した東西小塔院なども建立された。造営を担当した造東大寺司は延暦八年(七八九)三月に廃止されたが、その機構は縮小されて造寺所となり、時には修理所とも称され、堂塔の修理や新建の堂舎に専従した。東大寺の創建は国費を投入したものであっただけに、民衆生活を圧迫し、律令制の衰退を早めた反面、国際色豊かな天平文

化の昇華ともなった。

　平安時代になると、大仏の背面腰部に亀裂が生じ、天長四年(八二七)四月に太政官《だじょうかん》の査定により仏後山を築いてその傾斜を防ぎ、また、斉衡二年(八五五)五月には地震で大仏の頭部が落下したが、真如《しんにょ》(高丘《たかおか》親王)を検校《けんぎょう》として貞観三年(八六一)三月に修理が完成し、盛大な開眼供養会が営まれた。そのほか、延喜十七年(九一七)十二月の講堂・僧坊、承平四年(九三四)十月の西塔、天暦八年(九五四)の吉祥堂の焼失など続出したが、一方、営繕機関である造東大寺所などの手で再興修理が進められた。弘仁十三年(八二二)二月空海の提唱により、灌頂《かんじょう》道場として真言院が創建され、以後、南都仏教界に大きな影響を与えたのをはじめとし、聖《しょう》宝《ぼう》と道義《どうぎ》とによる三論・真言兼学の東南院《とうなんいん》、光智《こうち》による華厳・真言兼学の尊勝院《そんじょういん》のほか、北阿弥陀堂・念仏院・正法院・開山堂・知足院などが新建された。平安時代の学僧としては、明一《みょういつ》・道雄《どうおう》・円超《えんちょう》・延俶《えんじょう》・法蔵《ほうぞう》・観理《かんり》・光智・平崇《へいすう》・永観《ようかん》・有慶《ゆうぎょう》・覚樹《かくじゅ》・顕恵《けんね》らが著名である。治承四年(一一八〇)十二月平重衡《たいらのしげひら》の兵火で、奈良時代以降の諸堂・坊舎は法華堂や二月堂などをのこしてほとんど類焼し、その再興があやぶまれたが、俊乗房重源《しゅんじょうぼうちょうげん》が翌養和元年(一一八一)八月宣旨をうけて造東大寺勧進となり、復興にあたった。後白河法皇・九条兼実《くじょうかねざね》をはじめとする貴賤の援助と、宋人の陳和卿《ちんなけい》らの協力を得て、文治元年(一一八五)八月大仏開眼供養会が行われ、さらに鎌倉幕府将軍源頼朝を頂点とする武家などの助力により、建久六年(一一九五)三月大仏殿落慶供養会が行われた。この時、頼朝は夫人北条政子とともに数万の軍兵を従えて落慶供養に臨んだことは、『吾妻鏡』や『平家物語』などでよく知られている。大仏殿内の両脇侍・四天王像、南大門および二王像、大仏殿中門の二天像などは南都仏師の起用によって造像が行われ、大仏殿内の石像の両脇侍像や中門の石造獅子などは、宋人伊行末《いぎょうまつ》一門の石工の手で完成

し、建仁三年（一二〇三）十一月に大仏殿で諸仏供養会が催された。重源のあと、勧進上人には栄西《えいさい》・行勇《ぎょうゆう》らが任命されて復興が行われ、国分門・東塔・戒壇院三面僧坊・鎮守八幡宮などが再建された。しかし、東塔は貞治元年（一三六二）、戒壇院は文安三年（一四四六）、講堂・僧坊は永正五年（一五〇八）に至って炎上し、戒壇院のみをのこし他は再建できず、子院の建立を促すことになった。永禄十年（一五六七）十月三好《みよし》三人衆と松永久秀《まつながひさひで》との兵火で、戒壇院・大仏殿をはじめ諸堂舎が焼亡し、大勧進祐全《ゆうぜん》・清玉《せいぎょく》上人らの奔走にもかかわらず、再興は兵馬倥偬の時代にあって遅々として進捗せず、江戸時代に及んだ。この間、鎌倉時代以降の伽藍復興とともに多くの学僧が輩出したが、中でも弁暁《べんぎょう》・尊玄《そんげん》・宗性《そうしょう》・円照《えんしょう》・凝然《ぎょうねん》・禅爾《ぜんに》・覚聖《かくせい》・志玉《しぎょく》・英憲《えいけん》らが著名である。近世になり、徳川家康は大仏殿再建に積極的であったが、死去によって実現せず、寛文七年（一六六七）二月の二月堂炎上による再建は、江戸幕府の助援により同九年正月に行われた。貞享元年（一六八四）に竜松院公慶《りゅうしょういんこうけい》は大仏殿再興の訴願を幕府に提出して宿願を訴えた。同年五月に幕府の許可が下されるに及んで、行基・重源の先例にならって畿内を勧進し、大仏頭部の新鋳や修理を施して元禄五年（一六九二）三月に盛大な大仏開眼供養会を行い、続いて大仏殿復興にかかり、鎌倉再建の際、重源が発案した大仏様により再建した。しかし、経済的理由と大木入手の困難から、十一間と七間の規模をもった奈良・鎌倉両時代の旧態に復興することはできず、七間と七間の規模に縮小をよぎなくされ、宝永六年（一七〇九）三月に落慶供養会が行われた。その後、さらに大仏光背・大仏殿廻廊・同中門・大仏両脇侍などの再興が続行され、幕末に至った。明治維新の廃仏毀釈《はいぶつきしゃく》は全国の寺々に深刻な動揺を与え、廃藩置県による寺領の消滅と境内地の上地は、東大寺の維持運営にいく度かの危機をもたらした。明治八年（一八七五）北林院など八ヵ院を取り壊し、

同十一年には惣持院の建物・建具を売却するなどのことがあった。また大仏会を組織して、屋根の傾斜のはなはだしい大仏殿の緊急修理を政府に訴願したが、軌道に乗ったのは日清・日露の両戦争終結後で、解体修理を終えて明治四十四年五月に上棟式を行い、大正四年(一九一五)五月に落慶供養会を執行した。昭和に入り、南大門・転害門などの解体修理、大仏殿廻廊・法華堂手水屋・大鐘楼の修理を経て、昭和五十五年十月大仏殿屋根瓦葺替え工事を終了し、落慶法要が行われた。

参考文献　『七大寺巡礼私記』(『校刊美術史料』寺院篇上)、筒井英俊校訂『東大寺要録』、『東大寺続要録』、『東大寺造立供養記』(『大日本仏教全書』東大寺叢書一)、『奈良六大寺大観』九―一一、福山敏男『奈良朝の東大寺』、大屋徳城『東大寺史』、太田博太郎『南都七大寺の歴史と年表』

(堀池　春峰)

建築　天平の創建後、治承四年(一一八〇)と永禄十年(一五六七)との兵火で伽藍は全焼したが、鎌倉時代初期の再建にあたっては旧基を踏襲したので、『正倉院文書』『七大寺巡礼私記』『東大寺要録』などの古代の文献だけでなく、近世の史料も復原の資料とすることができる。発掘はごく一部しか行われていないが、大仏殿院の一郭の復原は誤りないものと認められる。寺地は広大で、南と西・北に築地をめぐらし、南面と西面にはおのおの三つの門を開く。東は山地なので築地はない。南大門を入ると、左右に廻廊を持った東・西両塔院があり、それぞれ一〇〇メートルの七重塔を建てる。大仏殿(金堂)は周囲に複廊をめぐらし、南・北に中門を開き、大仏殿とは軒廊で連絡する。その北面に講堂があり、前方に鐘楼・経楼を建て、東・北・西には大房と小子房とからなる三面僧房がある。食堂院は講堂の東方にあって、一院を形成する。東方の山地には羂索院《けんさく》などが、大仏殿の西方には戒壇院が、

西北には正倉院があった。この配置は、興福寺の伽藍を一層大きくしたもので、空前絶後のものであった。現在、創建時の建物としては、転害門《てがいもん》・正倉院宝庫・法華堂正堂と校倉数棟を残すだけであるが、それらからも、規模の大きさは十分察せられる。鎌倉時代再建のものとしては、南大門・鐘楼・法華堂礼堂などがあり、元禄再建の大仏殿は、桁行を当初の七割に減じて再建されているが、木造建造物としては世界最大の規模をもつ。

参考文献 『奈良六大寺大観』九、太田博太郎『南都七大寺の歴史と年表』

(太田博太郎)

東南院 東大寺の一院で、現在の東大寺本坊。貞観十七年(八七五)聖宝が建立した薬師堂に端を発し、延喜四年(九〇四)に時の東大寺別当道義は官許を得て、大安寺の東北にあった佐伯氏の氏寺である佐伯院(香積寺《こうしやく》)を、同年七月二日夜に工夫三百余人を遣わして、東大寺南大門の東方、薬師堂のあたりに移建した。佐伯院は、造東大寺司次官・長官となった佐伯今毛人が兄の真守とともに、大安寺地を購入して宝亀七年(七七六)に建立した氏寺で、衰微していたとはいえ、この暴挙に対して一族より非難されたが、聖宝と弟子の観賢《かんげん》に付属することで事件は一応落着した。大仏殿・真言院の東南、南大門の東方に位置するところから東南院と称し、三論・真言兼学の一院として発足した。延喜四年ごろの当院は丈六薬師如来を本尊とし、日光・月光の脇侍像や十二神将像のほか、十一面観音像を安置した五間の檜皮葺薬師堂と房舎・院主坊が建ち、宇多天皇より聖宝に下賜された五獅子如意が当院相伝の重宝として保管された。延久三年(一〇七一)に東南院主は三論宗長者を兼ねることになり、元興寺・大安寺の三論宗をも摂収し、両寺の法文や三論供関係文書・聖教なども東南院に移され、ここに当院は三論宗の本所となり、院家として寺内に重きをなした。寛治二年(一〇八八)二月白河上皇の高野山参詣に

御所となって以降南都行幸などには、上皇・天皇の御所となり、南都御所とも称されるに至った。治承四年(一一八〇)十二月の兵火で炎上したが、建久元年(一一九〇)十月院主勝賢《しょうけん》により再興され、後白河法皇の御所となったし、さらに建久六年三月の大仏殿落慶供養会には源頼朝の宿所にも充てられた。正安二年(一三〇〇)九月に当院修理のため美濃国大井《おおい》荘を十五ヵ年造営料として、さらに元亨元年(一三二一)にも兵庫関の目銭《めせん》の一部が修造に充当された。元弘三年(一三三三)八月、後醍醐天皇は院主聖尋《しょうじん》をたのみ潜幸し、討幕の計を議したが、寺内の衆議は不調に終り、聖尋らの手兵に護られ、末寺の鷲峯山《しゅうほうさん》に、さらに笠置《かさぎ》寺へと移った。文明年間(一四六九—八七)ごろには衰微はなはだしく、「東南院之家無二正体一」(『多聞院日記』文明十六年十二月二十日条)とさえいわれ、永禄十年(一五六七)十月には松永・三好の兵火で炎上し、薬師堂と鎮守二荒《ふたら》権現社《ごんげんしゃ》などを残し、田畑と化した。元禄十五年(一七〇二)十月勧進上人公慶は東南院家の再興のため東照権現宮・宸殿《しんでん》などを造建し、正徳四年(一七一四)七月に油倉の校倉を当院庭上に移して経蔵とした。今日、東南院経庫とよばれるものである。その後、宝暦十二年(一七六二)二月の奈良北焼けの大火で類焼したが、翌年九月に宸殿などは再建された。明治十年(一八七七)二月に明治天皇の行在所となり、正倉院の蘭奢待《らんじゃたい》を御座所にて截香した。創建以来、醍醐寺との関係が緊密で、東南院主を兼職する醍醐寺僧や、醍醐寺座主を兼ねる当院主が多かった。その法脈は『東南院院主次第』や『東大寺別当次第』などで判明するが、観理・澄心《ちょうしん》・済慶《さいぎょう》・覚樹・恵珍《えちん》・勝賢・覚澄《かくちょう》・聖忠《しょうちゅう》・聖珍《しょうちん》らは著名な学僧であった。また、当院家の所領は九ヵ国、二十八ヵ所に散在したほか、播磨国大部《おおべ》荘や同国浄土寺なども重源の寄進により管領し、尊勝院とともに東大寺の最有力門跡寺院であった。

参考文献　『東大寺続要録』

尊勝院

転害門の東北にあった華厳・真言二宗兼学の東大寺院家。室町時代末に廃絶して惣持院となり、明治十一年(一八七八)七月に建物は奈良町に売却され、鼓阪《つざか》小学校となった。天暦四年(九五〇)五月に東大寺別当になった光智は華厳教学の復興を考え、同九年十二月に村上天皇の勅を蒙って当院を創建し、華厳宗専攻僧十人を置き、応和元年(九六一)三月に御願寺に指定された。同年三月四日の官符(『東大寺続要録』諸院篇)によると、五間四面の檜皮葺本堂と十三間の僧坊よりなり、本尊は丈六の毘盧舎那仏で、仏頂尊勝如来や釈迦如来・薬師如来・十一面観音像など十三体の諸仏像が安置され、大和国より常燈仏供料として毎年稲五千束が寄せられた。康保四年(九六七)七月、院主光智も大和・山城両国に散在する諸荘田地を寄進し、華厳宗の本所として学僧の育成を計り、東南院家とともに東大寺を二分する院家となった。寛弘五年(一〇〇八)六月に仏像をのこして堂舎は焼失し、長元八年(一〇三五)に再建されたが、治承四年(一一八〇)十二月の兵火で再び類焼し、第十三代院主弁暁の手により正治二年(一二〇〇)十月に復旧をみた。今日、正倉院境内に移されている「聖語蔵」と称する経蔵は弁暁再興期のもので、隋経・唐経など多数の聖教を収納しているが、応永三十三年(一四二六)正月に興福寺六方衆の略奪にあった。当院家からは景雅《けいが》・弁暁・尊玄・明恵《みょうえ》・宗性・光暁《こうぎょう》・聖禅《しょうぜん》・覚聖らの学僧が多く輩出した。

参考文献 『東大寺尊勝院院主次第』(『大日本仏教全書』東大寺叢書二)、『東大寺尊勝院記附録』(同)

戒壇院

大仏殿の西方約一五〇メートル《メー トル》にある。天平勝宝六年(七五四)二月に平城京に入った伝戒師鑑真一行は東大寺客堂(唐禅院)に止住し、同年四月と翌七歳にわたり、大仏殿前庭に仮設の戒壇を設けて、聖武太上天皇・光明皇太后・孝謙天皇をはじめ、四百四十人余に授戒した。常設の授戒の道場として設けら

れたのが戒壇院で、『東大寺要録』四では同六年五月の宣旨で創建を始め、翌七歳十月十三日に落慶供養を行なったと記しているし、正倉院宝物の磁皿には「戒堂院聖僧供養盤天平勝宝七歳七月十九日」の墨書がある。一方、同八歳六月の「東大寺山堺四至図」には大仏殿西方に一区画を描き、「戒壇院」と記しているが、建物の描写はない。授戒堂は創建されていたが、未だ講堂・僧坊などの伽藍が整備されていなかったためであろう。戒壇院の創建は奈良時代仏教に点睛を加えたもので、平安時代初期に叡山の大乗戒壇院が建立されたのちも、南都六宗・真言宗僧が登壇授戒し、授戒は中央の戒壇として、三師七証の十僧により、春・秋の二回にわたり行われた。戒壇院は南から中門、金堂にあたる戒壇堂、講堂、三面僧坊や廻廊などよりなり、戒壇堂の壇上中央には六重の塔形を安置し、壇上四隅には金銅の四天王像や『華厳経』三部を入れた絵厨子が安置されていた。天喜四年(一〇五六)以降しばしば修理されたが、治承四年(一一八〇)十二月の兵火で全焼し、跡には三重の土壇と礎石をとどめるばかりであった。建久八年(一一九七)八月に戒壇堂が再建され、以後、西迎房蓮実《さいごうぼうれんじつ》・興福寺良詮《りょうぜん》や円照らの努力で旧状に復したのは建長年間(一二四九―五六)末ごろであった。僧坊の復旧により律僧の止住するものも多くなり、円照の門下からは凝然・禅爾らの学僧が輩出するに至った。その後、文安三年(一四四六)正月に全焼し、志《し》玉《ぎょく》や勧進僧識舜房《しきしゅんぼう》や室町幕府の助援で再建されたが、永禄十年(一五六七)十月に三好・松永の兵火で罹災し、以後の復旧は遅々として進まず、文禄三年(一五九四)に大和国郡山城主羽柴秀長《はしばひでなが》の後室の寄捨で仮堂の戒壇堂の瓦葺きが行われ、享保十八年(一七三三)二月に江戸霊雲寺《れいうんじ》の恵光《えこう》長老により戒壇堂が復旧され、壇上には木造多宝塔と、中門堂より移した塑像四天王とを安置した。鑑真和上千年忌を迎え、戒壇院性善は『唐鑑真過海大師東征伝』を、諸本を校合して宝暦十二年

(一七六二)に開板した。現在、慶長十年(一六〇五)九月に再建された千手堂と、嘉永五年(一八五二)に建築された客殿が戒壇堂の西方にあるが、千手堂は平成十年(一九九八)五月に半焼し、往年の面影を伝えるものは僅少である。

参考文献　筒井英俊校訂『東大寺要録』、『慧光長老戒壇院興隆録』(東大寺図書館所蔵)、福山敏男『奈良朝の東大寺』、村田次郎「戒壇小考」(『仏教芸術』五〇)

法華堂　大仏殿の東方、標高一三二《メートル》の高地にある。本尊は不空羂索観音《ふくうけんさくかんのん》像であるところから、羂索堂と称され、また法華会が恒例化して三月に行われたために、法華堂・三月堂とも称されるに至った。『東大寺要録』など寺伝では当堂を金鐘寺とし、天平五年(七三三)の創建とするが、天平十九年正月の「金光明寺造物所解」(『正倉院文書』)、天平勝宝元年(七四九)七月の「一切経散帳」(同)などにみえる羂索観音造像に関する記載や、羂索堂名の初見から、天平二十年ごろの創建とみられる。第二次世界大戦後、法華堂屋根地などの修理に際し、山城国分寺金堂跡(恭仁《くに》宮大極殿跡)より出土したのと同種の文字瓦が多数発見され、法華堂の建立に新たな傍証が与えられた。創建後、法華会や華厳経講説が創始、あるいは金鐘寺より引き継がれ、また光仁天皇の皇子早良《さわら》親王が当堂の僧坊に一時止住するなど、東大寺建立後も寺内にあって重要な一院として崇敬された。平安時代には阿弥陀堂・薬師堂の雑物類が羂索院双倉に移され、さらに天暦四年(九五〇)に双倉破損により正倉院に移納された。尊勝院の創建後は、二月堂とともにその支配下に置かれた。長承元年(一一三二)以前に当堂の供僧は法華堂衆として編成されたもののようで、持戒を旨として千日の回峰行などを行い、中門堂衆とともに堂衆(方)の根幹となった。今日、扉の付柱その他にある「始自長承元年十一月廿八日千日不断花也」などの彫銘落書きは、回

峰に伴う供花の一斑を示したもので、中世では「当行」とも称された。久安四年(一一四八)二月に礼堂と本堂とに改修が加えられ、別当寛信《かんしん》の命で僧珍海《ちんかい》が「法華堂根本曼荼羅」(現ボストン美術館所蔵)に修覆を加えた。治承四年(一一八〇)の兵火では幸に罹災を逸れたために、諸仏事は主として当堂で行われ、正治元年(一一九九)重源配下の信阿弥陀仏《しんあみだぶつ》の手で修覆改造が行われた。建長六年(一二五四)十月には宋人の石工、伊行末が礼堂正面の庭上に石燈籠(重要文化財)を奉納し、文永元年(一二六四)四月、弘安七年(一二八四)、建武二年(一三三五)四月などに修理を重ねた。近世に至っても再三にわたり小修理が加えられたが、さらに明治三十二年(一八九九)二月より同三十六年五月にかけて、古社寺保存法により大修理が施され、また本尊の宝冠をはじめ、諸仏にも美術院の手で修補が行われた。現在、本堂内には本尊不空羂索観世音像、梵天《ぼんてん》・帝釈天《たいしゃくてん》像、金剛力士像、四天王像の九体の乾漆像をはじめ、創建以来、罹災を免れたために、他堂より移された塑像の日光《にっこう》・月光《がっこう》像、執金剛神《しっこんごうしん》像、吉祥・弁財天女像の八世紀の諸仏や、木造弥勒菩薩坐像・同地蔵菩薩坐像・同不動明王二童子像が安置され、それぞれ国宝・重要文化財に指定されている。

参考文献 筒井英俊校訂『東大寺要録』、近畿日本鉄道編纂室編『東大寺法華堂の研究』、奈良県文化財保存事務所編『国宝東大寺法華堂修理工事報告』、堀池春峰「金鐘寺私考」(『南都仏教史の研究』上所収)、伊藤延男「法華堂」(『奈良六大寺大観』九所収)、西川新次「東大寺の草創と法華堂の諸仏」(同一〇所収)、栗原武平編「法華堂棟札」(『寧楽』一四)

(堀池 春峰)

法華堂は、『正倉院文書』の天平勝宝元年(七四九)の文書に羂索堂の名がみえるから、これ以前の創建であることは疑いないが、造立年次は天平十年(七三八)から同二十年までの諸説があり、決定できない。桁行

五間・梁行四間、寄棟造、本瓦葺の正堂と、桁行五間、檜皮葺の礼堂とから成る双堂であったが、正治元年(一一九九)礼堂を寄棟造、本瓦葺に改築し、さらに両堂を直角に棟を持つ屋根で繋ぎ、一体とした。正堂は、床張りが土間になった以外は奈良時代のままで、礼堂は大仏様によりながらも正堂に調和するよう、和様的色彩が濃い。なお、礼堂の改築を文永年間(一二六四―七五)とする説もある。国宝。

参考文献 太田博太郎編『日本建築史基礎資料集成』四

(太田博太郎)

二月堂 大仏殿東方にある懸崖造りの堂。西面して建つ。もと羂索院(法華堂)内の一堂で、『東大寺要録』には「三間二面庇瓦葺二月堂一宇」とある。その創建に関して『東大寺要録』など寺伝では、十一面悔過《けか》会との関連から天平勝宝四年(七五二)とするが、同八歳の「東大寺山堺四至図」には当堂は描かれておらず、これ以後の創建と認められ、『延喜式』主税上の観音堂が当堂にあたるものと思われる。悔過会が恒例化して、毎年二月一日(旧暦)より二十七日夜の間行われるに至って二月堂の名でよばれたことは、『寛平年中日記』(『東大寺要録』五)の年中節会支度によって窺知し得る。この悔過会は「実忠二十九箇条」に実忠《じっちゅう》が天平勝宝四年より奉仕した旨を明記しているが、当堂がこの年に創建されたことには全く触れられておらず、実忠の十一面悔過会奉仕は、このころ存在した紫微《しび》中台《ちゅうだい》の十一面悔過所をさすものであろう。『正倉院文書』の宝亀四年(七七三)正月の「倉代西端雑物下用帳」には、造東大寺司より緋端畳・絁紺帳を十一面悔過衆僧座料として貸与され、実忠の使僧に渡されており、このころには該悔過会は東大寺で行われていたことと、二月堂が寺内に創建されていたことを示唆するから、光明皇太后の没後に御願経(『五月一日経』)が如法堂に移されたように、紫微中台の十一面悔過所が移建され、悔過会も引続き行われたらしい。天

暦四年（九五〇）五月に東大寺別当に補任された光智は、御願所尊勝院を創建して華厳宗の本所としたが、三月堂とともに二月堂を管領し、以後、尊勝院家の支配するところとなった。十一面悔過会（修二会）の恒例化とともに平安時代は貴賤道俗の信仰が高まり、治承四年（一一八〇）の兵火をまぬがれて、建永元年（一二〇六）正月に修理供養が行われた。悔過会中は再三にわたり燈明などの失火で出火し、寛文七年（一六六七）に炎上、焼跡より紺紙銀字『華厳経』（二月堂焼経）や弘仁九年（八一八）の「酒人内親王施入状」（『東南院文書』）などが発見された。江戸幕府では東大寺の再興祈願により寛文七年九月公方大工鈴木与次郎を派遣し、同九年十二月に再興したのが、現在の桁行十間・梁間七間の寄棟造り、本瓦葺の堂である。重要文化財に指定。

参考文献　筒井英俊校訂『東大寺要録』、福山敏男『奈良朝の東大寺』、堀池春峰「二月堂修二会と観音信仰」（『南都仏教史の研究』上所収）、山岸常人「二月堂建築空間の変遷とその意義」（『南都仏教』四八）

四月堂　法華堂（三月堂）の西方にある桁行三間・梁間三間の二重寄棟造り、本瓦葺の堂。東面して建つ。三昧《さんまい》堂・普賢《ふげん》堂とも称す。現在、本尊は像高二・六六メートルの平安時代初期の木造千手観音立像であるが、三昧堂・普賢堂と称されたごとく、平安時代末期の阿弥陀如来坐像・普賢菩薩像が伝存する。『東大寺要録』『東大寺別当次第』によると、治安元年（一〇二一）に僧仁仙《にんせん》と助慶《じょけい》との協力で僧坊とともに創建され、法華三昧と夏中百日講を行うため六人の僧が止住したという。治承四年（一一八〇）十二月の兵火では罹災を免れ、弘安六年（一二八三）に修理された。江戸時代初期の「寺中寺外物絵図」によると、「普賢堂　東西七間半　南北六間」との墨書注記があり、現在の当堂とは相違がみられる。天和元年（一六八一）四月より大規模な修理が開始され、元禄十六年（一七〇三）九月に、宝形造りであったものが現在の寄棟造りの姿に改

東大寺の建築

大仏殿燈籠

開山堂内陣

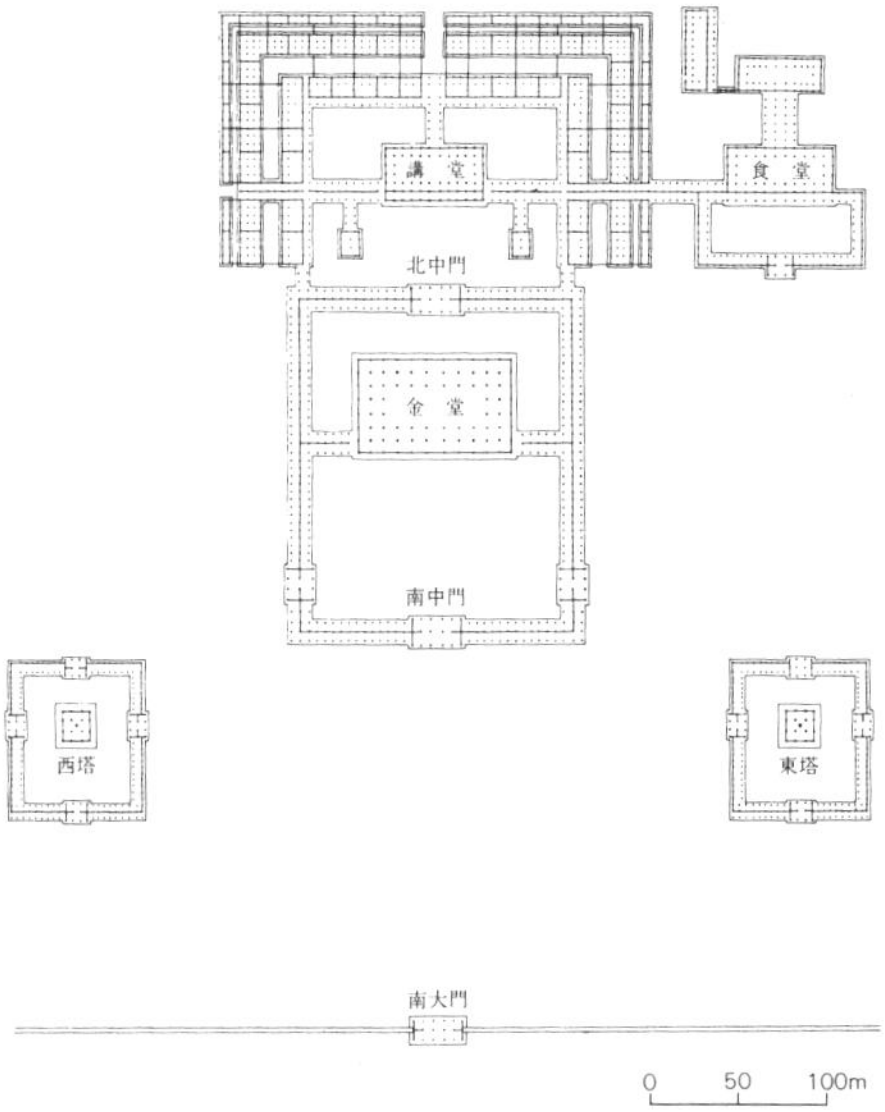

東大寺伽藍復元図

法 華 堂

転 害 門

大仏殿

二　月　堂

本坊経庫

鐘　楼

南　大　門

造され、さらに天明三年(一七八三)、明治三十六年(一九〇三)に修理が、昭和四十二年(一九六七)には解体修理が行われた。なお、永禄十年(一五六七)十月の三好・松永の兵火で、大仏殿西方にあった中門堂が炎上したため、以後、本堂は堂方(堂衆)の中門堂衆の支配するところとなり、明治初年に及んだ。重要文化財に指定。

参考文献 筒井英俊校訂『東大寺要録』、『東大寺年中行事記録』(東大寺所蔵)、奈良県文化財保存事務所編『重要文化財東大寺三昧堂修理工事報告書』

(堀池 春峰)

大仏殿 天平創立の大仏殿は桁行七間・梁行三間の母屋の四周に庇《ひさし》をめぐらし、さらに裳階《もこし》をつけたもので、屋根は寄棟造で、裳階屋根の中央七間を一段切り上げ、全高約十五丈であった。鎌倉時代初期再建の時の平面は創建の規模を踏襲しているが、『行基菩薩行状絵伝』にみられるように、大仏様によるものであった。江戸時代の再建は元禄元年(一六八八)に始められ、創建の規模のまま造ろうとしたが、費用が足りないので、母屋桁行を三間に縮小し、これに庇・裳階を加えたものにしたが、高さは大仏を覆うため、ほぼ当初のままとし、宝永六年(一七〇九)完成した。様式は鎌倉再建の大仏様を採り、正面の裳階屋根に唐破風をつける。これはおそらく、鎌倉再建時にも裳階の中央を切り上げていたからであろう。桁行を減じたため、正面の形を損じ、細部は江戸時代の拙い形になっているが、その壮大さは創建時の大仏殿を偲ばせるものがある。国宝。

参考文献 『奈良六大寺大観』九、大岡実『南都七大寺の研究』、『国宝東大寺金堂修理工事報告書』

(太田博太郎)

大仏殿燈籠 大仏殿の正面に据えられた金銅製燈籠。製作年代は明らかでないが、大仏開眼の天平勝宝四年(七五二)ごろに造立されたものと考えら

れる。上から宝珠・笠・火袋・中台・竿・基台と構成されるが、治承四年(一一八〇)、永禄十年(一五六七)の二度の兵火や経年のため、欠損や修補された部分があり、宝珠にはそれよりさき、康和三年(一一〇一)、別当永観による修理の銘文がある。当初の様相をよく残すのは火袋から竿までで、火袋は八角形に作り、両面開きの扉と羽目板とを交互に嵌め、扉面は斜格子透地に四頭の獅子を半肉に鋳出し、中央に鏁子《さし》をつけ、羽目板は同じく斜格子地に、それぞれ笙《しょう》・横笛・鈸子・尺八を奏でる音声菩薩を半肉であらわし、周りに宝相華を散らしている。また、中台の側面には魚子地に唐草文と飛天とを線刻し、竿には然燈の供徳を説いた経文を線刻している。東大寺大仏の供養にふさわしい大型の作(総高四六二センチ)であるが、火袋部を大きく作った形姿はバランスがよく、また菩薩の豊麗、リズミカルな姿態など、天平期のおおらかな気風をよく示している。奈良時代金工品の代表的名品であり、金銅製燈籠としても最古の遺例である。国宝に指定。

参考文献 『奈良六大寺大観』九、外山英策「東大寺大仏殿の前庭と金銅燈籠」(『国華』七二九)

(原田　一敏)

南大門 天平創立の南大門は『東大寺要録』などによると、応和二年(九六二)と永祚元年(九八九)とに倒れ、応保元年(一一六一)に再建されている。治承四年(一一八〇)の兵火で焼けたかどうか明らかでないが、現在の建物は旧礎石を用い、旧規によって再建し、正治元年(一一九九)に上棟されたものである。長大な柱を用い、挿肘木《さしひじき》を重ねた、他に類のない形式の門で、貫を多く用いて軸部を固め、断面円形の虹梁《こうりょう》をわたし、六手先《むてさき》の挿肘木と遊離尾垂木《ゆうりおだるき》とで軒を支え、隅の垂木を放射状にし、斗は皿斗付きで鬼斗はなく、軒先に鼻隠板を打つなど、重源将来の大仏様の手法によっている。しかし、斗の並びが上下揃い、架構は二重虹梁の一変形であることなど、和様的要素も

みられ、鎌倉時代再建の大仏殿も同様であったものと考えられる。国宝に指定。なお、左右両脇の間に金剛力士像が置かれている。

参考文献 岸熊吉『東大寺南大門史及昭和修理要録』、『奈良六大寺大観』九、太田博太郎『社寺建築の研究』(『日本建築史論集』三)

転害門 西面大垣に開く三つの門のうち、一番北の門で、天平勝宝八歳(七五六)の「東大寺山堺四至図」には佐保路門と書かれているが、今は転害門とよばれている。東大寺鎮守八幡宮(手向山《たむけやま》神社)の転害(碾磑)会の時、ここに神輿を安置したことから起った名であろう。三間一戸、切妻造、本瓦葺の門で、治承四年(一一八〇)、永禄十年(一五六七)の兵火にも焼け残った建物である。大伽藍東大寺の門であるだけに、桁行は五十六奈良尺という大きなもので、天平創立の東大寺の豪壮さを偲ばせるものがある。鎌倉時代初期に三斗組を出組とし、大仏様木鼻を持った通肘木を加えているが、虹梁・蟇股《かえるまた》や円い地垂木などに天平の様式を見ることができる。国宝に指定。

参考文献 『奈良六大寺大観』九

本坊経庫 桁行三間・梁行二間、寄棟造、本瓦葺の校《あぜ》倉《くら》で、もと食堂跡の北方、油倉の一郭にあったものを、正徳四年(一七一四)東南院に移建したものである。油倉にはこのほか数棟の校倉があり、現存する法華堂経庫・勧進所経庫・手向山神社宝庫(いずれも重要文化財)がこれにあたる。この経庫は一軒、円垂木で、奈良時代の一般的な校倉である。国宝。

参考文献 『重要文化財東大寺法華堂経庫修理工事報告書』、『重要文化財東大寺本坊経庫修理工事報告書』、『重要文化財東大寺勧進所経庫修理工事報告書』

開山堂 開山僧正とよばれる良弁を祀った堂。法華堂の西、築地のうちにある。『東大寺要録』四に寛仁三年(一〇一九)はじめて僧正の御忌日を行うと記され、この時、像とともに創立されたのであろう。

治承四年(一一八〇)の兵火には焼け残ったが、『東大寺別当次第』によると、正治二年(一二〇〇)に造立されている。その時は別所にあったが、建長二年(一二五〇)現在地に移された。一間四面堂であるが、母屋と庇は様式が全く違い、正治再建の時は方一間の小堂であったのを、建長移建時に庇を付けたと認められる。母屋は正面に桟唐戸を釣り、三方は板壁で円柱上に大仏様三手先を組み、中備は双斗蟇股、木鼻には大仏様繰形が付き、斗には皿斗があり、隅に鬼斗を用いない。これらは重源が将来した大仏様によるもので、南大門より大仏様の特色が多く表われている。国宝。

参考文献　奈良県文化財保存事務所編『国宝東大寺開山堂修理工事報告書』、『奈良六大寺大観』九、太田博太郎『社寺建築の研究』(『日本建築史論集』三)

鐘楼　講堂前方の鐘楼とは別に、東の岡上に鐘堂とよばれるものがあった。現存の鐘(国宝)は、様式と大きさが、『諸寺縁起集』に天平勝宝四年(七五二)鋳造と記すものに該当するので、鐘楼も同時に建立されたものと思われる。治承四年(一一八〇)の兵火には焼け残ったが、栄西の『入唐縁起』に「上人(重源)未作事都造畢、剰鐘楼造畢」とあるから、第二代大勧進栄西(建保三年(一二一五)没)の造立であることがわかる。現鐘楼は方一間、吹放し、入母屋造、本瓦葺で、大鐘を釣るにふさわしい豪快な構架を持ち、太い円い虹梁、繰形付きの蟇股・木鼻などに大仏様の特色を示し、組物は禅宗様に似た四手先の変わったもので、大仏様を基にしながら、禅宗様の細部を採り入れた、他に類のないものである。この様式は禅宗を伝えた栄西によるものと考えられ、彼が建てた建仁寺の様式もこれから類推されよう。国宝。

参考文献　奈良県文化財保存事務所編『国宝東大寺鐘楼修理工事報告書』、『奈良六大寺大観』九、太田博太郎『社寺建築の研究』(『日本建築史論集』三)

(太田博太郎)

盧舎那仏像

銅造、鍍金。一四七三センチ。金堂（大仏殿）安置。一般に「奈良の大仏」ともいわれる。『華厳経』に説く蓮華蔵世界の教主で釈迦の本仏にあたる盧舎那仏の巨像を、総国分寺東大寺の本尊とする発想は、本体の鋳造を終えた翌々月に橘諸兄《たちばなのもろえ》が鎮守の八幡神に奉った詔によれば、天平十二年（七四〇）聖武天皇が河内国の智識寺の盧舎那仏を拝したことにあるが（『続日本紀』）、この年の十月八日には日本の華厳宗の宗祖である新羅の審祥《しんじょう》が、良弁に招かれて東大寺（金鐘寺）ではじめて『華厳経』を講じている（『東大寺要録』）。同十五年十月十五日大仏造立の詔を発布し、翌十六年十一月十三日近江国紫香楽の甲賀寺に大仏のための骨柱が建てられた。しかし平城還都に伴い、翌十七年地を奈良の現東大寺に移し、十九年九月に鋳造を開始した。二十六ヵ月に計八回の鋳からぐりを重ねて、天平勝宝元年（七四九）十月二十日に本体鋳了。つづいて螺髪の鋳造と鋳加とが始められ、天平勝宝三年大仏殿・螺髪《らほつ》を完成したが、鋳加作業と始められたばかりの鍍金は未完了のまま、仏教公伝（『日本書紀』）二百年目にあたる同四年の仏生日翌日の四月九日を期して開眼された。大小各十四葉よりなる蓮華座は本体よりのちの鋳造とする説もあるが、各弁に、『華厳経』よりおくれて流行した『梵網経《ぼんもうきょう》』所説の三千大千世界百億須弥図を刻入したのは開眼後で、鍍金の完了は天平宝字元年（七五七）、光背は同七年に始まって宝亀二年（七七一）に完成した。仏体の制作者として、国中公麻呂・高市大国（真国）・高市真麻呂らの名が知られる。天平時のものは仏体の左大腿部褶襞の一部と台座の蓮弁部とにすぎないが、蓮弁表面にシブ鏨によって刻入された肥痩のない流暢な毛彫りは、絵画としてもみるべき芸術性の高いもので、創建時の本尊の芸術的偉容を十分に髣髴とさせており、天平時代の彫刻絵画に通ずる特徴ある様式を示している。仏体は、残念ながら完成後まもない延暦五年（七八六）以来、た

びたび損傷を受け、現在の胴体は室町時代末、頭部は江戸時代の元禄四年(一六九一)のものである。国宝に指定。

参考文献 『奈良六大寺大観』一〇、荒木宏『技術者の見た奈良と鎌倉の大仏』、香取秀真『日本金工史』、同『続金工史談』、同「東大寺大仏に関する二つの問題」(『歴史日本』一ノ三)、家永三郎「東大寺大仏の仏身をめぐる諸問題」(『史学雑誌』四九ノ二)、前田泰次他「東大寺大仏の鋳造及び補修に関する技術的研究」(『東京芸術大学美術学部紀要』四)

不空羂索観音像 脱活乾漆造り、漆箔。三六二センチ。法華堂の本来像である九体の乾漆巨像の主尊として、内陣中央の八角二重の仏壇上に安置されている。銀の化仏をつけた豪華な銀製宝冠を頂く三目八臂像である。瓔珞《ようらく》・天衣・鹿皮の一部が欠落し、後補があるが、本体は当初以来の姿を完存している。水晶珠を手挟む合掌手のほか、左右の第二手に開敷蓮華と錫杖、左第二手に羂索《けんさく》を執るが、いずれも後補である。他は持物を失う。堂々たる威容は天平盛期の古典的美観の完成を示す。法華堂で法華会が始修されたと伝える天平十八年(七四六)三月にはできていたとする説を疑う説もあるが、『正倉院文書』には良弁所願の『法華経』二部の天平十八年三月十六日写了を記す文書をはじめ、天平二十年から翌天平勝宝元年(七四九)にかけて、羂索堂・羂索観音・羂索経の語が多くみえ、天平十八―二十年ごろの作とする説が有力である。像の作風も、大仏開眼直前の八世紀半ばの様式的特徴を示す。国宝に指定。

参考文献 『奈良六大寺大観』一〇、『奈良の寺』一五、近鉄創立五十周年記念出版編集所編『東大寺』(『近畿日本叢書』)、近畿日本鉄道編纂室編『東大寺法華堂の研究』、小林剛「東大寺三月堂の研究―不空羂索観音の造顕を中心として―」(『国華』六五四・六五五)

梵天・帝釈天像

脱活乾漆造り、彩色・漆箔。梵天像四〇二センチ、帝釈天像四〇三センチ。法華堂安置。主尊不空羂索観音の脇侍として、左に梵天、右に帝釈天を配すが、この三者の組合せは教義上の根拠はなく、像高が本尊より高いところから三体を一具とすることを疑う説があり、また寺伝とは逆に、大衣の下に着甲する方を帝釈天とする説もある。作風も本尊と個性的に異なるが、衣文の彫出は浅く控え目ながら、衣中の体軀の造形は力強く、衣褶や手の表現にはデリケートな神経が行きとどき、八角二重の框座にやや上体を傾けて立つ静かな落ち着いた姿勢、情調とともに天平時代の精神を代表するすぐれた彫像である。国宝に指定。

参考文献　『奈良六大寺大観』一〇、『奈良の寺』一五、近鉄創立五十周年記念出版編集所編『東大寺』(『近畿日本叢書』)、近畿日本鉄道編纂室編『東大寺法華堂の研究』

日光・月光像

塑造、彩色。日光像二〇七・二センチ、月光像二〇四・八センチ。法華堂安置。八角二重の仏壇上に本尊の脇侍のごとく従うが、材質も異なり、像高も著しく低く、後世、他堂より移坐された(元禄年間(一六八八―一七〇四)にはじめてここに確認される)。日光・月光と通称されるが、菩薩形ではない。力強い印象はなく、彩色が剝落して銀灰色を呈する肌色や、優しい合掌、豊麗な顔などから、優美な香気ともいうべき情調を表出して、格別の人気がある。国宝に指定。

参考文献　『奈良六大寺大観』一〇、『奈良の寺』一六

執金剛神像

塑造、彩色。一七〇・四センチ。法華堂の本尊背後の厨子に北面して安置されている。金鷲行者(良弁)の念持仏で、天平五年(七三三)の作と伝えるが、戒壇堂四天王像と同派の作で、写実の極致を示す天平塑像完成期の遺例である。良弁忌(十二月

盧舎那仏像（大仏殿）

金剛力士像（南大門）　阿形㊧と吽形㊨

多聞天像

広目天像

増長天像

持国天像

四天王像（戒壇院）

法華堂の諸仏

月光像

日光像

不空羂索観音像

金剛力士像　阿形(左)と吽形(右)

執金剛神像

帝釈天像(左)と梵天像(右)

多聞天像　広目天像　増長天像　持国天像

四　天　王　像

十六日）の開扉以外は秘仏とされ、彩色もよく残る。阿吽の二形に分かれる前の金剛力士の原形神である。天慶年間（九三八―四七）の平将門《まさかど》の乱に、髻《もとどり》の元結いの右端が蜂となって賊軍を悩ませたという伝説がある。国宝に指定。

参考文献 『奈良六大寺大観』一〇、近畿日本鉄道編纂室編『東大寺法華堂の研究』、内藤藤一郎「東大寺法華堂塑造諸仏と戒壇院四天王」（『夢殿』一六）、久野健「東大寺蔵執金剛神像解説」（『美術研究』一六六）

四天王像

〔法華堂〕脱活乾漆造り、彩色・漆箔。四軀。三〇〇～三一〇センチ。法華堂安置。堂内須弥壇上の四隅に立つ。同じ堂の金剛力士像と同派の作。広目天の右手に持つ筆と、多聞天の左掌上に置かれた小塔は欠失し、持国天のみ開口像。邪鬼は木心乾漆造り。鎧部分の文様は力士像と同じく乾漆盛上げにより、地部は漆箔地彩色で、肉身部はそれぞれ白緑・朱・肉色・白群の四色に塗り分けられている。造形は同堂の他像と比べ、やや類型的である。国宝に指定。

参考文献 『奈良六大寺大観』一〇、『奈良の寺』一五、近鉄創立五十周年記念出版編集所編『東大寺』（『近畿日本叢書』）

四天王像

〔戒壇堂〕塑造、彩色。四軀。一六〇・五～一六九・九センチ。戒壇堂安置。当初の像は天平勝宝七歳（七五五）完成の銅像。現像はのちの移入で、その時期と原所在は不詳。顔面の微妙な一凹一凸を、触知的に把握表現した力倆は劃期的なもので、法華堂の執金剛神像や日光・月光像の様式に近く、天平写実の極致を示す。前方の二天（持国天・増長天）は忿怒形、後方の二天（広目天・多聞天）は眼をひそめ、遥かを遠望する静かな相貌につくり、右手を高く上げる二天（増長・多聞）と両腕を低く構える二天（持国・広目）を対角に配置する妙を示す。国宝に指定。

参考文献 『奈良六大寺大観』一〇、『奈良の寺』一

六、東大寺編『東大寺戒壇院』、田中喜作「戒壇院四天王像に就きて」(『美術研究』一三一)、内藤藤一郎「東大寺法華堂塑造諸仏と戒壇院四天王」(『夢殿』一六)

金剛力士像 〔法華堂〕脱活乾漆造り、彩色・漆箔。二軀。阿形三二六・四センチ、吽形三〇六センチ。法華堂安置。法華堂本来の乾漆九体像のうち。力士像としては珍しい武装像で、作風は同じ堂の四天王像と同じく、像高もほぼ等しい。阿形像は怒髪(焔髪)天をつき、右手を高く上げて金剛杵(欠失)をとり、その分だけ吽形像より高い。吽形像は右手を心前に、長大な金剛杵を逆手に構える。金銀泥を用いた極彩色の細密の宝相華文がよく残る。国宝に指定。

参考文献 『奈良六大寺大観』一〇、『奈良の寺』一五、近鉄創立五十周年記念出版編集所編『東大寺』(『近畿日本叢書』)、近畿日本鉄道編纂室編『東大寺法華堂の研究』

金剛力士像 〔南大門〕木造、彩色。二軀。阿形八三六・三センチ、吽形八四二・三センチ。南大門の東西の間に、南面せず、面々相対して立つ。『東大寺別当次第』によれば、建仁三年(一二〇三)七月二十四日、大仏師運慶・快慶らが一門の仏師を率い、総勢二十人により制作を始め、同年十月三日に開眼供養をしたという。二丈七尺に及ぶわが国最大の木彫二王像を一門の分担作業により、わずか六十九日で完成している。その写実的な造形による忿怒の相貌、筋骨隆々たる体軀の表現は、よく鎌倉時代の剛健な作風を示し、この種の力士像の典型となっており、後世の力士像はすべてこの像の作風を追っている。運慶・快慶の作風を両像に見別けることはむずかしいが、運慶の主導がうかがえる。国宝に指定。

参考文献 『奈良六大寺大観』一一、『奈良の寺』一七、小林剛『仏師運慶の研究』、毛利久『仏師快慶論』、菅原安男「東大寺南大門金剛力士像とその製

作法」(『美術史』五)

(町田 甲一)

誕生釈迦像 像高四七・五センチ、大きめの誕生釈迦像《たんじようしやかぞう》で、銅造鍍金、右腕前膊の半ばより先が別鋳(後補)のほかは一鋳になる。微笑をたたえたふくよかな童顔や、肉身の溌溂とした表現は、大仏殿前の八角銅燈籠火袋に浮彫りされた音声菩薩に近く、天平期の誕生釈迦像の代表的作品である。台座を失うが、当初から一具の灌仏盤が残る。盤は径約八九センチ、銅造鍍金で、鳥獣・草花・山岳・飛雲その他の線刻文様が散らされている。国宝に指定。

参考文献 『奈良六大寺大観』一〇

良弁僧正像 東大寺創立期に活躍し、初代の東大寺別当をつとめ、宝亀四年(七七三)に八十五歳で示寂したという良弁《ろうべん》の像で、開山堂に安置される。像高九二・四センチ、檜の一木造りで彩色を施す。衣文の翻波式《ほんばしき》彫法など、構造とともに古様であるが、全体の穏やかな肉どりや、理想化された面貌表現から、『東大寺要録』四に僧正堂ではじめて良弁忌を修したという寛仁三年(一〇一九)をその製作年代と考えてよい。持物の如意は僧正遺愛の品と伝え、奈良時代の古格をそなえる。国宝に指定。

参考文献 『奈良六大寺大観』一〇

俊乗上人像 東大寺の鎌倉時代再興に勧進上人として力をつくした俊乗房重源《しゆんじようぼうちようげん》の肖像で、俊乗堂に安置される。像高八二・五センチの坐像で、寄木造り、彩色。『元亨釈書』一四に「源(重源)没して遺像を寺に置く」(原漢文)とあり、建永元年(一二〇六)六月、八十六歳で示寂してのち、間もなく造立されたものであろう。くぼんだ眼窩に左右不均衡の眼が彫られ、晩年の重源の風貌をありのままに写したものと思われるが、彫刻的巧技と相まって、像にたぐい稀な迫真性を与えている。作者は不明だが、運慶一派による製作か。国宝に指定。

参考文献 『奈良六大寺大観』一一

僧形八幡像 勧進所八幡殿に安置される。治承四年（一一八〇）の兵火後に再建された東大寺鎮守八幡宮（手向山神社）の神体として造立されたもので、像高八七・一センチ、寄木造り、彩色。像内の銘に、建仁元年（一二〇一）仏師快慶が施主となって造立し、運慶をはじめ快慶周辺の仏師二十八人が助成したことなどが記されている。古く神護寺にあった画像を忠実に写しながら、写実と形式美とをかねた快慶独特の作風を示している。国宝に指定。

参考文献 『奈良六大寺大観』一一、毛利久『仏師快慶論』、赤松俊秀「快慶作東大寺僧形八幡像に就いて」（『宝雲』二八）、青木淳「東大寺僧形八幡神像の結縁交名」（『密教図像』一二）

（水野敬三郎）

豊浦寺 とゆらでら

奈良県高市郡明日香村にあった尼寺。小墾田《おはりだ》豊浦寺とも書かれ、法号は建興寺《けんこうじ》である。『日本書紀』欽明天皇十三年十月条の仏教伝来の記事に、蘇我稲目《そがのいなめ》が百済《くだら》王送付の金銅釈迦像を自分の小墾田の家に安置し、向《むく》原《はら》の家を施入して寺（向原寺）としたとする。『元興寺《がんこうじ》伽藍縁起《がらんえんぎ》并《ならびに》流記《るき》資財帳《しざいちょう》』は仏教伝来を欽明天皇七年十二月とし、蘇我稲目の請によって、天皇が大大王（のちの推古天皇）を召して、大大王の後宮であった牟久原殿を寺とさせたとある。この寺の草創を皇室に関係させた点は、『日本書紀』が蘇我氏の寺とするのに比較して、潤色が加わっている。降って癸卯年に牟久原殿を桜井に移して桜井道場を作り始めたという（『元興

寺資財帳』)。敏達天皇十四年二月、蘇我馬子《うまこ》は大野丘の北(止由良佐岐)に塔(刹柱)を立て、舎利を塔の柱頭に納めた(『日本書紀』『元興寺資財帳』)。大野丘北の位置については、のちの豊浦寺の地、豊浦寺東仏門の所、本元興寺東仏門の所とする諸説があって、決定し難い。用明天皇乙巳年、聖徳太子の希望で、桜井道場に善信《ぜんしん》・禅蔵《ぜんぞう》・恵善《えぜん》三尼を住まわせ、桜井寺《さくらいでら》と称したという(『元興寺資財帳』)。ついで推古天皇元年(五九三)には等由良宮を寺として金堂や礼仏堂などを作り、等由良寺と名付けたという(『元興寺資財帳』)。降って舒明天皇六年(六三四)正月十五日、豊浦寺の塔の心柱を建てた(『聖徳太子伝暦』)。しかし、それ以後のこの寺の歴史は詳しくは知られず、康永三年(一三四四)に豊浦寺供養の記事をみるから、そのころまでは存続していたらしい。寛永元年(一六二四)ころに書かれた『南北二京霊地集』には「今見ルニ金堂ト塔トノ礎石ノミ残レリ、寺内皆野トナリ田園トナル」と記され、全く遺跡と化している。発掘調査によって、一辺一四メートルの塔跡の基壇や堂跡の二成基壇北縁などが見出され、豊浦寺は南北約二〇〇メートル・東西約八〇メートルの不整形の地域を占めたと推定されている。

参考文献　『古事類苑』宗教部、奈良県編『大和志料』下、保井芳太郎『大和上代寺院志』、福山敏男『日本建築史研究』、平子鐸嶺「豊浦寺考」(『国華』一七五)

(福山　敏男)

中臣寺

なかとみでら

大和国添上郡《そえかみ》にあった奈良時代の寺。別称を法光寺《ほうこうじ》といい、七世紀後半に中臣国足《なかとみのくにたり》が創建したと伝え(『尊卑分脈』)、大中臣系中臣氏の氏寺であったと考えられるが、『伊呂波字類抄《いろはじるいしょう》』には同寺が天武天皇の時に同天皇のために建てられたともいう。『正倉院文書』に天平十四年(七四二)の「中臣寺三綱解」があり、奈良時代の写経に「中臣之寺」の印のあるものが遺る(田中塊堂編『日本古写経現存目録』)。同十九年正月に中臣寺の僧慈蔵《じぞう》が中臣寺に勤務した日数を報告している文書に、丈部石床ら二十五人の舎人《とねり》がみえる。寺は三綱解にみえる出家人の本貫地「仲戸郷於美里」の近くに存在した可能性が強く、奈良県天理市中之庄《なかのしょう》町付近に比定されるが寺跡は不明。なお『三宝絵詞《さんぼうえことば》』『七大寺巡礼私記』などに、中臣寺は中臣鎌足の藤原氏改姓により、藤原寺ともいわれるようになったとあり、後世この説が広く用いられるようになった。しかし藤原寺は奈良市藤原町付近にあったとみられる別の寺で、中臣寺と同じく『正倉院文書』中に散見する。

参考文献　福山敏男『奈良朝寺院の研究』、永島福太郎『奈良』(吉川弘文館『日本歴史叢書』三)

(大矢　良哲)

奈良県護国神社

ならけんごこくじんじゃ

奈良市古市《ふるいち》町一九八四に鎮座。祭神は明治維新以来第二次世界大戦までの約百年間、国難に殉じた奈良県ゆかりの軍人・軍属・看護婦の死没者約二万九千柱を祀る。明治初年、奈良県知事が祭主となり春日神社をはじめ県下の代表神職が奉仕して、春秋二季、奈良公園において国事殉難の士の招魂慰霊祭を行なった。昭和十四年(一九三九)六月に県下ゆかりの人たちの鎮魂とその功績を後世に伝えるため、護国神社建設奉賛会が組織された。昭和十七年九月に、万葉の古地であり大和盆地を一望する現社地に社殿が竣工し、同年十月十二日奈良県護国神社と改称され、同月二十二日鎮座祭が斎行された。終戦までの祭神は三千八百二柱であったが、終戦後年を追って増加し今日に至った。第二次世界大戦後の占領下の同二十三年十二月に高円《たかまど》神社と改称したが、同二十七年旧称に復した。例祭は春季(四月十五日)・秋季(十月二十二日)。

参考文献 「護国神社」(『靖国神社百年史』資料篇下所収)

(津田　勉)

丹生川上神社

にふかわかみじんじゃ

現在、上社《かみしや》・中社・下社の三社があり、上社は奈良県吉野郡川上村迫《さこ》八六九-一に、中社は同郡東吉野村小《おむら》九六八に、下社は同郡下市町長谷《ながたに》一-一に鎮座。雨師《あめし》明神・丹生明神ともいう。三社とも旧官幣大社。上社は高龗神《たかおかみのかみ》を主神に大雷神《おおいかづちのかみ》・大山祇神《おおやまずみのかみ》を、中社は罔象女神《みずはのめのかみ》を主神に伊《い》邪奈岐《ざなぎ》命《のみこと》・伊邪奈美《いざなみ》命《のみこと》・大日孁貴《おおひるめ》命《のみこと》・八意《やい》思兼命《おもいかねのみこと》・誉田別命《ほむたわけのみこと》・大国主命《おおくにぬしのみこと》・事代主命《ことしろぬしのみこと》・海津見命《わたつみのみこと》・菅原道《すがわらのみち》真《ざね》を、下社は闇龗神《くらおかみのかみ》を祀る。創立は天武天皇四年(六七五)で大和《おおやまと》神社の別社といわれ、『類聚三代格《るいじゆさんだいきやく》』寛平七年(八九五)六月二十六日の太政官符《だじようかんぷ》に、「人声の聞こえぬ深山の吉野丹生川上にわが宮柱を立てていつきまつるなら天下のため甘雨《よき》を降らせ霖雨《あしき》を止めよう」との神告により創祀とあり、古来、祈・止雨に幣と馬を奉った。『続日本紀《しよくにほんぎ》』天平宝字七年(七六三)五月庚午条に旱天につき奉幣《ほうべい》、黒毛の馬を奉り、宝亀八年(七七七)五月癸亥・八月丙戌条に霖雨につき白毛の馬を奉るとある。延喜の制で名神大社に列して官幣《かんぺい》に預り、祈雨祭八十五座の一つとして幣のほか貴布禰《きふね》神社とともに黒毛の馬、止雨祭料にも幣に白馬一匹を加えられ大和神社神主が勅使に随って参向とある。弘仁九年(八一八)従五位下を叙されて以来、元慶元年(八七七)六月には正三位に進み、寛平九年には従二位。祈・止雨の奉幣遣使は記録上だけでも室町時代までに数十件に及んだが、以後衰微して社地の所在さえ不明となった。明治四年(一八七一)長谷の宮が官幣大社に列せられたが、寛平の太政官符に当社奉納神馬放牧の禁猟地四至を「東限塩匂、西限板波滝、南限大山峯、北限猪鼻滝」とあり、その所在から見て長谷の宮より迫の宮が、さらに中の宮が四至に合致すると考証され、大

正十一年(一九二二)三社とも当社と比定、中社が中心の社と指定された。例祭は上社が十月八日、中社が十月十六日、下社が六月一日。中社の「弘長四(文永元、一二六四)二一九」と刻銘のある石燈籠は国の重要文化財、下社の太鼓踊は下市町指定文化財。上社境内暖地性植物自生樹叢は県指定天然記念物。中社のツルマンリョウ自生地は国の天然記念物。

参考文献 谷川健一編『日本の神々』四、式内社研究会編『式内社調査報告』二　(宮坂　敏和)

上　社　奈良県吉野郡川上村迫《さこ》六六九-一に鎮座。高龗《たかおかみ》神《のかみ》を主神とし、大山祇神《おおやまずみのかみ》・大雷神《おおいかづちのかみ》を配祀する。国史に散見する丹生川上神社の上社として明治二十九年(一八九六)官幣大社となった。当社はもと、北方約五〇〇メートル下の吉野川沿い字宮《みや》の平《たいら》にあり、下流に大滝ダムを建設するため、平成十年(一九九八)三月現在地に遷座された。旧境内地は平成十五年五月水没。遷座後発掘調査が実施され宮の平遺跡と命名され、旧官幣大社直下の発掘調査という貴重な事例となった。その結果、旧本殿下最下層からは八世紀後半から九世紀にさかのぼり得る拳大の角礫《れき》や円礫が人為的に集められた集石遺構、その上層は十一世紀後半から十二世紀初頭にかけての建物を伴わない敷石遺構、さらに上層に十二世紀末から十三世紀初頭ころにかけての石垣基壇があり、その基壇上に礎石建ちの社が建立されていたことが確認され、それ以降社殿建築が続くことが判明した。なお、旧社殿は飛鳥坐《あすかにます》神社に移築されている。

参考文献 奈良県立橿原考古学研究所編『宮の平遺跡』一(『奈良県立橿原考古学研究所調査報告』八四)、橋本裕行「奈良県吉野郡川上村所在の宮の平遺跡(丹生川上神社上社旧境内地)の発掘調査について」(式内社顕彰会編『式内社のしおり』六四)

下　社　奈良県吉野郡下市町長谷《ながたに》一-一の丹生川沿いに鎮座。闇龗神《くらおかみのかみ》を祀る。下社は白井宗因《しらいそういん》が寛文十年(一六七〇)に『神社啓蒙』を著わし式内社

「丹生川上神社」を「下市之傍山中丹生村」の当社として以来、並河誠所《なみかわせいしょ》の『大和志』、度会延経《わたらいのぶつね》の『神名《じんみょう》帳考証《ちょうこうしょう》』など諸書のすべてが同神社に比定している。幕末の安政元年（一八五四）正月には二十二社の一社として孝明天皇の宣旨が下り、黒船来航にあたり国体安穏宝祚悠久を祈願し、さらに文久二年（一八六二）十月には禁裏より米三十石が奉献され、攘夷祈願を行なっている。その後明治四年（一八七一）官幣大社に列格。しかし明治七年には時の少宮司江藤正澄が、『類聚三代格《るいじゅさんだいきゃく》』にある寛平七年（八九五）の太政官符《だじょうかんぷ》の四至に下社があわないとし、現上社（同郡川上村）を比定し、明治二十九年に上社・下社となり、のちに中社（同郡東吉野村）も加わり三社とも官幣大社。例祭は六月一日で、丹生・長谷・谷の三地区が太鼓踊りを奉納する。

参考文献　式内社研究会編『式内社調査報告』二、谷川健一編『日本の神々』四　（山田　浩之）

如意輪寺　にょいりんじ

奈良県吉野郡吉野町吉野山一〇二四にある寺。延喜年間（九〇一―二三）日蔵《にちぞう》上人の開基と伝え、後醍醐天皇の勅願寺となった。塔尾陵《とうのおのみささぎ》（後醍醐天皇陵）に近く、山号塔尾山。本尊如意輪観音。正平二年（北朝貞和三、一三四七）、楠木正行《くすのきまさつら》が出陣に際し吉野に参内、塔尾陵に詣でた後、如意輪堂の壁板に逆修のため将士の名と「返らじとかねて思へば梓弓なき数に入る名をぞとどむる」の辞世の歌を残し四条畷《しじょうなわて》の戦陣に向かったことは名高い。慶安三年（一六五〇）文誉鉄牛《ぶんよてつぎゅう》が再興、真言宗を浄土宗に改めた。寺宝厨子入蔵王権現《ざおうごんげん》像（重要文化財）は室町時代初期の作。厨子底板に延元元年（北朝建武三、一三三六）の墨書銘がある。（大矢　良哲）

長谷寺 はせでら

奈良県桜井市初瀬《はせ》七三一-一にある寺。真言宗豊山《ぶざん》派総本山。豊山寺・泊瀬寺・初瀬寺の別称もある。山号は豊山神楽院。西国三十三ヵ所第八番の札所。創建については、従来、天武朝に川原《かわら》寺の僧道明《どうみょう》が西岡に三重塔を建立(本長谷寺)、奈良時代の養老・神亀のころに沙《しゃ》弥徳道《みとくどう》が東岡に観音堂を建立(後長谷寺)したとする本・後に区別する説が強かった。これは当寺所蔵の千仏多《せんぶった》宝塔銅版《ほうとうどうばん》銘と後代に再構成された縁起群(『諸寺縁起集』・伝菅原道真筆『長谷寺縁起文』など)によるものであるが、銅版は本来当寺後方の初瀬山南中腹に所在する白河《しらが》にあった可能性が強まっており、その銘文も当寺三重塔建立の銘ではなく、銅版中の多宝塔の銘と考えられる。したがって当寺の創建は、古縁起の一端を伝える諸文献(『三代実録』『七大寺年表』『三宝絵詞《さんぼうえことば》』『扶桑略記《ふそうりゃっき》』『今昔物語集《こんじゃくものがたりしゅう》』『古事談《こじだん》』『元亨釈書《げんこうしゃくしょ》』など)を考証することにより、僧道明が沙弥徳道らを率いて、十一面観音の造像を中心に養老四年(七二〇)―神亀四年(七二七)のころになされたと考えるのが妥当である。当寺は、古来の初瀬山岳信仰の地に「山寺」として創建された。当初は東大寺末であったが藤原氏が俗別当として所管した。正暦元年(九九〇)には興福寺末に移行、寺運は隆盛を極め、平安時代には貴族の長谷詣で

長谷寺五重塔

が華やかに行われた。平安時代末期から中世にかけて貴族の保護が後退し、勧進聖《かんじんひじり》の活動が寺運を支え、長谷詣でも貴族から武家・商人らに移り、室町時代には一般庶民の参詣が主流となっていく。中世末期には戦乱のため衰微、豊臣秀長《とよとみひでなが》がこれを嘆き根来《ねごろ》の専誉《せんよ》を迎え、三百石を寄進して復興につとめ、天正十六年（一五八八）、当寺は真言宗豊山派総本山としての基礎を築き、その後も江戸幕府の保護を受けて近代に至る。寺宝として、国宝の千仏多宝塔銅版、『法華経』二十八巻を含む経巻三十四巻、重要文化財の仏像・仏画・経典等を所蔵する。

参考文献　『豊山全書』、『続豊山全書』、川田聖見・永井義憲監修『長谷寺編年資料』、同監修『長谷寺文献資料』、永島福太郎『豊山前史』、逵日出典『長谷寺史の研究』、同『奈良朝山岳寺院の研究』、小野玄妙「弘福寺道明上人作の千仏多宝仏塔を論じて長谷寺開創の事に及ぶ」（『仏教の美術及び歴史』所収）、福山敏男「長谷寺の千仏多宝仏塔銅板」（『日本建築史研究』続編所収）、喜田貞吉「長谷寺草創考」（『歴史地理』二三ノ四）、同「長谷寺草創考の追考」（同二四ノ一）、櫛田良洪「鎌倉時代の初瀬寺と初瀬詣」（『豊山学報』二）、同「豊山に於ける本末の成立」（同三）、同「室町時代に於ける長谷寺の状態」（『密教論叢』九・一〇）、永井義憲「長谷信仰」（『（岩波講座）日本文学と仏教』七所収）、同「本長谷寺と道明上人」（『豊山教学大会紀要』一三）

（逵　日出典）

十一面観音像

長谷寺の本尊。長谷寺本堂は天慶七年（九四四）以後七回焼失し、現存の本尊は天文七年（一五三八）の復興像である。頭上に十面を頂き、左手に宝瓶、右手に念珠をかけ錫杖を執る形式は、本寺本尊古来の形制を踏襲したもので、頭部内の墨書銘によって、仏師法眼運宗《ほうげんうんそう》・運海《うんかい》・運青《うんせい》らによって天文七年に造像されたことが知られ、『長谷寺炎上

記』に記す本尊復興の記事と符合する。檜材、寄木造、漆箔の巨像で、室町彫刻を代表する紀念碑的造像として注目される。なお本尊の左脇に侍立する難陀竜王《なんだりゅうおう》立像は正和五年(一三一六)大仏師舜慶《しゅんけい》作の造像銘を有し、右脇に侍立する赤精童子《しゃくしょうどうじ》立像は、像内一面に交名《きょうみょう》を墨書し、天文六年、大仏師運宗らの造像銘札を納めるほか、両像の像内には正和三年・五年、明応五年(一四九六)・六年、天文六年・七年の年記を伴う各種願文、交名、消息、朱書『法華経』などの経典、鈴、鏡、舎利容器、錦袋その他多彩な納入品を籠めていて、中世における長谷観音信仰の実態と、本尊復興に関わる状況を知る貴重な資料を提供している。像高、本尊一〇一八・〇センチ、難陀竜王一六七・七センチ、赤精童子一六六・〇センチ。重要文化財。

参考文献 「重要文化財」編纂委員会編『解説版新指定重要文化財』三、小林剛「長谷寺の本尊十一面観音像」(『大和文化研究』五ノ二)　(西川杏太郎)

千仏多宝塔銅板

『法華経』見宝塔品に基づき、釈迦の説法中に涌出した多宝塔と、その中に並坐する釈迦・多宝の二仏、およびこれを取りまく千仏を表現している。縦八三・三センチ、横七五センチ、厚さ二センチ前後。銅板の下段に銘文が鐫刻されており、それによると、まず造塔造仏の功徳を述べ、次にこの銅板を天皇のために作ること、天皇は弥勒に等しく、その聖跡を永遠に伝えるのが目的であることを説く。末尾に「歳次降婁(戊年)」七月上旬に、僧道明が八十余人を率いて「飛鳥清御原大宮治天下天皇」のために造立したとある。この銘文は、右下を欠失するが、『甚希有経』(玄奘訳)、『広弘明集』(巻一六)などをふまえて述作された整ったものである。戊年については六八六年、六九八年など諸説あるが、天皇は天武天皇と考え、六八六年(朱鳥元)七月、危篤に陥った天武天皇のため発願されたが、その崩後完成、刻銘されたとみるのが妥当であろう。銘文の書は典型的な欧陽詢風で、

古代金石文中、屈指の名筆である。「銅板法華説相図」として国宝に指定されている。銘文は以下のとおり（⌈・⌋は欠失部分、〔　〕内は『甚希有経』により補う）。「惟夫霊□（応）⌈　⌋／立称已乖□⌈　⌋／真身然大聖⌈　⌋／不図形表刹福⌈　⌋／日夕畢功慈氏□⌈　⌋／仏説若人起窣堵〔波其量下如〕／阿摩洛菓以仏駄都〔如芥子許〕／安置其中樹以表刹□（量）〔如大針〕／上安相輪如小棗葉或造仏□（像）／下如穬麦此福無量粤以奉為／天皇陛下敬造千仏多宝仏塔／上厝舎利仲擬全身下儀並坐／諸仏方位菩薩囲繞声聞独覚／翼聖金剛師子振威伏惟聖帝／超金輪同逸多真俗双流化度／无央庶冀永保聖蹟欲令不朽／天地等固法界无窮莫若崇拠／霊峯星漢洞照恒秘瑞巌金石／相堅敬銘其辞曰／遙哉上覚至矣大仙理帰絶妙／事通感縁釈天真像降茲豊山／鷲峯宝塔涌此心泉負錫来遊／調琴練行披林晏坐寧枕熟定／乗斯勝善同帰実相壱投賢劫／倶値千聖歳次降婁漆兎上旬／道明率引捌拾許人奉為飛鳥／清御原大宮治天下天皇敬造」

長谷寺千仏多宝塔銅板

参考文献　奈良国立文化財研究所飛鳥資料館編『飛鳥・白鳳の在銘金銅仏』、東野治之「古代の書と文章」（『（岩波講座）日本通史』六所収）

（東野　治之）

般若寺　はんにゃじ

奈良市般若寺町三二にある真言律宗の寺院。山号法性山。創建については異説が多く明らかではないが、境内から奈良時代の瓦が出土。天平十四年(七四二)の金光明寺写経所牒に般若寺がみえ、天平勝宝二年(七五〇)四月二日、東大寺写経所が『仁王経疏』を般若寺・佐保宮などから借り、翌日から書写にかかっているので(『正倉院文書』)、天平以前の創立とみてよかろう。『三代実録』に貞観五年(八六三)九月、添上《そえかみ》郡般若寺近傍山内の伐採を禁じた記事がある。治承四年(一一八〇)の平家の南都焼打ちの際には戦場となり、伽藍は焼失したようである(『平家物語』)。鎌倉時代中期には、荒れはてて礎石のみが残り、付近の古墳が列をなすだけという状態であったが、やがて般若寺再興の大願を起した人が石造十三重塔(重要文化財)に着工、これを継いだ東大寺僧良恵《りょうえ》が石塔を完成させた(『般若寺文殊縁起』)。作者は伊行末《いぎょうまつ》と認められる。その後西大寺の叡尊《えいぞん》が復興に着手。建長七年(一二五五)以来大仏師善慶《ぜんけい》に丈六文殊菩薩像を造らせて仮本堂に安置したが、弘長元年(一二六一)新本堂に移し、文殊を師子座に据え、その胎内に『大般若経《だいはんにゃきょう》』、仏舎利、僧尼の願文、殺生禁断の下知状などを納入した。叡尊や忍性《にんしょう》は般若寺を北山宿を中心とした非人救済事業の拠点としたが、これは文殊が貧孤苦悩の衆生となって行者の前に現われるという教説を信じたからである。現存の楼門(国宝)・経蔵(重要文化財)は鎌倉時代、復興期の造営。南北朝の戦乱では、護良《もりよし》親王が寺の唐櫃に身を潜めて難を逃れたと伝えられる(『太平記』)。室町時代には当寺の文殊が霊験あらたかの評を得てしばしば供養されたが、文明七年(一四七五)筒井舜覚《つついしゅんかく》の陣営となっ

て堂舎が大破し、延徳二年(一四九〇)の出火で本尊の文殊菩薩を焼失した(『大乗院寺社雑事記《だいじょういんじしゃぞうじき》』)。永禄十年(一五六七)松永久秀《まつながひさひで》と三好《みよし》三人衆との戦乱で再び伽藍を焼失した。現本堂は寛文七年(一六六七)の再建。このとき経蔵にあった文殊菩薩騎獅像(重要文化財)が本尊として移されている。元亨四年(正中元、一三二四)仏師康俊《こうしゅん》・康成《こうせい》の銘がある。近世の寺領三十石。明治初年の廃仏毀釈《はいぶつきしゃく》で一時廃寺となったが、まもなく旧に復した。昭和三十九年(一九六四)十三重塔が解体修理され、奈良時代の銅造如来立像や鎌倉時代の金銅五輪塔や水晶五輪塔などとともに建長五年の経箱が発見された。寺宝には、これら塔内納置品とともに、銅造薬師如来立像、寺門扁額、厨子入舎利塔などがあり、境内に弘長元年に伊行吉《いぎょうきつ》が建立した笠塔婆二基が立ち、いずれも重要文化財に指定されている。

般若寺十三重塔

般若寺楼門

〔参考文献〕『大和古寺大観』三、和島芳男『叡尊・忍性』(『人物叢書』三〇)　(大矢　良哲)

楼門　一間一戸、入母屋造、本瓦葺の楼門で、西面して旧京街道に立つ寺の正門である。般若寺は文永四年(一二六七)に諸堂が復興されている(『感身学正記《かんじんがくしょうき》』)から、そのうちに楼門の名はみえないが、様式的にみて、そのころ建てられたものと考えられる。下層の桁行は一間であるが、二階は三間とする。これは小規模な楼門によくある形式で、石上《いそのかみ》神宮などにもみられる。下層は柱上だけでなく中間にも頭貫《かしらぬき》上に大斗《だいと》を二つおき、その間に蟇股《かえるまた》を中備《なかぞなえ》とし、三間風の構成とする。下層の頭貫を延ばして縁を支える肘木《ひじき》としたり、上層の出組の組物の先を大仏様木鼻《きばな》とし、肘木を普通より一段多く重ねるなど大仏様の影響を見せる。上層東側は三間とも扉とするが、もと全部開放だった可能性もあり、鐘楼門として建てられたのかもしれない。国宝。　(太田博太郎)

比蘇寺　ひそでら

奈良県吉野郡大淀町比曾七六二にある寺院。現在曹洞宗世尊《せそん》寺と称しているが、比曾寺とも書き、吉野《よしの》寺・現《げん》光《こう》寺ともいう。吉野川右岸の小平地で、吉野詣の一の行場であった柳の渡しの北にあたる。『日本書紀』欽明天皇十四年条に、光る樟の木が海上にあり、仏像二体を造ったが、今の吉野寺にあると伝える。この地出土の古瓦から、飛鳥時代から白鳳初期にかけての創建と考えられている。旧境内地に各伽藍の礎石が残り、南大門・中門・東西両塔・金堂・講堂を南北に配する、薬師寺の形式に近いと推定復原されている。また塔の心礎は薬師寺様式である。天平年間(七二九―四九)唐の帰化僧神叡《しんえい》や道璿《どうせん》が当山寺で仏事を修めて法隆寺へ

入り、聖宝《しょうぼう》が入寺して弥勒・地蔵像を造立したと伝える(『聖宝僧正伝』)。清和・宇多各上皇が御幸(『三代実録』『扶桑略記《ふそうりゃっき》』)、藤原道長も参詣した(『御堂関白記《みどうかんぱくき》』)。鎌倉時代後期に金峯山寺別当春豪《しゅんごう》が復興したが、東塔は豊臣秀吉により伏見城に移され、のち徳川家康により三井寺に移建されて現存している(重要文化財)。旧寺跡は国史跡。本尊阿弥陀如来像は平安時代の作である。

(大矢　良哲)

檜隈寺

ひのくまでら

奈良県高市郡明日香村檜前《ひのくま》にあった寺。法号は道興《どうこう》寺。『日本書紀』朱鳥元年(六八六)八月己丑条に「檜隈寺」に封百戸を三十年を限って施入するとあるから、それ以前の創立であろう。今は遺跡と化し、塔跡には平安時代末期の十三重石塔が立ち、旧寺地は於美阿志《おみあし》神社

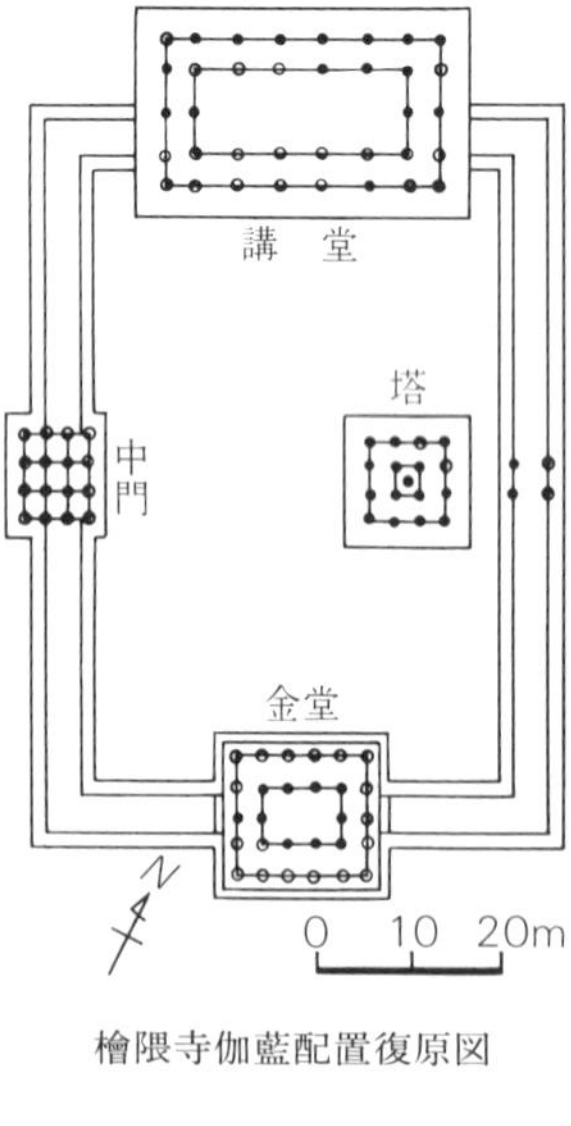

檜隈寺伽藍配置復原図

の境内になっている。発掘調査によって、西向きの寺で、西門の両脇から出る回廊は東折して、東方の金堂、西方の講堂に連絡し、東側で閉じて一院をなし、院内の中央東寄りに塔を建てた独特な伽藍配置をなしていたことがわかった。国史跡。

参考文献 保井芳太郎『大和上代寺院志』、福山敏男『奈良朝寺院の研究』、奈良県文化財保存事務所編『重要文化財於美阿志神社石塔婆修理工事報告書』、奈良国立文化財研究所飛鳥資料館編『渡来人の寺―檜隈寺と坂田寺―』、高橋健自「古刹の遺址」(『考古界』六ノ七)、天沼俊一「廃檜隈寺址」(『奈良県史蹟勝地調査会第三回報告書』)、岩本正二「明日香村檜隈寺の発掘調査」(『仏教芸術』一三六)、同「明日香村檜隈寺金堂跡の調査」(『日本歴史』三九九)

(福山　敏男)

氷室神社

ひむろじんじゃ

奈良市春日野町一―四に鎮座。祭神は闘鶏稲置大山主《つげのいなきのおおやまぬし》命《のみこと》・大鷦鷯命《おおさざきのみこと》(仁徳天皇)・額田大中彦命《ぬかたおおなかつひこのみこと》の三座。創建は、『遠弘神主記』に、和銅二年(七〇九)氷室を御《み》蓋《かさ》御料山に移し、闘鶏大神を祀ったと記し、神祇書の『元要記』には和銅三年造立とする。『大和国造本記』によれば、大宝元年(七〇一)に藤原不比等《ふじわらのふひと》が福住から闘鶏稲置大山主命を遷座し、和銅三年夏に風神(志那《しな》都彦大神《つひこのおおかみ》)を移し、神亀四年(七二七)正月に大鷦鷯命と額田大中彦命の二座を合祀したという。現在では風神を合祀していない。天平勝宝八年(七五六)の『東大寺山堺四至図』の興福寺周辺には「氷池」「神地」「氷室谷」とみえ、御蓋山西麓に氷室関係施設が散在して

いたことがわかる。昭和五十二年(一九七七)には興福寺東松林の東に「神地」を「コ」の字形に囲むように築地跡が発見されているので、氷室社旧境内の内院を囲む築地塀である可能性が高い。鎌倉時代には春日社の別宮となっていた。寛文六年(一六六六)三月幕府は、楽所料として二千石の朱印状を下付。明治四十五年(一九一二)に献氷祭を復興。以後毎年七月十五日を祭日として氷を献供。現在では、五月一日に製氷業者を中心に献氷祭が行われている。例祭は十月一日。本殿は、三間社流造(県指定文化財)。拝殿は寛文五年造立され、奈良市有形民俗文化財に指定。宝物に木造舞楽面陵王一面(鎌倉期作、重要文化財)がある。

参考文献　『村社氷室神社及無格社調査書』、『氷室神社調査書』、『春日坐氷室神社由緒』

(大宮　守友)

白　毫　寺

びゃくごうじ

奈良市白毫寺町三九二にある真言律宗の寺院。一切経寺《いっさいきょう》ともよばれる。高円山と号す。天智天皇の皇子志貴《しき》親王(施基皇子)の離宮を寺としたと伝える説のほかに、大安寺の勤操《ごんぞう》僧都の創建と伝える岩淵(石淵《いわぶち》)寺の一院であったとする説がある。しかし文献上この寺の存在が確認できるのは鎌倉時代で、寛元二年(一二四四)には良遍《りょうへん》が白毫寺草庵において『菩薩戒通別二受鈔』の奥書を書いている。建武二年(一三三五)の『南都白毫寺一切経縁起』によれば、鎌倉時代に西大寺の叡尊《えいぞん》が当寺を再興し、その弟子道照《どうしょう》が一切経転読を発願、のち宋から一切経が将来されて、恒例の白毫寺一切経の転読が行われるようになった。室町時代には興福寺一

乗院祈禱所となり、春の花見の名所としても知られるようになった(『大乗院寺社雑事記《だいじょういんじしゃぞうじき》』)。『大乗院寺社雑事記』明応六年(一四九七)十一月十五日条に「白毫寺本堂・炎魔堂・多宝塔・一切経蔵・鐘楼・僧坊・クリ・僧堂此外長老坊・奥坊・寂生院・尺迦院・花蔵院・ハタ板坊・地蔵院・谷坊等悉以炎上了」とみえ、寺運も衰えたが、徳川家康から寺領五十石をうけ、寛永年間(一六二四―四四)空慶《くうけい》によって再興されている。現在本堂・御影堂などがある。本堂内の本尊阿弥陀如来像のほかに、閻魔王およびその眷族《けんぞく》の太山王・司録・司命像、文殊菩薩像、地蔵菩薩像、興正菩薩像があり、いずれも重要文化財に指定されている。太山王像はその胎内銘によると正元元年(一二五九)の、運慶の孫の康円《こうえん》の作である。

参考文献　『大和古寺大観』四　(大矢　良哲)

兵主神社　ひょうずじんじゃ

奈良県桜井市穴師《あなし》一〇六五鎮座。穴師坐兵主《あなしにますひょうず》神社ともいう。旧県社。祭神は兵主神・若御魂神・大兵主神。『延喜式』神名帳《じんみょうちょう》に名神大社とある。天平二年(七三〇)の『大倭国正税帳《やまとのくにしょうぜいちょう》』に「穴師神」とあり、播磨国餝磨《しかま》郡安師《あなし》里には神戸があった(『播磨国風土記』)。『新抄格勅符抄《しんしょうきゃくちょくふしょう》』に引く大同元年(八〇六)牒に「穴師神」として大和五戸・和泉八戸・播磨三十九戸の神封があったことがみえる。さらに貞観元年(八五九)正月には「従五位下勲八等穴師兵主神」とあって、この時正五位上に昇叙されている(『三代実録』)。古伝によれば、式内社の穴師坐兵主神社(上社)はもと巻向《まきむく》山中にあったが、応仁の兵火により焼失したため、同じく式内社の穴師

大兵主神社(下社)に合祀し、また式内社巻向坐若御魂神社も合祀したという。すなわち現在の社地は旧の穴師大兵主神社の社地という。例祭は四月八日。相撲発祥の地ということで、境内に相撲神社があり、七月七日には相撲祭が行われる。

参考文献　内藤虎次郎「近畿地方に於ける神社」(『日本文化史研究』所収)、志賀剛「兵主神社」(『式内社の研究』一所収)、黛弘道「延喜神名式雑考」(『律令国家成立史の研究』所収)、今井啓一「兵主神は外来神に非ず」(『帰化人と社寺』所収)、小南淳子「「兵主神」成立に関する諸問題」(横田健一先生古稀記念会編『(横田健一先生古稀記念)文化史論叢』上所収)、橋川正「兵主神社の分布と投馬国」(史学地理学同攷会『歴史と地理』二〇ノ五)、大宮守誠「穴師及び兵主社に就いて」(『歴史地理』七三ノ七)、廣瀬明正「兵主神社について」(『芸林』二六ノ二)

(廣瀬　明正)

広瀬神社

ひろせじんじゃ

奈良県北葛城郡河合町川合《かわい》三〇六に鎮座。旧官幣大社。祭神は若宇加能売命《わかうかのめのみこと》(大忌神《おおいみのかみ》・広瀬川合神とも称す)を主神とし、櫛玉命《くしだまのみこと》・穂雷命《ほのいかづちのみこと》を配祀する。その鎮座地は竜田《たつた》川・富雄《とみお》川・佐保《さほ》川・初瀬《はせ》川・寺《てら》川・飛鳥《あすか》川・曾我《そが》川・葛城《かつらぎ》川・高田《たかだ》川の合流点にちかく、延喜式内大社である大和国広瀬郡の「広瀬坐和加宇加売命神社」に比定される。本来は農耕祭祀の原型である穀霊神の信仰を得ていたが、天武朝以後は竜田神社の風神祭とともに、当神社の大忌祭が五穀豊穣を祈念する国家祭祀にたかめられ、神祇令《じんぎりょう》では孟夏・孟秋二季の恒例祭祀に制定された。『延喜式』四時祭に細則を規定し、祝詞《のりと》も収録する。天平二年(七三〇)の『大倭国正税帳《やまとのくにしょうぜいちょう》』

には「広湍川合神戸、稲壱拾束、租壱拾束、合弐拾束」と記し、宝亀三年(七七二)には月次幣帛例に預り、大同元年(八〇六)封二戸を寄せられた。弘仁十三年(八二二)従五位下、貞観元年(八五九)正三位、永保元年(一〇八一)正一位の神位をうけ、「二十二社」制の一社に加列する。社伝によれば永正三年(一五〇六)兵火により社殿は焼失、その後、天文十四年(一五四五)に復興、さらに寛永四年(一六二七)に造替している。現在の春日造の本殿は、春日大社若宮の用材により、正徳元年(一七一一)の造営である。摂社に水分神社、末社に祓戸社があるが、往時は社殿二十一棟、七堂六坊の伽藍、定林寺《じょうりん》・安隆寺《あんりゅう》・長明寺《ちょうみょう》などの神宮寺があった。例祭は四月四日。特殊神事としては二月十一日の御田植祭(砂かけ祭)がある。社蔵の『河相宮縁起』一巻は大永二年(一五二二)、『新編広瀬神社記略抄』は享保四年(一七一九)の筆写であり、「和州広瀬郡広瀬大明神之図」一枚は江戸時代初期の作と推定される。なお別に『広瀬社縁起』一巻がある。天文二十四年(弘治元)九月に卜部兼右《うらべのかねみぎ》の撰修したもので、その外題は後奈良天皇の宸筆と伝える。

参考文献　式内社研究会編『式内社調査報告』二、谷川健一編『日本の神々―神社と聖地―』四、弥永貞三「大伴家持の自署ある文書」(『日本歴史』四二一)

(二宮　正彦)

不退寺

ふたいじ

奈良市法蓮《ほうれん》町五一七にある真言律宗の寺院。正式には不《ふ》退転法輪《たいてんほうりん》寺と称し、一名業平《なりひら》寺という。山号は金竜山。寺伝には平城天皇が退位後、旧都に移った時の御所の跡で、承和十四年(八四七)その皇孫在原《ありわら》業平が寺としたという。『三代実録』貞観二年(八六〇)に平城旧京の水田を不退・超昇《ちょうしょう》両寺に施入した記事があり、付近から平安時代初期の瓦などを出土しているので、このころ創建されたことは確実。永仁六年(一二九八)には西大寺関係の寺院として関東御祈禱三十四ヵ寺の一つに選ばれた(「六波羅探題下知状案」)。現存の建物のうち、南門と多宝塔はこのころの造営(いずれも重要文化財)。その後、寛正五年(一四六四)に不退寺が炎上(『大乗院《だいじょういん》寺《じ》社《しゃ》雑《ぞう》事《じ》記《き》』)、まもなく現本堂(重要文化財)が再建された。近世、西大寺末寺で、寺領五十石。本堂には本尊聖観音像を安置、その左右に五大明王像を

不退寺多宝塔

配している。いずれも平安時代後期の作で、重要文化財指定。

参考文献　『大和古寺大観』五　（大矢　良哲）

鳳閣寺　ほうかくじ

奈良県吉野郡黒滝《くろたき》村鳥住《とりすみ》六〇にある寺院。真言宗。山号百螺《ひやっかい》山。寛平七年（八九五）醍醐寺開山の理源大師《りげんだいし》聖宝《しょうぼう》が金峯山《きんぷせん》の行場を開発、その拠点として当寺に真言院を創建。昌泰二年（八九九）聖宝はここで多数の道俗に伝法灌頂《でんぽうかんじょう》を授けた（『大峯界会万行自在次第』）。『扶桑《ふそう》略記《りゃっき》』天慶六年（九四三）条、『密宗血脈鈔』中によれば、弟子貞崇《じょうすう》が住み、延喜九年（九〇九）の聖宝入寂にあたっては百螺岳に墓を造ったとある。現在山上にある石造宝塔（重要文化財）は、刻銘に「尊師廟塔」とあり、聖宝の御廟であることを示し、正平二十四年（北朝応安二、一三六九）の造立、大工は伊派石大工の一人、薩摩権守行長である。亀背上に立つ宝塔で、弘法

大師によって高野山に建立された瑜祇《ゆぎ》塔の形式から出たものといわれている。当寺はもと真言宗醍醐派に属したが、第二次世界大戦後分離独立して鳳閣寺派本山となった。その宗義は、真言極秘恵印灌頂の道場として、大峯修験の厳格な宗風を特色としている。

参考文献　川勝政太郎『日本石材工芸史』、『黒滝村史』

（大矢　良哲）

宝山寺

ほうざんじ

奈良県生駒《いこま》市門前町一-一にある真言律宗の寺院。生駒山の東側中腹にあり、生駒山の山号をもつ。古くは修験道の行場として知られ、延宝六年（一六七八）に宝山湛海《たんかい》が中興。天和二年（一六八二）に般若窟に弥勒菩薩を安置し、貞享三年（一六八六）に聖天堂、ついで本堂を完成した。寺号は当初大聖無動寺《だいしょうむどうじ》といったが、のち宝山寺と称するようになった。寺宝には元禄十四年（一七〇一）に湛海造像と記す墨書銘をもった不動明王像を中尊とする五大明王像（重要文化財）があり、ほかに平安時代の弥勒菩薩像と室町時代の愛染明王像・春日曼荼羅図の絵画三点と明治十五年（一八八二）の木造洋風建築獅子閣（いずれも重要文化財）がある。近代は

「聖天《しょうてん》さん」と俗称され、男女和合や子さずけ、商売繁昌の神として特に民間信仰が盛んである。

参考文献 小林剛編『宝山湛海伝記史料集成』、佐藤任『湛海和尚と生駒宝山寺』

（大矢　良哲）

法隆寺

ほうりゅうじ

奈良県生駒郡斑鳩《いかるが》町法隆寺山内一―一にある聖徳宗総本山。南都七大寺の一つ。別名斑鳩寺（鵤寺・伊可留我寺とも）、法隆寺学問寺。伽藍は西院と、夢殿を中心とする東院の二つに区画される。金堂薬師如来像の光背銘に、用明天皇が病気平癒を祈って薬師像と寺の造顕を発願したが、崩御したので推古天皇十五年（六〇七）天皇と聖徳太子が完成させたとある。この縁起には異説もあるが、『日本書紀』同十四年是歳条に播磨国の水田を「斑鳩寺」に施入するとみえ、七世紀のごく初めに建立されたとする説が有力である。同三十年二月二十二日太子は斑鳩宮で死去し、太子を偲び釈迦三尊像や天寿国曼荼羅繡帳《てんじゅこくまんだらしゅうちょう》が作られた。太子の死後、

長子山背大兄《やましろのおおえ》王は一族と斑鳩宮に住む。皇位につかなかった王に同情が集まり、危機を感じた蘇我入鹿《そがのいるか》は皇極天皇二年(六四三)斑鳩宮を襲撃、太子の一族は滅亡する。なお東院修理のための発掘調査時、掘立柱建物が焼土の下で確認され、宮の炎上を物語る。『日本書紀』天智天皇九年(六七〇)四月壬申(三十日)条に「夜半之後、災㆓法隆寺㆒、一屋無㆑余、大雨雷震」とみえ、これをめぐり明治二十年(一八八七)代から法隆寺再建・非再建論争が始まる。昭和十四年(一九三九)若草伽藍《わかくさがらん》発掘の結果、四天王寺式伽藍配置の塔・金堂が焼失し、その後、寺地を北西に移し金堂と塔を東西とする法隆寺式伽藍配置の西院を再建したことが立証される。最近、年輪年代学の成果や幡《ばん》の銘文から再建の上限は天武・持統朝説、下限は中門仁王像や塔塑像を造顕した和銅四年(七一一)説が有力である。以来、当寺は南都十大寺・七大寺の一つとして朝廷の保護を受けて鎮護国家の道を歩む。当時の寺地・堂塔・仏像・寺宝・寺領は天平十九年(七四七)の『法隆寺《ほうりゅうじ》伽藍《がらん》縁起《えんぎ》幷《ならびに》流記《るき》資《し》財帳《ざいちょう》』に記される。東院については、天平十一年行信が斑鳩宮の跡地に上宮王院夢殿《じょうぐうおういんゆめどの》を創立し太子等身像と伝える救世《くぜ》観音像(飛鳥時代)を安置、太子の遺品を光

法隆寺西院伽藍

明皇后・橘《たちばなの》古那可智《こなかち》・行信《ぎょうしん》みずから奉納したことが天平宝字五年(七六一)の『法隆寺東院縁起仏経幷資財条』(『東院縁起資財帳』)にみえる。当時東院は法隆寺と別の寺だったが、法隆寺に吸収される。平安時代後期より太子信仰が高まり絵伝や太子像の造顕、聖霊会《しょうりょうえ》の始行、一切経写経の発願などを行う。鎌倉時代は全伽藍の修理があり、興福寺の翼下で慈恩会《じおんえ》始行、唯識や三経義疏の講讃と法相をはじめ真言の教学の振興も著しい。しかし天正年代に豊臣秀吉の政策で寺領は千石に減り寺勢衰える。慶長年代、豊臣秀頼による大修理が行われる。江戸時代は徳川政権安定のため諸制度化が進み、僧侶の種姓吟味、役職を定めるなど封建色が強まる。元禄年代、将軍徳川綱吉と生母桂昌院《けいしょういん》の援助や出開帳《でがいちょう》を基に大修理を行う。幕末の神仏分離令により未曾有の危機に直面する。明治十一年皇室へ宝物を献納した結果の賜金で難を脱し、同十五年真言宗から法相《ほっそう》宗へ独立。世の中が落ち着くにつれ国の寺宝調査が始まる。大正十年(一九二一)、太子千三百年忌を機に復興の道を歩む。昭和九年から五十年間の大修理中建築史上画期的な発見があり、その間、同二十四年金堂炎上で壁画を焼損、これを機に同二十五年文化財保護法が施行される。同年聖徳宗に開宗。法隆寺は仏教文化の世界的宝庫であり、国宝三十八件、重要文化財百五十一件を有し、昭和資財帳作成のための調査により数々の発見があった。

「鵤寺倉印」

「法隆寺印」

参考文献　『奈良六大寺大観』一、町田甲一『増訂新版法隆寺』、太田博太郎『南都七大寺の歴史と年表』、高田良信『法隆寺』、同『法隆寺の歴史と年

表』、同『法隆寺』一(『日本の古寺美術』一)

(高田　良信)

若草伽藍跡　法隆寺西院境内の東南隅、旧観音院・普門院・実相院裏にかけての若草の地に存在した伽藍。「若草」の地名は宝永四年(一七〇七)を上限とし、平安時代には「花園」と呼称されていた。この地に心礎が存在することについては『古今一陽集』(延享三年(一七四六)、良訓《りょうくん》編)にみえ、「高三尺余、広一丈余」と挿図ともども記載されている。その後、明治に入って搬出されたが、昭和十四年(一九三九)に返却された。心礎の返却に伴い、石田《いしだ》茂作《もさく》などによってその地の発掘調査が実施され、塔・金堂跡が南北の位置関係で検出された。主軸は西に約二〇度傾き、現西院伽藍の西偏四度に対して約一六度の相違があり、また出土古瓦も飛鳥時代の古式のものであった。塔の基壇は一辺五十一尺、金堂は七十二尺×六十四尺の基壇が明らかにされた。よって若草の地に存在した伽藍は、塔と金堂のあり方より四天王寺式伽藍配置を有することが知られ、西院伽藍(法隆寺式)との同時存在が不可能であることが明確にされた。その後、西院の大垣の修理工事に伴って昭和四十三年度・四十四年度に国営発掘が実施され、金堂が塔に先行して造営されたことが知られた。さらに昭和五十七年には西院防災工事に伴う発掘が試みられ、心礎の北方および西方よりそれぞれ柵列跡が検出されたが、以上の調査によっていずれも回廊の存在を明らかにすることができなかった。出土の瓦は、創建時の鐙《あぶみ》瓦は単弁九弁蓮華文、宇《のき》瓦は五葉・七葉のパルメットをあらわした唐草文の文様をもち、また、蓮華文を配する鬼瓦の出土も確認されている。若草伽藍は、現西院伽藍に先行して造営された伽藍であり、三回にわたる発掘調査の結果、法隆寺再建論に決定的な資料を提供することになった。しかし、講堂・回廊については今後の調査に期待されている。また、北・西柵の検討も寺地究明に問題を提起

することになった。

〔法隆寺再建論〕若草伽藍の発掘は、現西院伽藍に先行する伽藍が存在したことを明らかにし、明治以来の法隆寺再建非再建をめぐる問題は、若草伽藍の確認によってほぼ再建が確定された。『日本書紀』天智天皇九年（六七〇）庚午四月壬申（三十日）条にみえる「夜半之後、災二法隆寺一、一屋無レ余、大雨雷震」の記事の正確さが実証されたのである。『書紀』の記事を真実と

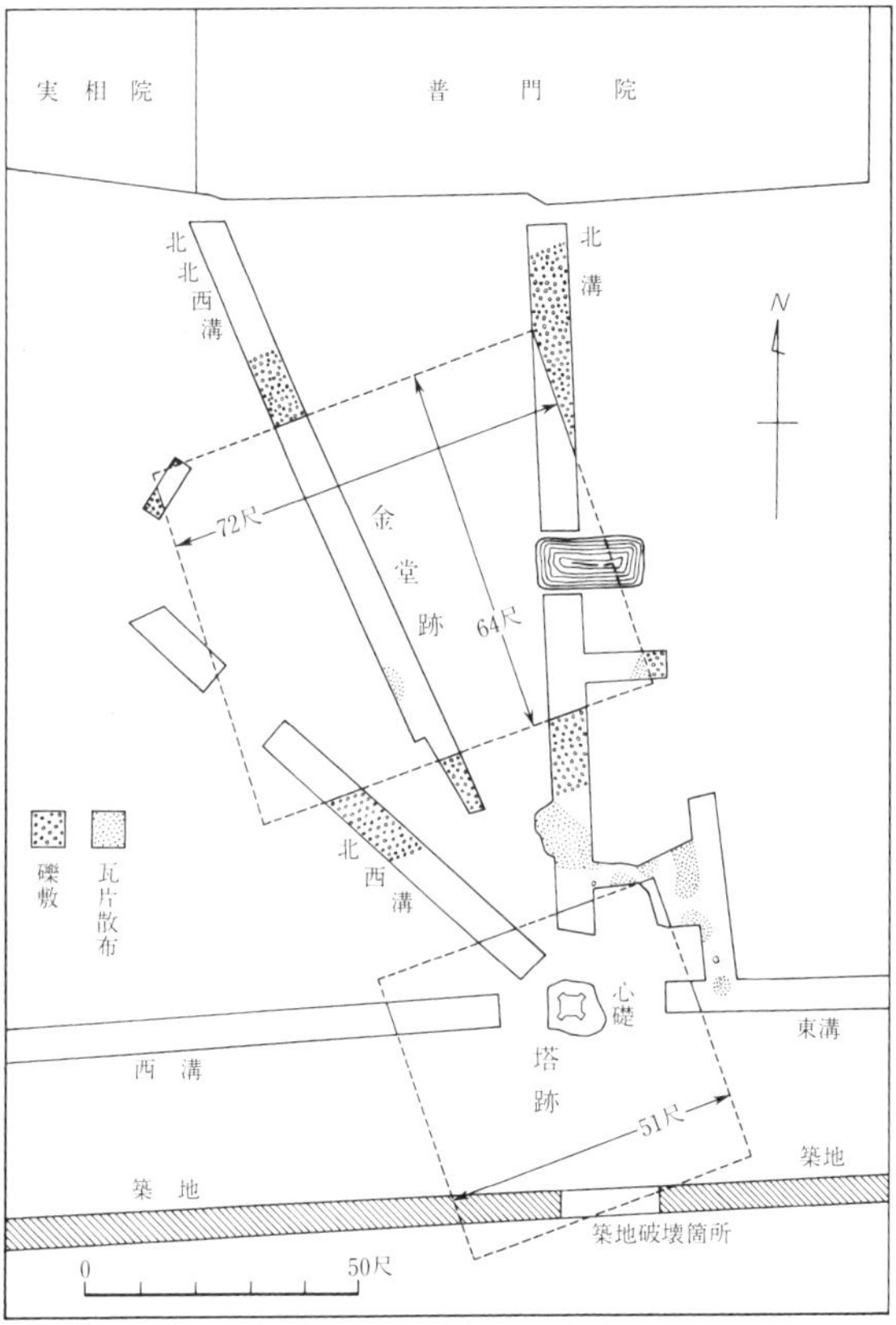

法隆寺若草伽藍跡発掘実測図

確信する喜田貞吉《きたさだきち》は、関野貞《せきのただし》の主要堂塔が高麗尺《こまじゃく》を用いて造営されていることなどによる非再建説、平子鐸《ひらこたく》嶺《れい》の庚午年干支一運誤りによる非再建論を批判して

法隆寺若草伽藍跡塔心礎

『書紀』の信憑性を強く主張して再建論を喧伝した。関野説は、高麗尺の使用を核に、西院境内に火災の痕跡が認められないことおよび金堂屋根裏に飛鳥時代の宇瓦が存在していたことを加えて主張されたのであり、使用尺度の実証的研究に立論の基礎をおいたものであった。この関野・喜田論争は、明治の後半より大正にかけて行われたもので、学界を二分する勢いを示したが、結論を得るに至らなかった。昭和に入って、西院五重塔の空洞の発見によって心礎中より舎利容器とともに葡萄鏡が発見され、その鏡式より塔の年代が天智以後と推定されるに至ったことは再建論に有利な資料となった。一方、西院東南方の普門院付近より単弁鐙瓦の出土することが知られるようになった。瓦の知見より喜田は、単弁鐙瓦の出土地を天智罹災の伽藍跡と推定して再建論に組み入れ、関野は、現西院金堂安置の釈迦三尊はもと単弁鐙瓦出土地にあった伽藍の本尊であったが、その伽藍が焼失したため西院に運ばれた

と主張し、二伽藍併存、のち一伽藍罹災による非再建論を展開した。普門院付近出土の単弁鐙瓦は、関野・喜田による論争に両者ともに巧みにとり入れられた。足立康《あだちこう》は、『書紀』の信憑性を確認するとともに二伽藍併存を積極的に提起する新非再建説を主張し、喜田と対峙した。二伽藍併存を前提とする論議に対して、石田茂作は単弁鐙瓦の出土地を発掘してその事実を確認すべきことを提案した。この提案は、かつて普門院の南、若草の地に存した心礎が法隆寺に返還される契機となり、それはさらに伽藍跡の発掘の実現となった。若草伽藍の発掘の結果、西院・若草伽藍の併存説を後退せしめ、天智罹災伽藍を若草伽藍と確定するに至ったのである。

参考文献　喜田貞吉『法隆寺論攷』、石田茂作『総説飛鳥時代寺院址の研究』、同『法隆寺雑記帖』、法隆寺編『法隆寺発掘調査概報』一・二

（坂詰　秀一）

建築　金堂・五重塔が建つ西院と、夢殿《ゆめどの》を中心とする東院とからなり、各周辺部や両伽藍の中間に平安時代後期から発生した多くの子院が配置されている。西院伽藍の中枢部は中門から発した回廊の内庭に東に金堂、西に塔が並立する形式で、法隆寺式伽藍配置と呼ばれ、七世紀後半に流行した。回廊は当初口字形に閉鎖し、その背後東西に鐘楼・経蔵、中央やや奥に講堂があって、これらを四棟の僧房、すなわち回廊東側の東室《ひがしむろ》、西側の西室《にしむろ》、講堂両脇で東西に延びる北室が取り囲んでいた。東方の、現在、食堂《じきどう》（旧政《まんどころ》屋《や》）や綱封蔵《こうふうぞう》の建つ所は太衆院および倉院であった。天平十九年（七四七）の『法隆寺伽藍縁起并流記資財帳』に記載されるこれらの堂塔が多少の変化や再建をうけながらもほぼそのまま残り、古代伽藍の形態をよく伝えている。建築の年代にはなお諸説あるが、雲形組物の古い様式をもつ回廊一郭は遅くとも天武朝には建立が始められ、和銅四年（七一一）に完成したとする点は

ほぼ一致する。以後の建築には天平様式が採用され、天平十九年までには伽藍が竣工した。東院は斑鳩宮の跡地に天平十一年ころ創立された。天平宝字五年（七六一）の『法隆寺東院縁起資財帳』に記されている建物のうち、八角仏殿（夢殿）と講堂（伝法堂《でんぼうどう》）が現存するのをはじめ、鎌倉時代に中門は礼堂、七丈屋は舎利殿絵殿にそれぞれ建て替えられ、南門や回廊も室町時代造替の建築に変わっている。しかし舎利殿絵殿の両脇に取付く北回廊が、当初はその前方で閉じていたほかは、創建時の伽藍配置がよく守られている。

金　堂　二重基壇の上に建つ入母屋造《いりもやづくり》の二重仏殿で、木造建築としては世界で最も古い。強い胴張りをもつ柱、皿斗《さらと》付きの大斗《だいと》、連続曲線による異形の雲形組物など、特色ある建築様式をもつ。中国唐代以前の古い様式が朝鮮半島を経由して七世紀に伝えられたものだが、多くの要素が混合しており、全くの同形は大陸にはない。西院伽藍の中では最も古く、年輪年代からみて元来は六六〇年代に本寺（若草伽藍）とは別の仏堂として建て始められた可能性が指摘されている。昭和二十四年（一九四九）一月二十六日、初重内部を焼損した。国宝。釈迦三尊像《しゃかさんぞんぞう》・薬師如来像《やくしにょらいぞう》・四天王像《してんのうぞう》・地蔵菩薩像《じぞうぼさつぞう》・毘沙門天像《びしゃもんてんぞう》・吉祥天像《きちじょうてんぞう》を安置。

五重塔　現存最古の木造塔。金堂と同じ建築様式をもつが、雲形組物に金堂のような筋彫りがなく、柱の胴張りも小さいことから、やや遅れて七世紀末の建立と考えられている。柱間寸法は高麗《こま》尺七寸五分を単位として定められ、初重は二十四支（垂木《たるき》の中心から次の垂木の中心までを一支という）、各重三支ずつ逓減して五重目は十二支となる。柱間を初重から四重は各三間としながら五重目を二間とし、組物も四重目では隅と連続させるなど、細部より全体の均衡を重視した意匠が姿を引き締める。地中深く据えた心礎に舎利が納められている。国宝。初層内陣に塑像の群像を安置。

（鈴木　嘉吉）

中門及び回廊

西院伽藍中軸線上に建つ中門は金堂・塔とともに七世紀の建築で正面四間（一一・九〇メートル）・側面三間（八・四六メートル）の平面をもつ。重層入母屋造りで中央二間は扉を開き、左右隅間は金剛柵をめぐらし金剛力士像（重要文化財）を安置する。強い胴張りのある太い柱に雲斗《くもと》・雲肘木《くもひじき》の斗栱《ときょう》を置いて角繁垂木の軒を支える。上層中央間は連子窓《れんじまど》、隅間は白壁とする。初層は太い柱が直接見えるので重々しい感がある。両脇に七世紀の回廊（東西九〇・四七メートル）が取り付く。回廊の東は金堂を取り巻くので東西桁行十一間、西は桁行十間につくる。胴張りのある円柱をたて三斗組で虹梁《こうりょう》と桁を受ける。虹梁の曲線は円弧形で古式である。外回りの柱間は戸口以外は連子窓、内側は開放とする。有形無形の外敵を防ぎ、信者は中を拝むことができる。障壁であるとともに儀式や行道にも使用できる。回廊全体の平面形は現在は南北八六・六メートルの凸字形で経蔵・鐘楼をつなぎ講堂側面に達しているが、建立当初は講堂前で閉じる南北六三メートルの矩形平面であった。平安時代の大講堂火災後、再建のとき現形になった。古代の回廊の唯一の現存例である。国宝。

参考文献　『奈良六大寺大観』一、奈良県教育委員会編『奈良県文化財全集』九、奈良県教育委員会編『国宝法隆寺回廊他五棟修理工事報告書』

（沢村　仁）

夢殿

東院伽藍の中心となる八角仏殿で、聖徳太子等身と伝える観音菩薩像《かんのんぼさつぞう》（救世観音）をまつる。夢殿は斑鳩宮内の太子が瞑想のためにこもったという伝説的建物の名で、早く奈良時代末期からこの堂に使われている。天平十一年（七三九）ころ東院創立と同時の建築で、当初は組物の段数や軒の出が少なく、軽快な姿であったが、寛喜二年（一二三〇）の修理で屋根の勾配が強められ現状となった。屋根の頂部の宝形《ほうぎょう》は中心が舎利瓶を模した宝瓶《ほうへい》で、太子追慕の意を現わしている。国宝。行信僧都像《ぎょうしんそうずぞう》・道詮律師像《どうせんりっしぞう》を安置。

伝法堂

東院夢殿の後方に建つ舎利殿絵殿(重要文化財)のさらに背後にあり、東院の講堂にあたる。『法隆寺東院縁起資財帳』の記述と解体修理時の調査によって、この建物は元来橘夫人の住宅で、東院創立時に寄進され、桁行五間を七間に拡張して仏堂としたことが判明した。そのため仏堂としては珍しく全面床板張りとしている。全体に木割が太く、二《に》重《じゅう》虹梁蟇股《こうりょうかえるまた》の架構や大斗肘木《だいとひじき》の組物は天平様式の典型。扉や窓など細部も当時の技法をよく伝え、技術面でも基準的な建築である。国宝。

食堂

西院綱封蔵の東側、やや奥まった位置に南面して建ち、前方に細殿《ほそどの》(重要文化財)が付属する。天平十九年(七四七)の『法隆寺伽藍縁起幷流記資財帳』中の政屋《まんどころや》にあたり、元来、寺の事務所だったが、平安時代初期に細殿と内部を一連にした双堂《ならびどう》に改造して食堂に転用し、以後鎌倉時代中期まで継続。鎌倉時代後期に現細殿に建て替えられ、その時、戸口や窓も現状に整備された。大斗肘木《だいとひじき》の組物で妻だけ二《に》重虹梁《じゅうこうりょう》、内部は又首組《さすぐみ》とする簡素な建物ながら天平様式の特色がよく現われる。国宝。

(鈴木 嘉吉)

経蔵

西院大講堂の西南、西回廊中に建つ。東向きで正面三間(九・一〇メートル)・側面二間(四・九九メートル)、楼造りで屋根は上層にのみ架けられる。切妻造り本瓦葺。初層の柱は各行各列に建ち弱い胴張りがある。正面中央のみ扉を開き他は土壁とする。上層は東西面中央間を扉構えとし、他は連子窓でもとは内部に棚があった。小屋構造・妻飾とも二重虹梁蟇股を用いる。『法隆寺伽藍縁起幷流記資財帳』記載の建物とみられ、蟇股の形式から八世紀初期の建築と思われる。古代の楼造の経蔵として唯一の現存例。国宝。

参考文献 『奈良六大寺大観』一、奈良県教育委員会編『奈良県文化財全集』九、奈良県教育委員会編『国宝法隆寺回廊他五棟修理工事報告書』

(沢村 仁)

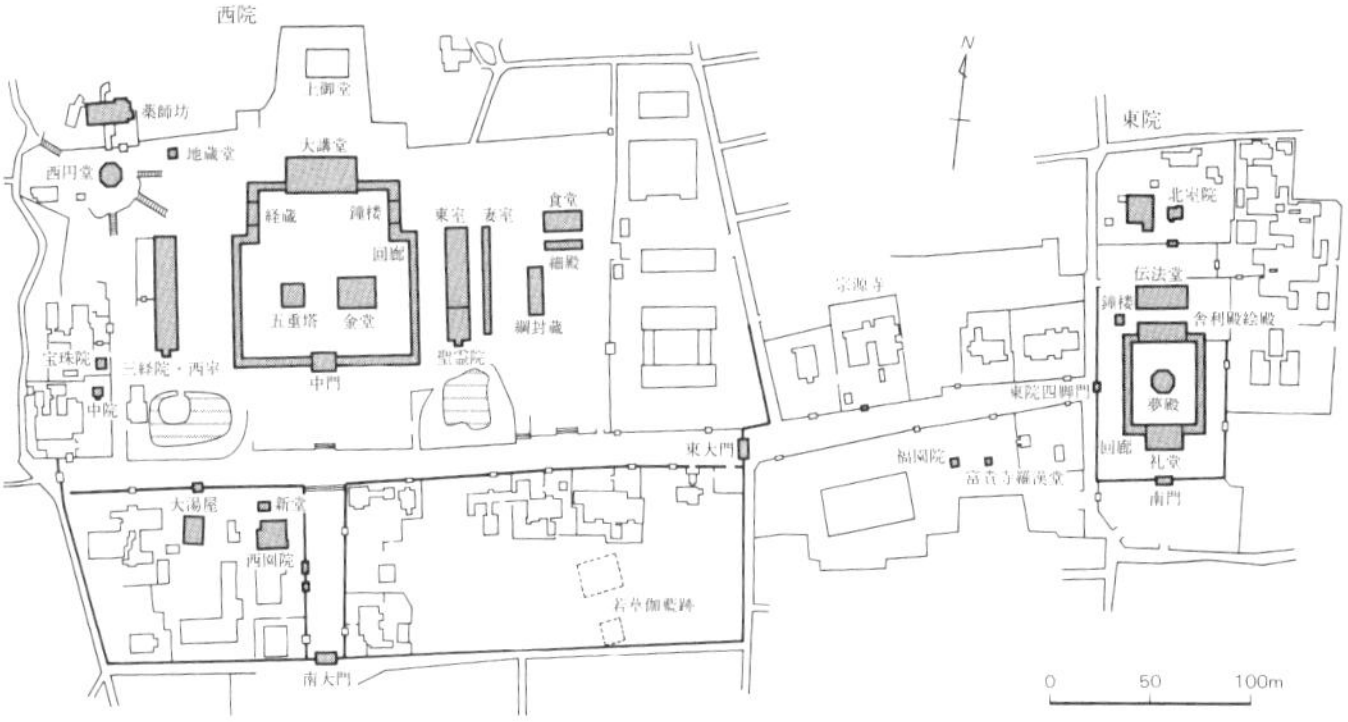

法隆寺建物配置図

金　　堂

五　重　塔

大　講　堂

廻　廊

中　門

食堂(右)と細殿

鐘　楼

綱封蔵

経　蔵

聖霊院　唐破風付大形厨子

聖　霊　院

東　　大　　門

西　円　堂

夢　　　殿

伝　法　堂

東大門　西院伽藍の東面築垣に開く門で、門前の道を直進すると東院伽藍に達する。三間一戸《さんげんいっこ》八脚門《はっきゃくもん》と呼ぶ形式で、奈良時代伽藍の四面に設けた大門のうち特に大きい南大門以外に用いられた門の標準型である。垂木《たるき》を現わした三棟造《みつむねづくり》の構造や二重虹梁蟇股の架構も天平様式の正統的手法を用いている。部材の番付によって元は東西棟であったことがわかり、現在地へは寺域が拡張された平安時代後期に移築された。国宝。

綱封蔵　東僧房(東室《ひがしむろ》・妻室《つまむろ》)の東方に建つ南北棟の高床造《たかゆかづくり》の倉。綱封蔵はその開閉を僧綱所《そうごうしょ》が管理する倉であり、勅封に次ぐ厳重さで守られた。当初の綱封蔵が十二世紀初頭に顚倒したためにその宝物を移し、それからはこの倉が綱封となる。桁行九間のうち両端の三間を囲い、中央部は床板もない吹抜けの空所として、南北両倉の扉をここに向かって開く。双《ならび》倉《ぐら》本来の形式を伝える唯一の遺構であり、板張り土塗りの壁体も珍しい。十世紀の建築と推定されている。国宝。

大講堂　西院伽藍の金堂・塔の中間後方に位置し、旧堂が延長三年(九二五)に焼失後、同じ規模で正暦元年(九九〇)再建された。当初北回廊が講堂前方にあったが、再建時に取り払い、屈曲させて講堂両脇に接続するよう改めている。元来正面八間の建物であるが、後世に西端一間を増築して九間となった。内部西側で柱列が重複するのはそのため。野屋根《のやね》を設けてゆるい勾配の化粧垂木をかけ、母屋《もや》には一面の平《ひら》天井《てんじょう》を張るなど、構法の日本化が進む好例を示し、平安和様の代表例となっている。国宝。薬師三尊像《やくしさんぞんぞう》を安置。

(鈴木　嘉吉)

鐘楼　西院大講堂の東南、東回廊途中に建つ。経蔵と相対し、よく似た平面と構造をもつが重い梵鐘(重要文化財)を上層につるすため補強の骨組が付加され東西両面の中央間を開放としている。『法

隆寺伽藍縁起幷流記資財帳』に記す当初の建物は延長三年(九二五)に講堂とともに焼失し、十一世紀初頭ごろに再建された。そのため柱に胴張はあるが、経蔵にくらべ蟇股の形や上下両層の高さの比例などに違いがあり、やや鈍い感じがある。古代の楼造の鐘楼として唯一の実例である。国宝。

参考文献 『奈良六大寺大観』一、奈良県教育委員会編『奈良県文化財全集』九、奈良県教育委員会編『国宝法隆寺回廊他五棟修理工事報告書』

(沢村　仁)

西円堂　境内西北隅の小高い位置に建つ八角円堂で、現在の建物は建長二年(一二五〇)の再建。天平十九年(七四七)の『法隆寺伽藍縁起幷流記資財帳』には記載されないが、本尊の脱活乾漆造薬師如来坐像は奈良時代後半の作と認められ、そのころの創立と考えられている。建物は凝灰岩の礎石や須弥壇《しゅみだん》に当初のものが使われており、規模を踏襲したことがわかる。屋根の露盤宝珠や内部を全体化粧屋根裏とする簡素な形式も、おそらく奈良時代以来の伝統を守ったのであろう。国宝。

聖霊院　西院回廊の東側で南北に長く連なる東室《ひがしむろ》(国宝)の南端部にあたり、僧房の三房分、六間を改造して保安二年(一一二一)創立されたが、現在の建物は弘安七年(一二八四)梁間を広げて全面的に建て替え、独立の仏堂としたもの。正面に広庇《ひろびさし》を設け蔀戸《しとみど》や妻戸《つまど》を用いるなど、寝殿造の対屋《たいのや》に似た構えをもち、鎌倉時代の住宅風仏堂の典型。内部は当時の密教仏堂の平面を踏襲して外陣・内陣に区画され、内陣背後の唐破風付大型厨子内に聖徳太子及び侍者像を安置している。国宝。

三経院及び西室　西院回廊の西側に建つ桁行十九間の南北棟建物。南七間を三経院《さんぎょういん》、北十二間を西室とする。当初は東側の東室と対称の位置にあり、全体が僧房であったが、承暦年間(一〇七七—

八一)に焼失、寛喜二年(一二三〇)にやや西へ離して再建された。後方西室部分は文永五年(一二六八)増築。三経院は法華《ほっけ》・勝鬘《しょうまん》・維摩《ゆいま》の三経を講ずる道場で、東室南端の聖霊院と対応し、ともに寝殿造の対屋に似た形で造られている。西室は二間一房制の僧房が外観でよくわかる。国宝。

（鈴木　嘉吉）

釈迦三尊像　〔金堂〕金堂の本尊。光背とも銅造鍍金。像高は中尊八七・五㌢。内陣中央の二重の木造宣字形《せんじ》台座上に、右手に施無畏《せむい》印、左手に施与《せよ》(与願)印をとる諸仏に通相の姿で結跏趺坐《けっかふざ》する。聖徳太子の母穴穂部間人《あなほべのはしひと》皇女崩御直後の推古天皇三十年(六二二)正月に太子と妃膳《かしわで》大郎女がともに病を得、その「転病延寿」を祈って発願されたが、翌月に日をついで急逝、その十三ヵ月後の同三十一年三月に完成した(造像記)。中国北魏末竜門様式を受け、中国風(冕《べん》服《ぶく》式)の法衣を着用し、三尊ともに衣襞を平面的に重ね、その裳裾を遠心的に左右に開くごとく整えるなど、正面観照性、扁平様式、左右相称性の特徴を示す。光背表面に火焔と化仏をあらわし、周縁に透彫の飛天をつけるのも北魏以来の伝統だが、飛天は欠失。止利《とり》(鳥)仏師の作で、飛鳥時代前期の止利式様式の祖型をなす。天智天皇九年(六七〇)の法隆寺罹災の折には救出される。国宝。付属の木造天蓋(重要文化財)も飛鳥時代。

参考文献　『奈良六大寺大観』二、田沢坦他編『法隆寺金堂釈迦三尊像』(『法隆寺資料彫刻篇』二)、町田甲一『増訂新版法隆寺』、同「法隆寺金堂釈迦三尊像について」(『上代彫刻史の研究』所収)、藪田嘉一郎「法隆寺金堂薬師・釈迦像光背の銘文について」(『仏教芸術』七)

（町田　甲一）

釈迦三尊像銘　〔金堂〕三尊をおおう舟型光背の裏面中央に刻まれている。法興元三十一年、鬼前大后(聖徳太子の母)が崩じ、翌年正月、太子とその后も病に陥ったので、王后・王子らが諸臣とともに

太子等身の釈迦像造立を発願、太子と后の没後、癸未年三月、像を完成させた。仏師は司馬鞍首止利であったという。この銘文は、一部に異説はあるものの癸未(推古天皇三十一年(六二三))ごろのものとするのが定説となっており、聖徳太子や法隆寺研究の基礎史料として重要である。文章は本格的漢文で綴られ、一行の字数と行数が十四に統一されている。書風も六朝風の秀麗なもので、古代の書蹟中屈指の名筆といえよう。銘文は以下のとおり。「法興元卅一年歳次辛巳十二月鬼/前太后崩明年正月廿二日上宮法/皇枕病弗悆干食王后仍以労疾並/著於床時王后王子等及与諸臣深/懐愁毒共相発願仰依三宝当造釈/像尺寸王身蒙此願力転病延寿安/住世間若是定業以背世者往登浄/土早昇妙果二月廿一日癸酉王后/即世翌日法皇登遐癸未年三月中/如願敬造釈迦尊像幷俠侍及荘厳/具竟乗斯微福信道知識現在安隠/出生入死随奉三主紹隆三宝遂共/彼堓普遍六道法界含識得脱苦縁/同趣菩提使司馬鞍首止利仏師造」。

参考文献 『奈良六大寺大観』二、奈良国立文化財研究所飛鳥資料館編『飛鳥・白鳳の在銘金銅仏』、東野治之「聖徳太子関係銘文史料」(石田尚豊他編『聖徳太子事典』所収)

(東野　治之)

釈迦三尊像　〔上堂〕上堂(重要文化財)本尊。中尊は像高二三〇センチ、周丈六《しゅうじょうろく》の坐像で、両脇侍は像高一五〇センチ強の坐像である。いずれも桜材の一木造り、漆箔。作風は醍醐寺薬師堂薬師三尊像や東寺食《じき》堂《どう》千手観音像など聖宝《しょうぼう》のかかわった仏像に近く、その系統の工房による十世紀前半の作とみられる。延長三年(九二五)当寺講堂焼失後間もなく、別当観理《かんり》は聖宝建立の深草《ふかくさ》普《ふ》明《みょう》寺の堂を引き移し、講堂の後身としたが(『法隆寺政所幷法頭略記』)、それがおそらく上堂で、本像はその際の造立とみられる。観理は聖宝の孫弟子にあたる。国宝。

参考文献 『奈良六大寺大観』二、太田博太郎「普

明寺堂の法隆寺移建について」（『仏教芸術』八四）

（水野敬三郎）

釈迦三尊像銘 〔大宝蔵院〕大宝蔵院にある金銅製釈迦三尊（現在右脇侍を欠失、重要文化財）の舟型光背裏に刻まれている。刻銘中に鍍金が認められる。銘文は、戊子年十二月に朝風文らが嗽加《そが》大臣のために発願して造像したことを述べる。「嗽加大臣」は、蘇我馬子にあてる説もあるが、蘇我蝦夷《えみし》をさすとみてよい。文中「朝風文将其零済師慧燈」については、読みに定説がないが、あるいは「朝風文、其の零済師慧燈を将《ひき》ゐる」であろうか。この像は、金堂の釈迦三尊と同じ止利様式でありながら、柔らかさに富んでいるため、金堂像より遅れての制作とみられており、戊子年は推古天皇三十六年（六二八）とするのが定説である。銘の書は、金堂像ほど整っていないが、やはり六朝風である。光背高三八・四センチ。銘文は以下のとおり。「戊子年十二月十五日朝風文／将其零済師慧燈為嗽加大臣／誓願敬造釈迦仏像以此願力／七世四恩六道四生倶成正覚」。

参考文献 『奈良六大寺大観』二、奈良国立文化財研究所飛鳥資料館編『飛鳥・白鳳の在銘金銅仏』

（東野 治之）

薬師如来像 〔金堂〕光背とも銅造鍍金。像高六三・八センチ。本尊釈迦三尊像の左（東の間）に坐す。釈迦像と同形の諸仏通相の姿をとり図像的には薬師と断じ難いが、銘は薬師と刻む。銘は用明天皇の病平癒を祈ってのちの推古天皇と聖徳太子が用明天皇元年に寺とともに発願、推古天皇十五年（六〇七）に完成と記すが、これを疑う人も多く、様式も推古天皇三十一年の釈迦像より古くはないとされ、天智天皇九年（六七〇）の罹災後の擬古作と解する人が少なくない。衣褶の表現、肉体の把握などに時代の降る特色が伺える。釈迦像と同じく止利作と考えられたこともあったが今は否定的。国宝。いま随侍の像（重要文化財）は別のも

ので、本来は単尊像。台座木造。天蓋は鎌倉時代の補作。

参考文献 『奈良六大寺大観』二、町田甲一「法隆寺金堂薬師像の擬古作たることを論ず」(『上代彫刻史の研究』所収)、**Karl With: Buddhistische Plastik in Japan.**

（町田 甲一）

薬師如来像銘 〔金堂〕薬師像の宝珠形光背裏に刻まれている造像記。その内容は、用明天皇が病にかかったとき、丙午年(用明天皇元、五八六)にのちの推古天皇と聖徳太子を召し、造寺・造仏を発願したが、それを遂げずに崩じたので、天皇と太子が丁卯年(推古天皇十五、六〇七)にこれを完成したことを記す。法隆寺の草創を述べた史料として有名であるが、推古天皇を「小治田大宮治天下大王天皇」、聖徳太子を「東宮聖王」とするなど、在世中の称としては不審な用語がみえるので、これを六〇七年当時の銘とするには疑問がもたれている。刻銘中に鍍金は認められない。銘文の書は初唐風ともいえる力強い楷書である。光背縦七九・七センチ。銘文は以下のとおり。「池辺大宮治天下天皇大御身労賜時歳／次丙午年召於大王天皇与太子而誓願賜我大／御病太平欲坐故将造寺薬師像作仕奉詔然／当時崩賜造不堪者小治田大宮治天下大王天／皇及東宮聖王大命受賜而歳次丁卯年仕奉」。

参考文献 『奈良六大寺大観』二、奈良国立文化財研究所飛鳥資料館編『飛鳥・白鳳の在銘金銅仏』、福山敏男「法隆寺の金石文に関する二、三の問題」(『夢殿』一三)、東野治之「聖徳太子関係銘文史料」(石田尚豊他編『聖徳太子事典』所収)

（東野 治之）

薬師如来像 〔西円堂〕西円堂の本尊。像高二四六・三センチ、丈六の坐像で、脱活乾漆《だつかつかんしつ》造り、漆箔になる。その造像技法、様式ともに天平期のものであるが、その表現にはやや形式化のあとが見え、天平後半期の作と考えられる。光背の身光光心部と蓮華座は

当初のものを伝えるのが貴重である。本像の造立についての確かな記録はない。国宝。

参考文献 『奈良六大寺大観』三　（水野敬三郎）

薬師三尊像 大講堂の本尊。木造漆箔。像高は中尊二四七・二センチ、脇侍各一七二・一センチ。三尊ともに八重蓮華座上に坐す。檜材の矧ぎ付け（中尊は頭体部を一材より彫成、脇侍は頭体部二材製）。講堂再建の正暦元年（九九〇）ごろの作で、衣文《えもん》の線や螺髪《らほつ》の彫りなどに弘仁的なものを残し、定朝様式成立以前の作風を示すが、全体的な感じとしては藤原的な静かな気分を漂わす。中尊と脇侍は作風・技法・構造を異にする。国宝。

参考文献 『聖徳太子伝私記』、『奈良六大寺大観』二

救世観音像 〔夢殿〕夢殿の本尊。光背・台座とも樟《くす》材、白土下地箔押彩色。像高一七九・九センチ。『法隆寺東院縁起資財帳』（『東院資財帳』）は聖徳太子等身の観音、『法隆寺東院縁起』は太子在世中に造られた御影の救世《くぜ》観音とし、『聖徳太子伝私記』にも救世観音の名がみえるが、太子没後の推古末—舒明朝の作とするのが有力。「救世」の呼称も後のもので、「救苦観音」の誤伝ないし誤写とする説がある。本体は宝珠をとる両手を含め、台座蓮肉部まで一木より彫成、体側に鰭《ひれ》状に拡がる天衣の先端部は別矧ぎ。体の奥行き浅く「く」の字型の側面をもち、左右に開く天衣の整え方など中国天竜山東魏窟の浮彫の様式を引く。原所在不明、行信により斑鳩宮跡に東院が復興された時、夢殿に安置。国宝。

参考文献 中院良訓『古今一陽集』、『奈良六大寺大観』四、金森遵「夢殿観音と百済観音」（『日本彫刻史の研究』所収）、町田甲一「鞍作部の出自と飛鳥時代に於ける「止利式仏像」の興亡について」（『上代彫刻史の研究』所収）、同「法隆寺の夢殿本尊救世観音立像と金堂四天王像について」（同所収）、内

藤藤一郎「夢殿本尊救世観世音菩薩像」(『夢殿』一)

百済観音像 〔大宝蔵院〕光背・台座とも樟《くす》材、彩色。像高二一〇・九センチ。この像についての記録は、古いところには全く見出せず、元禄十一年(一六九八)の『台覧記幷諸堂仏体数量記』にはじめて、ついで『古今一陽集』に、「虚空蔵菩薩」の名で登場。前書に「百済国ヨリ渡来、但天竺像也」(百済観音の俗称はここに由来する(?))、後書に「起因闕二于古記一古老伝謂三異国将来像二不レ知二其所以一也」と記す。聖徳太子関係の寺で虚空蔵菩薩を太子の本地仏とする信仰があり観音を虚空蔵菩薩とよんだ(台座裏に「虚空蔵台輪」の墨書)。日本特産の樟を材とするところから将来説は否定的。八等身に近い長身で両腕を角度をかえて屈臂、天衣の平面を側面に向け先を前に翻すなど、側面観照が考慮されている点から七世紀半ばの作とされる。国宝。

参考文献 『奈良六大寺大観』四、金森遵「夢殿観音と百済観音」(『日本彫刻史の研究』所収)、町田甲一「百済観音」(『上代彫刻史の研究』所収)、内藤藤一郎「百済観音の新研究」(『夢殿』一七)

夢違観音像 〔大宝蔵院〕銅造鍍金。光背欠、台座後補(元禄七年(一六九四))。像高八六・九センチ。台座上面に「夢違観音」の名の由来を語る霊験記を刻む。宝永七年(一七一〇)東院絵殿本尊として安置(『古今一陽集』)されるが、それ以前の来歴は不明。乙女のごとき容貌姿体や触知的造形など典型的白鳳様式を示す名品。手にもつ水瓶ともに同鋳、裾裏を鋳封じ、中型《なかご》の砂も鋳込む。絵殿の昭和修理に際し大宝蔵院に移坐。国宝。

参考文献 『台覧記幷諸堂仏体数量記』、『奈良六大寺大観』二、田沢坦他編『法隆寺宝蔵小金銅像』(『法隆寺資料彫刻篇』二)、町田甲一「聖観音菩薩像(夢違観音)」(『上代彫刻史の研究』所収)

(町田 甲一)

九面観音像　〔大宝蔵院〕通常の十一面観音と異なり、頂上仏・大笑相各一面のほか、慈悲相・瞋怒相《しんぬ》・白牙上出相各二面をつけ、本面とあわせて九面を数えるので、九面観音として知られる。像高三七・一センチ《セン チ》の小像で、白檀の一材から、頭部以下、足下の蓮華までを彫成し、装身具・持物などを精緻に鏤刻する。中国盛唐期の様式を示す檀像彫刻の典型的作例である。『法隆寺伽藍縁起并流記資財帳』に養老三年(七一九)唐より請坐の檀像一具の記載があるが、これにあてることには疑問が提出されている。国宝。

参考文献　『奈良六大寺大観』四、町田甲一「法隆寺の「資財帳」に記された「宮殿」と「檀像」についての疑問」(『日本歴史』二三三)　(水野敬三郎)

観音菩薩像銘　古代の金石文の一つ。観音像は失われ、付属していた金銅製の造像記だけが残る。上下に枘《ほぞ》のある短冊型をしている。銘文には、甲午年三月十八日、鵤《いかるが》大寺の徳聡《とくそう》、片岡王寺の令弁《りょうべん》、飛鳥寺の弁聡《べんそう》の三僧が、父母への報恩のため観音像を造ること、三僧の出自が大原博士《ふひと》氏であり、百済王《くだらのこにきし》が日本で百済王の姓を与えられていることが述べられている。百済王への賜姓は持統天皇七年(六九三)以前であるので、甲午年は持統天皇八年とみるのが定説である。この銅板は、上下の枘を用いて像の光背と台座に装着されていたと推定され、裏面の文字のある部分に鍍金の剝落が著しいのはそのためと考えられる。縦一三・一センチ《セン チ》。重要文化財。銘文は以下のとおり。「(表)甲午年三月十八日鵤大寺徳聡法師片岡王寺令弁法師／飛鳥寺弁聡法師三僧所生父母報恩敬奉観世音菩薩／像依此小善根令得无生法忍乃至六道四生衆生倶成正覚」、「(裏)族大原博士百済在王此土王姓」。

参考文献　奈良国立文化財研究所飛鳥資料館編『飛鳥・白鳳の在銘金銅仏』、東野治之「大宝令前の官職をめぐる二、三の問題」(『長屋王家木簡の研究』所収)　(東野　治之)

薬師如来像（西円堂）

釈迦三尊像（上堂）

大宝蔵院

九面観音像

夢違観音像

百済観音像

阿弥陀三尊像及び厨子

玉虫厨子

救世観音
像(夢殿)

薬師三尊像(大講堂)

涅 槃 像 土

維摩詰像土

分舎利仏土

弥勒仏像土

五 重 塔 塑 像

毘沙門天像

薬師如来像

釈迦三尊像

吉祥天像

薬師浄土図(第十号)

阿弥陀浄土図(第六号)

金　堂　壁　画

多聞天像

広目天像

増長天像

持国天像

四　天　王　像

四天王像 金堂須弥壇の四隅に安置される。像高一三三・三〜一三四・八センチ。現存最古の四天王像として名高く、正面を向き、両腕を体に沿わせて曲げ、大きな邪鬼と岩座の上に立つ謹直な姿に特色があり、杏仁形《きょうにんがた》の眼や直線的図式的にあらわす衣文の固い彫口など、飛鳥彫刻の様式をはっきりと示している。像、光背、邪鬼と岩座がそれぞれ樟《くす》の一木から丸彫りされ、鮮やかな彩色の一部には截金《きりかね》を配し、宝冠や腕・臂釧、持物の一部は金銅製である。広目天像と多聞天像の光背裏に四人の作者銘が刻まれている。その一人「山口大口費」は白雉元年(六五〇)に千仏像を刻んだと『日本書紀』に記す「山口直大口」と同一人物とみられ、本像もこれに近いころの作と推定されている。国宝。

参考文献 『奈良六大寺大観』二　(西川杏太郎)

四天王像銘 金堂の四天王のうち、多聞天・広目天の光背にある造像記。木造円型の光背裏面に刻まれている。多聞天の銘文は三種あり、「薬師徳保」云々は、薬師徳保が指揮して鉄師手古《まらこ》と二人で作ったことを表わし、「薬師光」は薬師徳保製作の像に付ける光背の意味であろう。天地逆に線刻された「汙久皮臣」は、古代氏族名の一つ「的《いくは》臣」のことで、的氏が造像に何らかの関与をしたことを示すと考えられる。広目天の銘は二種で、一つは山口大口費が指揮して木閇《こまろ》と二人で作ったことを記し、「筆」は広目天の持物を示す。光背径六一センチ強。銘文は以下のとおり。(多聞天)「薬師徳保上而/鉄師手古二人作也」「薬師光」「汙久皮臣」(広目天)「山口大口費上而次/木閇二人作也」「筆」

参考文献 『奈良六大寺大観』二、東野治之「法隆寺金堂四天王光背銘の「片文皮臣」」(『MUSEUM』三八八)　(東野　治之)

玉虫厨子 檜造(一部樟《くす》)、総高二二六・六センチ。大宝蔵院所在。もと橘夫人厨子(阿弥陀三尊像及び厨子)とともに金堂所在。天平十九年(七四七)の『法

隆寺伽藍縁起幷流記資財帳』に記す「宮殿像二具(一具金渥押出千仏像、一具金渥銅像)」の解釈に二説あるが(「阿弥陀三尊像及び厨子」の項参照)、「宮殿一基内の像二具」と解すれば八世紀には玉虫厨子《たまむしのずし》だけが金堂にあったことになる。宮殿部と台座部(須弥座と台脚に分かれる)からなり、宮殿部には大棟に鴟尾《しび》をおく錣《しころ》葺きの屋蓋(瓦は行基葺き)をのせ、実際の建築の雛型を呈す。柱や横材には帯状の透し彫りの飾金具を施すが、これには大別してパルメット系・雲文系・虺竜系の三種の唐草文と連珠文があり、その金具下にいわゆる玉虫の羽を敷く(玉虫厨子の名はこれに由来)。宮殿部の扉・壁面、須弥座の腰板に彩画を施す。顔料は密陀絵《みつだえ》・漆絵の両説あり。特に名高いのは須弥座腰板側面の「施身問偈《せしんもんげ》」と「捨身飼虎《しゃしんしこ》」の本生図で、正背面は「舎利供養図」「須弥山図」、宮殿部の扉は天王(正面)・菩薩像(側面)を描く。宮殿内には、『金堂日記』以下の記録によれば金銅小仏三体が安置されていたが今はなく、龕《がん》内壁面に貼付の押出の千仏が現存。『資財帳』の記を玉虫厨子一基とする説では割注の二基の仏像を上記の龕内に安置のはずの丸彫と押出の二種の仏像と解する。『聖徳太子伝私記』に推古天皇の厨子とあるが、「捨身飼虎本生図」典拠の『金光明経』本邦伝来時をさかのぼり得ず、宮殿部の様式から考えても七世紀後半の作。国宝。

参考文献 『奈良六大寺大観』五、上原和『増補玉虫厨子の研究』、秋山光和『法隆寺玉虫厨子と橘夫人厨子』(『奈良の寺』六)、亀田孜「玉虫厨子」(『日本絵画館』一所収)、村田治郎「玉虫厨子の諸考察」(『仏教芸術』六三)、白畑よし「玉虫厨子雑考」(同四)、町田甲一「法隆寺の「資財帳」に記された「宮殿像」と「檀像」についての疑問」(『日本歴史』二三二)

阿弥陀三尊像及び厨子

阿弥陀三尊・後屏・台盤は銅造鍍金、中尊の像高三四センチ、

脇侍二八・七〜八チ《セン》。厨子は檜材漆地彩色(須弥座《しゅみざ》部別寄せの請花・反花は樟材)、総高二六八・九チ《セン》。大宝蔵院所在。もと金堂にあり、寺伝に「橘(三千代)夫人念持仏」および「橘夫人厨子」とする(須弥座下框内部に鎌倉時代の「光明后母公」云々の墨書あり)。天平十九年(七四七)の『法隆寺伽藍縁起幷流記資財帳』に記す「宮殿像二具(一具金泥押出千仏像、一具金泥銅像)」を玉虫厨子と橘夫人厨子の二基の厨子を指すものと解する説と、宮殿(内)の像とよんで厨子内の二具の仏像と解する説がある。後説では厨子は玉虫厨子一基を指し八世紀半ばまで橘夫人厨子は法隆寺になかったことになる。昭和四十二年(一九六七)の調査の結果、もとは現状と異なり、龕身部は金堂天井より釈迦三尊像の上に垂下する天蓋を小さく模した方蓋を吹放しの八角柱四本を立てて支え、周囲も両開きの扉ではなく垂帳を垂らしていたと推測された(この形式の牀座は隋唐に例あり)。これが「宮殿像」の呼称にあたるかどうかが問題。須弥座と龕身部の扉には仏・菩薩・天・力士など仏教関係図像、方蓋の内外面には装飾を描くが、龕身部と須弥座の絵には多少の年差が見られるので、龕身部の改作は(橘夫人厨子の伝承を一応認めて)橘三千代《たちばなのみちよ》没(天平五年)のころと推定する説がある。

龕中に、蓮池をあらわす台盤から捻出した三茎の蓮花上に観音・勢至の立像を随えて坐す阿弥陀三尊を安置する。螺髪《らほつ》を螺貝状に現わさず旋毛状に現わし、顔は丸味をおびた童顔を呈し、口もとの微笑も飛鳥の古拙味を脱して自然の笑みに近くなり、頭部と胴の連絡も自然になり、衣褶の表現も飛鳥の硬い平面を重ねる手法の名残りを残してはいるが柔らかな味をまし線的な衣文の表現に近くなる。脇侍も硬い直立ではなく幽かに腰をひねった柔軟な姿をとり、全体に白鳳様式の特徴が顕著。特に肉体の把握に触覚的な眼の働きが加わり、触知的に柔らかく肉体を造形するが、そこに飛鳥から天平に至る間の白鳳時代の彫刻の特徴が示されている。

後屏の意匠もすぐれている。国宝。

参考文献 『奈良六大寺大観』二・五、田沢坦他編『法隆寺宝蔵小金銅像』(『法隆寺資料彫刻篇』二)、町田甲一「法隆寺の「資財帳」に記された「宮殿像」と「檀像」についての疑問」(『日本歴史』二三二)

(町田 甲一)

五重塔塑像 五重塔初層内陣四面に塑造の岩窟を築き、そこに配された塑像の群像。『法隆寺伽藍縁起幷流記資財帳』によれば和銅四年(七一一)の造立で、維摩詰像土(東)、涅槃像土(北)、分舎利仏土(西)、弥勒仏像土(南)と記される。盛唐彫刻の影響を受けた天平初期様式を示し、塔本塑像群像の、また中国で盛行した塑壁《そへき》の数少ない遺品として貴重である。ただ当初の須弥壇《しゅみだん》と山岳は現状よりも小さく、その改変の時期が和銅四年であるのか、やや後なのかという問題と関連して、本群像全体の製作時期をこれより遅く考える説、涅槃像土の激しい表情、身ぶりの一部の比丘像のみ改変時の補作と見る説がある。国宝。

参考文献 西川新次『法隆寺五重塔の塑像』、『奈良六大寺大観』三、長広敏雄『法隆寺五重塔の塑像』(『奈良の寺』四)

行信僧都像 夢殿の須弥壇上、東北隅に安置される。像高八八・五センチ、等身の坐像で、脱活乾漆造り、彩色。行信は夢殿伽藍の造営に功があったが、その肖像の造立に関する記録は知られない。目が吊り上がり、頬骨の張った精悍な相貌で、起伏の強い大きくうねる衣文もその個性を表現している。唐招提寺《とうしょうだいじ》鑑《がん》真和上《じんわじょう》像の静的な瞑想する姿と対蹠的である。このような対看写照的な高僧像の制作は、鑑真像以後のことであろう。一般に天平時代の造立とされるが、平安時代のものとする説もある。国宝。

参考文献 『奈良六大寺大観』三、松島健「奈良朝僧侶肖像彫刻論—鑑真像と行信像—」(『仏教芸術』一七六)

道詮律師像　夢殿の須弥壇上、西北隅に行信僧都像と対照的な位置に安置される。像高八七・三センチ、等身の坐像で、塑造、彩色。貞観年間(八五九―七七)に夢殿を修復した道詮の像と伝えるが、その造立に関する記録はない。老相で額に皺を刻み、眉を強く寄せた相貌に、その個性が表現されていると思われる。技法や表現は天平肖像彫刻の伝統を引くが、衣文はやや形式化しており、貞観十五年(同十八年とも)道詮入滅ころの制作とみてよい。国宝。

参考文献　『奈良六大寺大観』三　(水野敬三郎)

地蔵菩薩像　金堂の須弥壇上で、本尊釈迦三尊像の後に北向きに安置されている。像高一七三センチ。もと大神《おおみわ》神社の神宮寺である大御輪寺に伝わり、明治元年(一八六八)にここから法隆寺に移座されたと伝える。両手首を除く像身のすべてを檜の一木から彫出した典型的な一木彫像で、肉付けは太くたくましく、彫り口も鋭く、力強さに満ちている。平安時代前期、いわゆる貞観彫刻の一典型として、また地蔵菩薩像の古例の一つとして注目される。国宝。

参考文献　『奈良六大寺大観』一

聖徳太子像　東院絵殿の相殿に安置される聖徳太子の坐像。像高五七・九センチ。髪を美豆良《みずら》に結い、闕腋袍《けってきのほう》をつけ、右手に団扇を執って坐る童子形にあらわし、七歳の太子像と伝えている。檜材、一木割《わり》矧《は》ぎの構造になり、華やかな彩色を施し、平安時代後期の温雅な作風を示している。黒漆塗りの輦型の厨子は軸部より上方は他の厨子を転用改造したものであるが基台は像と同時の作と考えられ、聖霊会に際しては、その本尊として、轅《ながえ》の付いた別の台に厨子とともに像を乗せ、講堂まで渡御されたと伝える。像内に記す墨書銘により、治暦五年(延久元、一〇六九)仏師円快《えんかい》、絵師秦致貞《はたのむねさだ》により制作されたことが知られる。絵師秦致貞は、絵殿の「太子絵伝」(法隆寺献納宝物として東京国立博物館所蔵、国宝)の作者秦致真と同一人と考

えられている。聖徳太子彫像の現存最古作として注目される。重要文化財。

参考文献 丸尾彰三郎他編『日本彫刻史基礎資料集成』平安時代造像銘記篇二、『奈良六大寺大観』四

聖徳太子及び侍者像

聖霊院の本尊。像高は太子像八四・三センチ、侍者像五二・五〜六四・〇センチ。『聖徳太子伝私記』によると、聖徳太子四十五歳の時の『勝鬘経《しょうまんぎょう》』講讃の姿をあらわしたものとされ、これに太子の三人の王子である山背《やましろ》王・殖栗《えぐり》王・卒末《そま》呂《ろ》王それに太子の師、高麗《こうらい》僧恵慈《えじ》の四体が侍者となり、五尊像を形成している。それぞれ檜材の一木造で、神像彫刻のような簡潔な表現にまとめられ、古来厳重な秘仏とされているため、当初の鮮やかな彩色や截金《きりかね》文様がよく遺されている。太子像の像内には、亀座に乗る蓬萊《ほうらい》山頂に立つ金銅救世観音立像(七世紀の作)および法華・勝鬘・維摩の三経が納められている。これら五尊像は天仁年間(一一〇八―一〇)に聖霊院が再興された際、造立されたもので、保安二年(一一二一)に開眼供養されたことが『法隆寺別当次第』によって明らかにされる。また『法隆寺縁起白拍子』には本像造立の経緯や納入品奉籠のことを詳細に記している。太子信仰史上重要な作品である。国宝。

参考文献 丸尾彰三郎他編『日本彫刻史基礎資料集成』平安時代造像銘記篇八、『奈良六大寺大観』四、『伊珂留我』四(『法隆寺昭和資財帳調査概報』)

(西川杏太郎)

毘沙門天・吉祥天像

木造彩色。像高は毘沙門天一二三・二センチ、吉祥天一一六・七センチ。対像。金堂の本尊釈迦三尊像の左右に安置。承暦二年(一〇七八)十一月金堂安置、翌月供養(『金堂日記』)。翌年正月から金堂で施行の吉祥御願(吉祥悔過会)の本尊となる(『聖徳太子伝私記』)。ともに檜一材を割り矧ぎ内刳りした造りで表面は布貼りの錆下地に細文様を彩色。容貌が藤原風であることに加えて衣文も柔かく

藤原彫刻の特色を伝える。毘沙門天は漆箔、截金。吉祥天は暈繝《うんげん》彩色。国宝。

参考文献 『奈良六大寺大観』二　（町田　甲一）

金堂壁画　金堂の外陣四方の扉口を除く側壁には、四大壁に四仏の浄土図、八小壁に菩薩像が、おのおの対応する位置に描かれていた。しかし昭和二十四年(一九四九)の火災で、解体修理中のため、取りはずされていた二十面の内陣小壁の飛天図(重要文化財)を除き、すべて焼損した。そのため、昭和十五年以来続けられていた壁画の精密な模写作業は未完に終った。現在の再建金堂には、昭和四十三年に日本画家十四名による協同製作になる再現模写図がはめこまれている。四大壁の図相は、東に釈迦、西に阿弥陀、北側東に薬師、北側西に弥勒の浄土図、それぞれ説法相の中尊と両脇侍菩薩を中心とし、左右相称の整然とした構成ではあるが、単調さに陥ることを避けて変化をつけながら、調和のとれた絵画的効果をあげている。八小壁には、観音・勢至、文殊・普賢、聖観音・十一面観音、それに二体の同形を裏がえしにした半跏像が華麗に描かれている。これらの像は、わが国における当時の一般的な礼拝対象として普及していたものを配置したとも考えられる。壁画の技法は、苆《すさ》まじりの粘土を三層に塗り重ねた壁体に、白土下地をほどこし、筋彫《すじぼり》で転写した下図の輪郭線に沿って下描きし、彩色を加えた後、肉身は朱あるいはベンガラ、その他は墨の線で描きおこしている。描線はいわゆる鉄線描、彩色は赤と緑のコントラストを原則とし、隈どりによる立体表現と暈繝彩色《うんげんさいしき》の新描法がみられる。これらの技法は中国の初唐画壇における西域美術の影響をうけた凹凸画《おうとつが》を反映するもので、薄い天衣や衣文を透かして肉身をうかがわせる透露描法もみられる。壁画の製作時期は、七世紀末より八世紀初めごろ、持統朝から文武朝にかけてのものと考えられる。なお、旧壁画は高熱のため、全面ほとんど灰色を帯びた褐色に変わり、

仏菩薩の像容は幻影のようになっているが、現在新設の収蔵庫内に、旧時のまま保存されている。昭和二十二年の五重塔解体工事にあたり、四周の壁を剝がしたところ、六面の菩薩像と十二面の山岳図が発見された。金堂と塔の壁画は図様が一致するので、同一の下図が使われたと考えられる。

参考文献　『奈良六大寺大観』五、柳沢孝『法隆寺金堂壁画』(『奈良の寺』八)

（林　良一）

法輪寺　ほうりんじ

奈良県生駒《いこま》郡斑鳩《いかるが》町三井《みい》（一五七〇）にある寺院。聖徳宗。別称三井寺・法琳寺・御井寺、山号妙見山。創建については、推古天皇三十年（六二二）に聖徳太子の病気平癒を祈って山背大兄《やましろのおおえ》王と由義《ゆげ》（弓削）王らが発願したとか（『聖徳太子伝私記』）、天智天皇九年（六七〇）の法隆寺焼失の後、百済の開《かい》（聞《もん》）法師《ほうし》、円明《えんみょう》法師、下氷《しもひ》新物ら三人が建てたとかいう説がある（『上宮聖徳太子伝補闕記《じょうぐうしょうとくたいしでんほけつき》』）。境内から七世紀半ばの瓦が出土し、伽藍の下層に掘立柱穴を検出していることから、当寺の草創は推古朝にさかのぼり、のち天武朝にかけて寺観を整えたものと考えられる。伽藍は法隆寺西院と同形式で、規模は法隆寺の三分の二の大きさに設計されている。平

安時代に寺運隆盛を極め、室町時代まで諸堂を完備したが、正保二年(一六四五)に金堂・講堂とともに塔の上層が大風のために倒壊。元文二年(一七三七)に塔の上層が改修されたが、昭和十九年(一九四四)に雷火のため焼失した。現在の塔は昭和五十年の再興。かつて

法輪寺三重塔

興福寺一乗院の末寺であったが、明治に真言宗に転じ、第二次世界大戦後聖徳宗の寺院となった。寺宝としては重要文化財の木造薬師如来坐像(飛鳥時代)・木造虚《こ》空蔵菩薩《くうぞうぼさつ》立像(飛鳥時代)・木造十一面観音菩薩立像(平安時代前期)・多宝塔文磬(平安時代後期)などがある。旧境内には、もと聖徳太子創掘と伝える三基の井戸があったが、今はそのうち一基が赤染の井として残されている(国史跡)。

参考文献 『大和古寺大観』一 (大矢 良哲)

法輪寺薬師如来像

法起寺

ほっきじ

奈良県生駒《いこま》郡斑鳩《いかるが》町岡本《おかもと》一八七三にあり、聖徳宗に属す寺院。この寺は聖徳太子の岡本宮の旧跡に建てられ、岡本寺・池後《いけじり》寺(池尻寺)とも称した。山号岡本山。『聖徳太子伝私記』に伝える三重塔露盤銘によると、太子の遺命により寺領として大和国田十二町、近江国田三十町が施入された。伽藍は法隆寺式の配置であるが、金堂と塔は正反対の位置にあり、この寺では東に塔がある。塔は方三間、一重の石壇上に建ち、天武天皇十三年(六八五)に僧恵施《えせ》が建立し慶雲三年(七〇六)に竣功したものである。そののち延宝六年(一六七八)律師真政《しんせい》が堂宇を修覆し、明治末期にも修理を加えた。この寺の創立年代について喜田貞吉《きたさだきち》と関野貞《せきのただし》との間に論争が繰り返されたが、現在は、三重塔露盤銘にもとづいて、舒明天皇十年(六三八)僧福亮《ふくりょう》が弥勒像を造立し、金堂を建てたとされている。銅造菩薩立像(伝虚空蔵菩薩像)・木造十一面観音立像は重要文化財。

参考文献 奈良県編『大和志料』上、福山敏男『奈良朝寺院の研究』

(平岡　定海)

三重塔　金堂の東にある本瓦葺の三重塔。『聖徳太子伝私記』に伝える塔露盤銘には慶雲三年(七〇六)露盤(今日いう相輪)を上げたと記す。法隆寺五重塔と同様、雲斗《くもと》・雲肘木《くもひじき》を用い、いわゆる法隆寺系建築様式に属する。初重と三重の平面の大きさは法隆寺五重塔の初重・五重と等しく、最上層は法隆寺塔同様二間としていて、安定感のある形を持っている。しかし雲斗・雲肘木には法隆寺塔のような渦文を彫らず、心礎は舎利孔を持っているが、基壇上に据えられ、年代的には法隆寺塔の方が古いと考えられる。後世の修理により改造されたところが多かったが、昭和五十

法起寺三重塔

年（一九七五）の解体修理で原形に復された。国宝。

参考文献 奈良県文化財保存事務所編『国宝法起寺三重塔修理工事報告書』、浅野清「法隆寺および法輪寺三重塔に関する復原考」（『奈良時代建築の研究』所収）、太田博太郎編『日本建築基礎資料集成』一一

（太田博太郎）

塔露盤銘 三重塔の露盤（擦柱かという）に刻まれていた記文。原物は失われて現存しない。顕真の『聖徳太子伝私記』などに全文が写し留められているが、誤写があるらしく、会津八一《あいづやいち》の訂正・復原説がある。内容は、聖徳太子が山代兄王（山背大兄《やましろのおおえ》王）に山（岡か）本宮を寺となすことを遺命し、大倭・近江の田が施入され、戊戌年（六三八）に福亮によって弥勒像・金堂が、乙酉年（六八五）に恵施により堂塔が営まれ、丙午年（慶雲三年（七〇六））三月に露盤を営作したことが記されている。追刻・偽作説もあったが、現在では当時のものとみる説が有力である。銘文の全文は以下のとおり（顕真自筆『聖徳太子伝私記』に拠る。括弧内は会津八一の改定案）。「上宮太子聖徳皇壬午年二月廿二日臨崩之時、於山代兄王勅御願旨、此山（岡）本宮殿宇即処専（伝）為（将）作寺、及（及人）大倭国田十二町、近江国田卅町、至于戊戌年福亮僧正聖徳（聖徳皇）御分敬造弥勒像一軀構立金堂、至于乙酉年恵施僧正将（為）竟御願構立堂（宝）塔、丙午年三月露盤営作」。

参考文献 会津八一『法隆寺法起寺法輪寺建立年代の研究』（『会津八一全集』二）、田中重久『聖徳太子御聖蹟の研究』

（飯田 瑞穂）

法華寺

ほっけじ

奈良市法華寺町八八二にある真言律宗の尼寺で、法華滅《ほっけめつ》罪之寺《ざいのてら》とも称している。門跡氷室《ひむろ》御所。法華滅罪之寺は、天平十三年(七四一)、国ごとに僧寺として金光明四天王護国寺、すなわち国分寺建立の詔が出されたときに、同じく国ごとに尼寺として建立されたものである。天平勝宝元年(七四九)寺の墾田地の限りを定めた際、諸国の法華寺は四百町、大和の法華寺は千町とされた。大和の法華寺は、もとは藤原不比等《ふじわらのふひと》の旧邸を充て、はじめ皇后宮であったが、天平十七年には宮寺となった。初期の伽藍については詳細を知ることができない。また、天平勝宝七歳の元興寺《がんごうじ》三綱牒(『正倉院文書』)には中島院の存在が見られるも、法華寺の一院であったかどうかは判明しない。しかし藤原氏との関係で、本尊の十一面観音像(国宝)は光明皇后の姿を模したものとも伝えられ、その関係からも、藤原氏を背景として、平城京の東北にかなりの伽藍配置を示して、全国の尼寺の総国分尼寺的な性格を帯びていたものとも考えられるのである。延暦元年(七八二)に造法華寺司は廃止され、都が平安京に遷るとともに次第に衰退していった。しかしながら鎌倉時代の寛元三年(一二四五)、西大寺の叡尊《えいぞん》が、法華寺の比丘尼《びくに》に沙弥尼戒《しゃみにかい》を授け、そのことから叡尊の発願によって金堂などが復興されて、西大寺の末寺となったのである。室町時代には大和を早くより支配していた興福寺の末寺となっていたのであるが、永禄十年(一五六七)十月の松永《まつなが》久秀《ひさひで》と三好《みよし》三人衆の兵乱のために、東大寺と同様に焼亡、慶長六年(一六〇一)に、豊臣秀頼・淀君の支援により秀頼公御母寺として本堂が再興されたのが現存しているのである。寺宝として維摩居士像《ゆいまこじぞう》(重要文化財)、

仏頭（同）、阿弥陀《あみだ》三尊《さんぞん》及び童子《どうじ》像（国宝）などがあり、中宮寺・円照寺などと同じく、大和における尼門跡の寺院として知られている。

法　華　寺　本　堂

参考文献　奈良県編『大和志料』下、福山敏男『奈良朝寺院の研究』

（平岡　定海）

十一面観音像　いま法華寺本堂本尊であるが、その造立に関する記録はない。像高一〇〇センチ。榧《かや》材の一木造り、頭髪・眉目・唇などに彩色するほかは素木のままで檀像風に仕上げているが、黒目、頭髪の一部、装身具などに銅板製のものを用いる。反らせた手指先、踏み出した右足のはね上げた親指など細部に至るまで緊張感のある造形で、風に翻える天衣や裳裾とともにみごとな動きを表現している。彫り口は鋭

法華寺十一面観音像

く鮮やかで、典型的な飜波式《ほんぱしき》衣文が見られる。平安時代初期木彫の一頂点を示す作例である。台座も当初作。面貌表現の観心寺如意輪観音像《にょいりんかんのん》との共通性から、九世紀前半、その半ば近くの製作と思われる。光明皇后の作とも光明皇后の姿を写したものとも伝えられる。国宝。

参考文献 『大和古寺大観』五、井上正「法華寺十一面観音立像と呉道玄様」(京都国立博物館『学叢』九)、長岡竜作「仏像表現における「型」との伝播」上・下(『美術研究』三五一・三五二)

(水野敬三郎)

阿弥陀三尊像及び童子像

特異な阿弥陀来迎図で、転法輪印を結ぶ阿弥陀如来の幅、両手で蓮台を捧げる観音と天蓋を差掛ける勢至との二菩薩の幅、および幡《ばん》をとる童子幅の三幅からなる。絹本着色。各尊ともに蓮弁の散る虚空を雲に乗って来迎する形である。従前は平安時代の作とみなされたが、最近では鎌倉時代説が有力である。雲上の紅蓮華座に坐る正面向きの阿弥陀は古様な像形に表わされるが、朱の法衣の全面に施されている卍つなぎの文様に、鎌倉時代以降に一般化する角張った形がすでに見え、面貌の描写にも新しい時代の特色を示す。また斜め向きないし真横向きの、恰幅のよい像容の観音と勢至は、左から右へゆるやかに流れる雲上の蓮華座に坐るが、その頂く宝冠の先端が後方に伸びる形は鎌倉時代からしか見られないもので、リボンや天蓋の垂れ飾りなどの描写にも、立ち姿の童子の凜々しい顔つきの表現にも、その時代性が看取される。この二幅はともに寒色系の顔料で彩られるが、そのなかの青白色の色調や着衣に施された彩文なども、平安時代後期の感覚とは相違する。要するに阿弥陀幅と他の二幅とでは作風を異にするが、ともに鎌倉時代初期の作と見るべきもので、絵絹が二尺一寸の大幅であるのもこの時代付けを肯定させる。阿弥陀幅一八五・九×一四六・四、観音・勢至

幅一八二・六×一七三・四、童子幅一八三・五×五五・〇センチ。国宝。

参考文献 柳沢孝「阿弥陀三尊及び童子像」(『大和古寺大観』五所収)、中野玄三「阿弥陀三尊及び童子像(法華寺蔵)の成立」(『大和の古寺』五所収)

(柳沢　孝)

松尾寺

まつおでら

奈良県大和郡山市山田町六八三の松尾山中腹にある。真言宗。本尊千手観音は厄除け観音として名高い。舎人《とねり》親王・法隆寺東院院主永業《えいぎょう》の創建という。裏山の松尾山神社境内から同時代の寺院遺構が検出されている。法隆寺別院として開かれたともいわれている。平安時代には国家から官稲《かんとう》が支給されていたことが『延喜式』によって知られる。鎌倉時代の建治三年(一二七七)に本堂が焼失、建武四年(一三三七)本尊とともに再興された(『法隆寺別当記』『嘉元記』)。本堂(重要文化財)は、桁行五間・梁間五間、単層、入母屋造、本瓦葺である。中世から近世にかけて一乗院の末寺。近世には当山派修験道の正大先達《せんだつ》の株をもち、修験道の一つの

拠点として栄えた。その後、神仏分離と修験道廃止によって打撃をうけたが、次第に復興し、厄除け観音の寺として広い信仰をあつめるようになった。毎年初午の日(三月初午の日)は厄除け祈願の人たちで賑わう。境内には、ほかに三重塔・客殿・大黒堂・阿弥陀堂・行者堂・鐘楼などが並ぶ。寺宝には、平安時代初期の十一面観音像、鎌倉時代の大黒天像、元画の釈迦八大菩薩像などがあり、いずれも重要文化財に指定されている。

参考文献　柳沢文庫専門委員会編『大和郡山市史』、松尾寺編『大和松尾寺の歴史と文化』

（大矢　良哲）

宗像神社

むなかたじんじゃ

奈良県桜井市外山《とび》に鎮座。筑前国の本社を勧請《かんじょう》した最も古い神社。俗に春日の宮と称する。旧村社。高市《たけち》皇子を神主高階真人《たかしなのまひと》の始祖とする。元慶五年(八八一)十月に従一位とみえ、延喜の制で名神・大社に列した。宗像三女神・天神雲命・春日四所神を祀る。南北朝時代、興国二年(一三四一)当社の高階義岑が南朝方として合戦に及んだ際、社殿を兵火で失い衰微。その後、興福寺領となり春日社を勧請したため春日社と称した。例祭は十月十九日。また九月八日の「夜の宮」は大頭屋・小頭屋の講員の奉仕により有名である。

参考文献　宗像神社復興期成会編『宗像神社史』下

（小島　鉦作）

室生寺《むろうじ》

奈良県宇陀市室生区室生七八にある寺院。真言宗室生寺派大本山。女人高野の別称がある。山号は宀一山《べんいちざん》。火山活動によってできた室生の山川は、重要な水源をなし、早くから水神信仰が起り、やがて竜の思想がこれに結びつき、竜穴《りゅうけつ》信仰に発展した。その霊地に、興福寺僧賢璟《けんきょう》が、桓武天皇の仰旨を蒙り、国家のために室生山寺を創建した。その時期は、天応元年(七八一)―延暦二年(七八三)のころと考えられる。やや遅れて室生竜穴神社の社殿も建立された。創建事業は、賢璟が多忙であったため、実質上その弟子修円《しゅえん》によって進められ、初期の当寺は「興福寺別院室生山寺」であるとともに、東密・台密の流れも加わり、多彩な道場を形成する。本来、当寺は薬師堂(現金堂)を本堂とし、本尊薬師如来を安置していた。しかるに真言密教の流入が盛んで、室町時代末期から近世初頭に、山内は灌頂《かんじょう》堂が中心となり、薬師堂を「金堂」として形式化した。これに対し興福寺側は、金堂内部に大改造を加え、薬師如来像をあえて釈迦如来と呼び、ほかに客仏も加えて五像となし、春日五神本地仏《ほんじぶつ》に擬したのである。江戸時代の初期、当寺をめぐる興福寺と真言宗の争いは、寺社奉行にもちこまれ、ひとたび興福寺に帰したものの、当寺の真言密教化の実状に即し、元禄七年(一六九四)、護持院隆光《りゅうこう》が拝領、同八年には桂昌院《けいしょういん》の寄進(金二百両)で堂塔を修理、同十一年に新義真言宗豊山《ぶさん》派の一本寺として独立させた。このことにより、高野山が女人禁制であるのに対し、室生寺の方を「女人高野」と称するようになった。これは、より広い信仰を集めるための施策であったと考えられる。のち、別派独立して、今日の室生寺派を形成している。なお、中

世後半には、真言密教の影響下に、室生流神道（御流神道）思想の発達をみたことも注目される。また当寺は、国宝の金堂・本堂（灌頂堂）・五重塔・釈迦如来立像・十一面観音像・釈迦如来坐像をはじめ、如意輪観音像や弥勒菩薩像など重要文化財の建造物・仏像などが実に多く、平安時代初期を中心とした密教美術の宝庫として重視されている。

参考文献 近畿日本鉄道創立五十周年記念出版編集所編『室生寺』（『近畿日本叢書』一〇）、『大和古寺大観』六、逵日出典『室生寺史の研究』、同『奈良朝山岳寺院の研究』、同『室生寺』、福山敏男「室生寺の建立年代」（『日本建築史の研究』所収）、小野勝年「入唐僧円修・堅慧とその血脈図記」（石浜先生古稀記念会編『（石浜先生古稀記念）東洋学論叢』所収）、薗田香融「草創期室生寺をめぐる僧侶の動向」（『平安仏教の研究』所収）、堀池春峰「宀一山図と室生寺」（『南都仏教史の研究』下所収）、金森遵「室生寺金堂五像考」（『国華』五八三・五八四・五八七）、永島福太郎「室生寺新説」（『国史学』三九）

（逵　日出典）

五重塔　五重塔の建立年代は、奈良時代末もしくは平安時代初めに比定されている。総高一六メートルほどの小塔で、相輪の頂部は九輪の上に傘蓋をもつ宝瓶がのる形式のもので珍しい。組物は三手先斗栱《みてさきときょう》であって、各重とも同じ大きさでつくられている。小塔ながらも構造的に強度をもたすため、柱は組物に比べ太目につくられている。初重内部は低い床張りで、四天柱内は仏壇となり現在金剛界五仏が祀られる。屋根は現在檜皮葺《ひわだぶき》だが、当初は流し板葺であったと考えられている。国宝。

参考文献 奈良県教育委員会編『国宝室生寺五重塔修理工事報告書』、『大和古寺大観』六

金堂　金堂の建立年代は明らかでない。円修《えんしゅう》の室生在住時である九世紀後半の建立と思われ

る。この堂はかつて根本堂あるいは薬師堂と呼ばれていた。正面の懸造りの葺き下ろしの庇《ひさし》は礼堂となるが、この部分は寛文十二年（一六七二）に改造されており、屋根ももとは入母屋造だったのが寄棟造に改められた。この建物の特徴は母屋の梁間が一間で小さく、側面中央には繋梁がないので、大斗肘木《だいとひじき》の組物に鼻先だけをつくることである。内部は低い床張りで、当初は中央に組入天井が張られず、化粧屋根裏を見せていた。国宝。

参考文献　『大和古寺大観』六

本　堂

灌頂堂の別名で知られるこの本堂は、内部は一般の密教寺院本堂のように内陣・外陣《げじん》に分かれているが、内外陣境が板扉で仕切られている。この建物は延慶元年（一三〇八）に建立されたものであるが、この構えは元来灌頂堂が正堂と礼堂の二つの建物から成った名残りを示し、内外陣境にかつての正堂正面の形式をとどめている。内陣には左右に対面する金剛・胎蔵両界の曼荼羅を祀る板壁が設けられており、奥に如意輪観音を祀る厨子が安置されている。本堂は鎌倉時代建築として優品であり、外部の尾垂木付の二《ふた》手先斗栱《てさきときょう》は類例が少ない。国宝。

参考文献　奈良県文化財保存事務所編『国宝室生寺本堂修理工事報告書』、『大和古寺大観』六

（工藤　圭章）

釈迦如来像

〔金堂〕金堂五仏の中尊。実は、左手与願、右手施無畏《せむい》の印を結ぶ、薬壺を持たない古式の薬師如来像である。像高二三四・八センチの立像、榧《かや》材の一木造りで背刳りを施す。表面の仕上げはもとは木地に白土地彩色をしたもので、肉身は黄色（黄土彩）、納衣《のうえ》の表は赤色（ベンガラ彩）、その裏は白緑彩とする。衣文は漣波《れんぱ》式と呼ばれる独特の彫法で浅く流麗に刻まれ、その鋭い稜線に沿っておかれた切金が衣文の美しさを強調している。平安時代初期彫刻に特有の量感を保ちながら装飾性への志向を顕著に示す。

室生寺の建築・彫刻

金堂

釈迦如来像(金堂)

本堂

十一面観音像

五重塔

釈迦如来像(弥勒堂)

光背は七仏薬師や文様を彩画で表わした、いわゆる板光背で、繧繝《うんげん》彩色による唐草文が華麗である。台座も蓮華その他に当初のものを伝える。形相が延暦寺根本中堂薬師と一致することから、その造立を円修・堅慧《けんえ》による室生天台樹立の動きと結びつけて考える説もあり、製作年代については九世紀後半から十世紀前半までの諸説がある。国宝。

参考文献 『大和古寺大観』六、『大和の古寺』六

釈迦如来像 〔弥勒堂〕いま弥勒堂に安置されるが伝来は不明。像高一〇六・三センチの坐像で、榧《かや》材の一木造り、背刳りを施す。彩色はほとんど剥落し、白土下地と着衣の一部に朱が残る。頬の張った力強い面相で、量感と安定感に富み、規則的に整った飜《ほん》波《ぱ》式衣文は裳先の渦文などによって変化をつけられている。九世紀後半、貞観年間(八五九―七七)から始まる本寺の整備のころの作と思われる。国宝。

参考文献 『大和古寺大観』六

十一面観音像 金堂須弥壇《しゅみだん》上の向かって左端に安置される。像高一九六・二センチの立像。榧《かや》材の一木造りで背刳りを施す。彩色は後補。衣文は浅い飜《ほん》波《ぱ》式とするなど、中尊像と作風はやや異なるが、ほぼ同時期の作と見られる。須弥壇は三間であるから、もと三尊が安置されていたはずで、いま宇陀市室生区三本松中村区所有の地蔵菩薩像と本像とが当初から金堂の脇侍像として造立された可能性がある。蓮華座、銅製透彫りの冠飾・胸飾・瓔珞《ようらく》も当初作。光背は後補。国宝。

参考文献 『大和古寺大観』六 （水野敬三郎）

金堂壁画 金堂本尊薬師如来の背後の壁面に描かれている。三尊形を中心に約百体の化仏様の尊形を整然と配する。中尊は右手に独鈷杵《どっこしょ》らしきものを把ることから帝釈天《たいしゃくてん》に、両脇侍を帝釈天の后妃に擬し、近来帝釈天曼荼羅と伝称されて来た。室生寺は傍の竜穴神社とともに古来祈雨の道場として尊ばれて来たか

ら、雷雨神である帝釈天を勧請する可能性はあるが、その構成は全く密教的でなく、経軌の上からも確証はない。壁画に描かれている諸尊はいずれも羯磨衣《かつまえ》と呼ばれる活動着をつける俗形であり、その配列が過去・現在・未来の諸仏を勧請する三千仏の布置に近いことなどから、あるいは祈雨との関連において天神地祇のごとき諸神を勧請する図ではないかとも考えられる。なお金堂安置の諸仏のうち、薬師如来と地蔵菩薩の光背（板光背）にも仏菩薩などを描いた近似の彩色画があり、これらとともに、金堂創建あるいは金堂諸仏の造立された平安時代初期の作とみられるが、壁画の取付けの現状からみると当初から金堂に存在したか疑問がないわけではない。その主題や画技の面でやや特殊な系統に属する点をいなめないが、奈良時代から平安時代半ばごろの醍醐寺五重塔壁画（天暦六年（九五二）作までの間に位置する数少ない建築遺構に付属する堂内壁画として見逃すことのできないものである。国宝。

参考文献　『大和古寺大観』六、濱田隆「室生寺金堂壁画とその模写」（『三彩社『古美術』六）

（濱田　隆）

室生竜穴神社

むろうりゅうけつじんじゃ

奈良県宇陀《うだ》市室生区室生一二九七鎮座。祭神は高龗神《たかおかみのかみ》。旧村社。延喜式内社。境内に竜穴と称する洞穴がある。弘仁九年(八一八)竜穴に遣使祈雨のことがあり、以後中央からの祈雨がたびたび行われている。神社は九世紀初めころ、室生寺と相前後して創立されたと推定される。『宀一《べんいち》山年分度者奏状』承平七年(九三七)の大和国解文案には、竜穴は室生寺の護法神で、旱天の時に祈雨を行うと記してあり、明治の神仏分離までは社寺一体の霊場として栄えた。貞観九年(八六七)に正五位下、応和元年(九六一)には正四位下の神階が授けられた。寛文十二年(一六七二)に本殿が再興され、元禄七年(一六九四)の補修により現在の結構となった。明治四十年(一九〇七)村内の春日・八坂・山神・水神の四社を合祀した。例祭は十月十四日・十五日。例祭の神幸は室生寺境内の天神社から発進し、神前で当渡《とうわた》しの儀が行われる。

参考文献　『奈良県宇陀郡史料』、『室生村史』、逵日出典『室生寺史の研究』、荒木良仙『室生の竜穴』、西田長男「室生寺の開基―東寺観智院本「宀一山年分度者奏状」―」(『神道及神道史』三・四)

(西川　順土)

本薬師寺

もとやくしじ

奈良県橿原市城殿《きどの》町にあった寺。天武天皇九年（六八〇）十一月、皇后（のちの持統天皇）の病気平癒のために、天皇が誓願して創始されたのが薬師寺である（『日本書紀』）。間もなく皇后は平癒したので、寺の工事は進まず、朱鳥元年（六八六）九月、天皇は崩御した。『日本書紀』持統天皇十一年（六九七）七月条に公卿百寮が薬師寺で仏像の開眼供養を行なったとあるが、これは本尊薬師仏のことであろう。文武天皇二年（六九八）十月には薬師寺の構作がほぼ終り、衆僧を住まわせた（『続日本紀《しょくにほんぎ》』）。しかし、『続日本紀』大宝元年（七〇一）六月条と七月条に「造薬師寺司」のことがみえるから、寺の工事は完成してはいなかったのであろう。

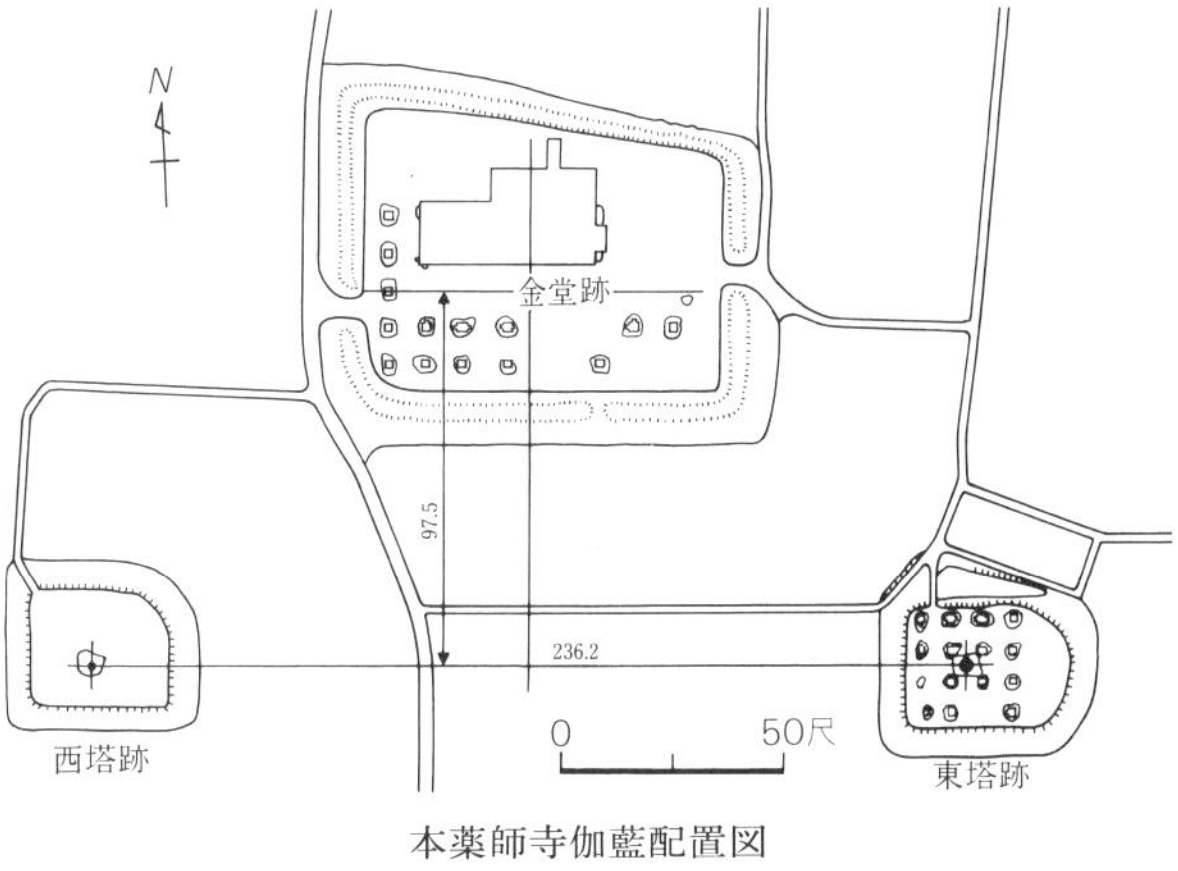

本薬師寺伽藍配置図

平城遷都に伴って、薬師寺は平城京内に移された。それ以後は城殿の薬師寺は本薬師寺とよばれるようになった。現在は小堂の傍に金堂や東・西両塔の礎石が遺

本薬師寺東塔跡礎石

っている。それによって、本薬師寺は薬師寺式伽藍配置であり、その規模も平城京の薬師寺と同じ規模であったことがわかる。旧寺の堂塔や仏像をそっくり平城に移したものか、あるいは旧寺の建物などは旧地にのこし、平城京では新築したものか、明治三十六年（一九〇三）以来、諸学者の間で論争が行われ、今日に至っている。国特別史跡に指定。 ↓薬師寺《やくしじ》

参考文献 『古事類苑』宗教部三、保井芳太郎『大和上代寺院志』、足立康『薬師寺伽藍の研究』（『日本古文化研究所報告』五）、上田三平『元薬師寺址』（『奈良県に於ける指定史蹟』二）、福山敏男・久野健『薬師寺』、高橋健自「薬師寺の遺址」（『考古界』二ノ六）、工藤圭章「東西両塔の建つ本薬師寺」（『明日香風』一三）

（福山　敏男）

夜支布山口神社

やぎゅうやまぐちじんじゃ

奈良市大柳生町三〇六九に鎮座。素盞嗚命《すさのおのみこと》を祀る。神野宮《こうのみや》・神野森《こうのもり》とも呼ばれる。旧県社。『文徳実録』嘉祥三年(八五〇)十月辛亥(七日)条に「夜岐布山口神」を従五位下に、『三代実録』貞観元年(八五九)正月二十七日条に正五位に叙すとあり、同年九月八日条には「養父山口神」に風雨祈願のための奉幣《ほうへい》があったと記す。『延喜式』神名帳《じんみょうちょう》に「夜支布山口神社(大、月次新嘗)」とあり、祈年祭には馬一匹が加えて奉られ、祈雨祭神にもその名がみえる。例祭は十月十八日。「廻り明神」という分霊を当屋《とうや》に迎える宮座があり、八月十七日夜には当屋宅の庭で分霊に「賀当《がとう》踊」と称する太鼓踊りが奉納される。摂社立磐《たていわ》神社の祭神は手力雄命《たちからおのみこと》で、本殿の背後に巨岩をまつる。夜支布山口社は口碑に南約六〇〇《メートル》の小字山口から遷祀したと伝え、立磐神社の方が原初信仰とも考えられる。本殿は春日大社第四殿を延享四年(一七四七)に移したもので、重要文化財。

参考文献 式内社研究会編『式内社調査報告』二、谷川健一編『日本の神々』四

(山田　浩之)

薬師寺 やくしじ

奈良市西ノ京町四五七にある。法相宗大本山。南都七大寺の一つ。天武天皇の発願、持統・文武両天皇の造営に成る薬師寺は、高市郡木殿から養老二年（七一八）に平城右京六条二坊の現在地に移された（『薬師寺縁起』）。同六年七月には薬師寺を僧綱の住居とした（『続日本紀《しょくにほんぎ》』）。『僧綱補任《そうごうぶにん》』などは天平元年（七二九）三月にこの寺の東塔を建てたとし、『扶桑略記《ふそうりゃっき》』は天平二年三月に東塔を建てたとするが、奈良時代の記録にはこのことを記さず、資料価値に弱みがある。天延元年（九七三）二月二十七日夜、食殿から出火して南大門・経楼・鐘楼・僧房が焼け、金堂・塔二基・東院・西院は残った（『薬師寺縁起』）。永祚元年（九八九）八月十三日の大風で金堂の上層重閣が吹き落とされた（『扶桑略記』）。長和四年（一〇一五）の『薬師寺縁起』には、寺地や堂塔以下の詳細な記事があり、伽藍全体の姿を示す資料として重要である。唐院の傍の八角堂は当寺別当輔静《ほじょう》が仏師定朝《じょうちょう》に造らせた丈六釈迦像を安置していた（『七大寺日記』『七大寺巡礼私記』）。永長元年（一〇九六）十一月二十四日、地震で回廊が倒れた（『中右記《ちゅうゆうき》』）。降って康安元年（一三六一）六月二十四日の地震では金堂の二階が破損し、中門と回廊と西院が倒れた（『嘉元記』）。文安二年（一四四五）六月二日の大風で金堂などが倒れた（『大乗院日記目録《だいじょういんにっきもくろく》』）。享禄元年（一五二八）九月七日、兵火で金堂・講堂・中門・西塔・僧房が焼かれた（『薬師寺志』など）。天文十四年（一五四五）、仮金堂が建てられ（仮金堂東墨書）、嘉永元年（一八四八）—五年に講堂が再興された（『薬師寺沿革紀要』）。昭和四十六年（一九七一）以来、金堂・西塔・回廊・中門がつぎつぎと復興され、奈良時代の伽藍の景観がもどった。その

工事に先立って発掘調査が行われ、各建物の昔の規模が正確にわかるようになった。→本薬師寺《もとやくしじ》

参考文献 『古事類苑』宗教部三、足立康『薬師寺伽藍の研究』(『日本古文化研究所報告』五)、福山敏男・久野健『薬師寺』、大岡実『南都七大寺の研究』、『奈良六大寺大観』六、関野貞「薬師寺東塔考」(『国華』一五五・一五八)、喜田貞吉「薬師寺東塔建築年代考」(『歴史地理』七ノ五)　（福山　敏男）

建　築　伽藍は寺地の西南、方二町を占め、六条大路に面して南大門があり、中門・金堂・講堂・食堂を中心線上に建て、回廊は梁行二間の複廊で、中門から起り、講堂に達する。当初梁行一間の単廊として計画されたが、建設途上、複廊に変更された。回廊内、中門—食堂間の左右に東塔と西塔を建て、僧房は大房と小子房からなり、食堂左右および東南・西南にあって、コの字形になる。鐘楼と経蔵は講堂—食堂間の左右にある。回廊が講堂に達し、金堂と塔が回廊内にある点は古いが、塔が二基となり、回廊が複廊で、南大門が中門より大きいことは新しい要素である。金堂は二重、塔は三重で、ともに各重裳階《もこし》付という形は他に例がなく、竜宮の様を写したという伝えはここから出たものであろう。各建物の造営尺は現曲尺《かねじゃく》の〇・九七五で、奈良時代としては古い方である。昭和四十六年(一九七一)から復元工事が始められ、金堂・西塔・中門などが再建された。

参考文献 奈良国立文化財研究所編『薬師寺発掘調査報告』(『奈良国立文化財研究所学報』四五)、『奈良六大寺大観』六

東　塔　方三間、本瓦葺の三重塔で各重に裳階がつく。主屋の柱は円柱で、わずかな胴張りがあり、裳階は角柱(面なし)で、各重とも中央は板扉、他は白壁である。組物は三手先《みてさき》であるが、二手先目《ふたてさき》は肘木《ひじき》の先端にだけ斗《ます》をのせ、肘木は下面に舌《ぜつ》、上面に水繰《みずぐり》があり、軒支輪《のきしりん》はなく、柱上の桁から丸桁《がぎょう》まで軒

薬師寺の建築

金堂

東　　塔

講堂

西塔

東　　院　　堂

天井を張っている。地垂木《じだるき》の断面は円で、飛檐《ひえん》垂木の断面は方形である。相輪《そうりん》は伏鉢《ふくばち》上に平頭《へいとう》をおき、今は失われているが、上に飾りがついていた。水煙《すいえん》は飛天が舞う姿の、他に全く類のない見事なもので、擦管《さつかん》に有名な檫銘が刻まれている。内部は四天柱間に仏壇をつくり、天井は折上組入《おりあげくみいれ》天井で彩画を施している。心礎の形状は不明であるが、明治の解体修理時になにも述べられていないことからみると、舎利孔はなかったものと考えられる。この塔の造立年代については、檫銘に薬師寺創立のことだけ記して、平城移転について触れておらず、主屋の平面寸法が本薬師寺塔と一致し、組物などの手法が他の奈良時代の遺構より古様であり、平城薬師寺から本薬師寺と同じ瓦が出土するなどの点から、本薬師寺から移築されたとする説があった。しかし、『薬師寺縁起』に引く天平の資財帳には「宝塔四基、二口在本寺」とあり、本薬師寺東塔の礎石の造出しをみると、主屋柱筋に戸口や壁があったとみられるのに対し、現東塔の戸口や壁は一番外の裳階柱筋にあり、主屋柱には戸口や壁の痕跡がないことからみて、移築のことは認められず、『扶桑略記』などに伝える天平二年(七三〇)三月「始建薬師寺東塔」をもって、現塔の造立年代とするのが妥当であろう。東塔は奈良時代初期を代表する建築で、各層裳階付という珍しい形の美しい塔である。国宝。

参考文献　『奈良六大寺大観』六、浅野清『薬師寺東塔に関する調査報告書』、福山敏男・久野健『薬師寺』、太田博太郎編『日本建築史基礎資料集成』一一

(太田博太郎)

東塔檫銘

東塔の銅製檫《さつ》に刻まれた銘文。東塔の建立当初からの銘で、薬師寺が天武天皇によって庚辰歳(六八〇)に発願され、その死後太上天皇によって完成されたことを述べ、先皇と後帝を讃えたのち、末尾に本尊と伽藍を讃えた韻文を置いて結ぶ。序と銘からなる本格的な銘文であるが、字句の類同から、

『広弘明集《こうぐみょうしゅう》』二八所収の唐長安西明寺鐘銘に拠ったもので、本来一行十二字、全十二行に収まるよう撰文されていることが明らかにされている。文中の天皇の比定をめぐって諸説があるが、太上天皇は持統天皇、先皇と後帝は、前段の趣旨をうけた対句とみて、それぞれ天武・持統と解するのがよいであろう。文中の誤字などからみて、本薬師寺の塔の銘文が模刻されたと考えられる。銘文は以下のとおり。「維清原宮馭宇／天皇即位八年庚辰之歳建子之月以／中宮不悆創此伽藍而鋪金未遂竜駕／騰仙大上天皇奉遵前緒遂成斯業／照先皇之弘誓光後帝之玄功道済郡／生業伝曠劫式於高躅敢勒貞金／其銘曰／巍巍蕩蕩薬師如来大発誓願広／運慈哀猗歟聖王仰延冥助爰／餝霊宇荘厳調御亭亭宝刹／寂寂法城福崇億劫慶溢万／齢」。

参考文献　安田暎胤・大橋一章編『薬師寺』、東野治之「『続日本紀』所載の漢文作品」(『日本古代木簡の研究』所収)、宮上茂隆「薬師寺東塔檫銘考」(『建築史研究』三八)、松山鉄夫「薬師寺東塔檫銘小考」(『MUSEUM』三七四)、太田博太郎「太田晶二郎君の薬師寺東塔檫銘の研究について」(『建築史学』八)、同編『日本建築史基礎資料集成』四

(東野　治之)

東院堂　桁行七間、梁行四間、入母屋《いりもや》造、本瓦葺、平入で、周囲に縁をめぐらす。本尊は聖観音《しょうかんのん》(国宝)。東塔の東南方にあり西面して立つ。棟札銘写しおよび様式からみて弘安八年(一二八五)の造立と認められる。もと南面していたのを享保十八年(一七三三)位置を移して西面とした。柱間寸法からみると、平面は旧規により再建されたものと考えられる。和様を基調としながら、頭貫《かしらぬき》に木鼻《きばな》をつけ、桟唐戸《さんからと》を用い、腰貫を入れるなど、大仏様《だいぶつよう》を採り入れた新和様で、建治元年(一二七五)に改造再建された唐招提寺講堂とともに新和様の完成を示す建物である。内部は横連子《よこれんじ》と小組格天井《こぐみごうてんじょう》、板敷、和様仏壇の鎌倉時代らしい平明な

空間とする。国宝。

参考文献 『奈良六大寺大観』六、太田博太郎編『日本建築史基礎資料集成』四　（太田博太郎）

薬師三尊像

台座とも銅造鍍金。光背木造、後補。中尊二五四・七センチ。脇侍日光《にっこう》菩薩三一七・三センチ、月光《がっこう》菩薩三一五・五センチ。金堂所在。国宝。天武天皇九年（六八〇）に発願された最初の薬師寺本尊を平城遷都の時（和銅三年（七一〇））移坐したとする説と、新都で新造したとする説との、二説ある。前説の場合は持統天皇元年（六八七）、後説の場合は七二〇年代の養老・神亀の作となる。昭和十二年（一九三七）に発見された天武天皇十四年開眼の旧山田寺仏頭（興福寺蔵）や天武朝末年作の当麻寺金堂本尊の様式と比べ同期の作とは思えず、養老五年（七二一）に堂とともに造られた同寺東院堂本尊の聖観音像や八世紀初頭の中国仏像と比べても、今日では平城遷都後の作とされる。白鳳時代になお未完成だった古典的様式を、八世紀に入って

薬師寺薬師三尊像

完成したのが薬師三尊で、「天平様式の父」とよばれる。浮彫り的であった飛鳥彫刻の平面性を脱して白鳳彫刻は丸彫り的になったが、まだその立体性の表現は単調だった。この三尊像になってはじめて対象の立体を把える眼の働きが触覚的に働き、微妙な立体面の起伏凹凸を正確に把え、捻塑的な材料(乾漆《かんしつ》、塑土、鋳造の原型をつくる臘など)を用いて写実的な手法で的確な人体表現を行う。肉体の形姿に応じて流れるごとく衣文を彫出、衣の柔らかい質感とともに、これを通して衣中の豊かな生気ある肉体を如実に表現する。脇侍の日光・月光菩薩は本尊よりの脚を立脚とし、外側の遊脚の膝を軽く曲げ腰を幽かにひねって立つが(このポーズも七世紀までにはなかった)、周到な自然観察と的確な写実的造形によって、複雑な姿態がもたらす肉体上の変化を見逃さず、また肉体と着衣との有機的な関係をも造形的に遺憾なく再現している。台座は宣字形須弥《しゅみ》座で、四面の下框《かまち》上段に中国の四神、腰部に南方系の裸形人(南海より中国に送り込まれた黒人奴隷の崑崙《こんろん》奴《ぬ》と見られる)、上框に西アジア伝来の葡萄唐草文をあらわし、天平文化の国際性を示す。昭和三十年前後にわたって三尊の各台座、月光菩薩頸部などに大修理を受けた。

参考文献 薬師寺修理委員会編『薬師寺国宝薬師三尊等修理工事報告書』、『奈良六大寺大観』六、町田甲一『薬師寺』、福山敏男・久野健『薬師寺』、足立康「薬師寺金堂本尊の造顕年代」(『日本彫刻史の研究』所収)、町田甲一「天平様式と薬師寺金堂三尊」(『国華』七九九)

観音菩薩像 台座とも銅造鍍金。光背木造補。一八九チ《セン》。東院堂所在。国宝。一時白鳳仏とされたが、山田寺仏頭(興福寺蔵)の発見(昭和十二年(一九三七))以来、中国則天朝の宝慶寺石仏や神竜二年(七〇六)の観音像(在米)との比較や、当寺金堂薬師三尊との金属組成・鋳造技法・様式の近似から、本尊と

して東院堂とともに養老五年（七二一）ころに元明天皇のために造られたと推測されている。初唐様式を伝える最美の観音銅像。聖《しょう》観音とよばれる。

参考文献 『奈良六大寺大観』六、町田甲一『薬師寺』、足立康「薬師寺東院堂聖観音像」（『日本彫刻史の研究』所収）、町田甲一「薬師寺東院堂の聖観音に関する三、四の問題」（『国華』八一五）、田村吉永「薬師寺東院堂聖観音像考」（『美術史』一三）

薬師寺観音菩薩像

僧形八幡・神功皇后・仲津姫命像 木造彩色。各三八・六センチ、三五・八センチ、三六八センチ。国宝。寛平年中（八八九―九八）に薬師寺の鎮守として勧請された八幡社本殿に、僧形八幡《そうぎょうはちまん》神を中央にして、左に母后神功皇后《じんぐうこうごう》、右に妃の仲津姫命《なかつひめのみこと》の像を、仏像の三尊形式をとって祀られた三神像。現在東京・奈良両国立博物館に寄託中。主神の八幡神は円頂、法衣に袈裟を重ねた僧形の結跏《けっか》像。女神二体は当時の俗形の貴婦人の姿につくり、頭上に髻《もとどり》を結んで髪は背後に長く垂らし、神功皇后は左膝を立てて坐り、仲津姫は安坐に近く右膝を浮かすごとく坐し、服装も容貌も前者より若くつくられている。ともに本体を檜の一材より彫出し（仲津姫像は頭頂と地付に矧《は》ぎ付けがある）、内刳りせず小像ながら気宇雄大。白土地に彩色を施す。製作時期は当社勧請時の寛平ごろとする説が行われるが、十一世紀初めの寛仁ごろとする説もある。

参考文献 『奈良六大寺大観』六、岡直己「八幡神像の繁栄」（『神像彫刻の研究』所収）、江馬務「中津媛御像の服装の誤解」（『風俗研究』一五七）、景山春樹「僧形八幡像に関する覚書」（『史迹と美術』二一

八）

（町田　甲一）

吉祥天像　小形の画面に吉祥天《きちじょうてん》一尊だけを描く。背景は表わされないので虚空を歩むように見える。顔貌や着衣の表現から、盛唐様式を受けついだ奈良時代仏画の好例とされる。細密な描線を駆使した適確な描写、着衣の動きや薄い布を透して見える文様を表わす優れた技法は当代絵画の水準の高さを示す。本図は、奈良時代中ごろから国家的な信仰となる吉祥悔《け》過《か》の本尊として奈良時代末ごろに描かれたと推定されており、画布にも奈良時代に例が多い麻布が用いられているが、薬師寺最勝会に用いられた画像であると推測する説もある。正倉院の鳥毛立女図と並ぶ奈良時代絵画の代表作。麻布著色。縦五三・三センチ、横三二・〇センチ。国宝。

参考文献　『奈良六大寺大観』六、高崎富士彦他編『国宝吉祥天像薬師寺・国宝倶舎曼陀羅図東大寺』（『日本の仏画』二期四）

（関口　正之）

薬師寺鎮守八幡　やくしじちんじゅはちまん

奈良市西ノ京町三〇六、薬師寺南門南に鎮座。休岡《やすみがおか》八幡ともいう。旧村社。祭神誉田別命《ほむたわけのみこと》・息長足媛命《おきながたらしひめのみこと》・仲《なかつ》日売命《ひめのみこと》。寛平年間（八八九―九八）別当栄紹が薬師寺の鎮守として宇佐八幡を勧請したと伝える。祭神三神像は木像で平安時代の作（国宝）。三間社流造の本殿と切妻造の東西脇殿をあわせた三棟の現社殿は慶長元年（一五九六）銘の棟札があり豊臣秀頼の造営（重要文化財）と知られる。ほかに薬師寺休岡若宮社殿も重要文化財となっている。明治初年に神仏分離、村社となる。例祭は九月十五日。

参考文献　林宗甫『和州旧跡幽考』、『奈良市史』社寺編、『奈良県史』五

（宮坂　敏和）

矢田寺

やたでら

奈良県大和郡山市矢田町三五四九にある高野山真言宗の寺院。矢田丘陵の中腹にあり、正しくは矢田山金剛山寺《こんごうせん》と号す。俗称矢田寺。寺伝に智通《ちつう》が天武天皇のために創立、平安時代初期に満米《まんべい》が復興したという(『諸寺縁起集』護国寺本)。奈良時代末期には弘耀《こうよう》も入寺した(『扶桑略記《ふそうりゃっき》』)。当初本尊は十一面観音であったが、のちに矢田地蔵の信仰がおこり、脇仏的存在の地蔵を本尊とするようになった。『矢田地蔵縁起』によると、小野篁《おののたかむら》が檀越《だんおつ》であった矢田寺の満米上人が、地獄で地蔵が罪人を救済するさまをみて帰り、その姿を彫像にあらわしたものという。本尊地蔵菩薩立像(重要文化財)は平安中期の作で、左手に宝珠を捧げるが、この像を写したとみられる京都知恩院の絵像や寺蔵の『矢田地蔵縁起』などから、本来施願印風の印相で持物を一切持たない独特の像容であったらしい。霊験地蔵のなかでも特に信仰を集めた。中世興福寺末寺となり、真言・法相両宗を兼帯したが、近世には無本寺の真言寺院となった。現在、本堂・講堂・鐘楼・春日神社(本殿、重要文化財)などが立ち並び、大門坊・念仏院・北僧坊・南僧坊の四ヵ院坊がある。その他の寺宝に閻魔王倚像・司録坐像・阿弥陀如来坐像・十一面観音立像、北僧坊の虚空蔵菩薩《こくうぞうぼさつ》坐像、南僧坊の毘沙門天《びしゃもんてん》立像(いずれも重要文化財)などがある。

(大矢　良哲)

参考文献　柳沢文庫専門委員会編『大和郡山市史』

山田寺

やまだでら

奈良県桜井市山田三五六にある。法号は浄土《じょうど》寺、のち華《け》厳《ごん》寺。『上宮聖徳法王帝説《じょうぐうしょうとくほうおうていせつ》』裏書によると、この寺は蘇我石川麻呂《そがのいしかわまろ》の誓願により、舒明天皇十三年(六四一)に地を平げ、皇極天皇二年(六四三)に金堂を建て、大化四年(六四八)に僧を住ませたとある。『日本書紀』は大化五年三月、蘇我日向《ひむか》の讒言《ざんげん》によって、蘇我石川麻呂一族は山田寺で自殺したと記す。その後、天智天皇二年(六六三)塔を建て始め、天武天皇二年(六七三)十二月十六日に塔の心柱を立て、同五年四月八日露盤(相輪)を上げ、同七年十二月丈六仏像を鋳造し、同十四年三月二十五日に像の開眼を行なったという(『法王帝説』裏書)。治安三年(一〇二三)十月、前太政大臣藤原道長が高野山参詣の途中、山田寺の堂塔を見た時は「堂中以二奇偉荘厳一、言語云黙、心眼不レ及」の感銘を受けたというから(『扶桑略記《ふそうりゃっき》』)、伽藍は健在であったことがわかる。文治三年(一一八七)三月、興福寺東金堂衆が山田寺の金銅丈六薬師三尊像を奪い取り、東金堂の本尊とした(『玉葉《ぎょくよう》』)。建久八年(一一九七)撰の『多武峯略記《とうのみねりゃっき》』には山田寺は堂塔・鐘楼・経蔵は遺跡と化していると記している。その少し前に金堂や塔は焼けたのであろう。『諸寺建立次第』の山田寺条は焼失以前の状況を記したもので、「金堂、一間四面二階、立像一体、七尺許、左右金銀三尺立像、辰巳方有二本願大臣影一、講堂、五間四面、丈六十一面観音像、(中略)薬師仏丈六鋳仏也、日光・月光鋳仏也」と記している。なお護国寺本『諸寺縁起集』の山田寺条には、金堂・講堂のほかに塔の記事もあって、「五重塔、付二銅板小仏一、高五六寸、広四寸、石居不思議也」としている。近年の発掘調査によって、この寺は南向きの四

天王寺式伽藍配置ではあるが、塔と金堂を囲む回廊は北側で一線をなして閉じ、その背後に講堂があったことや、東回廊の木部が倒れたまま地下に埋没していた

山田寺金堂跡(上)と東廻廊建物跡(下)

ことなどが確認された。山田寺跡は国指定の特別史跡。

参考文献　奈良県編『大和志料』、保井芳太郎『大和上代寺院志』、奈良国立文化財研究所飛鳥資料館

編『山田寺展』、高橋健自「古刹の遺址」(『考古界』四ノ一)、天沼俊一「山田寺址」(『奈良県史蹟勝地調査会報告書』四)、上田三平「山田寺阯」(『奈良県に於ける指定史蹟』二)、村上訒一「山田寺東回廊の調査」(『奈良国立文化財研究所年報』一九八四年)
（福山　敏男）

仏頭　奈良、興福寺国宝館にある丈六仏の頭部。当初は山田寺講堂の本尊。蘇我倉山田石川麻呂の死後、天武天皇十四年(六八五)にその冥福を祈って造像されたもの(『上宮聖徳法王帝説』裏書)であるが、山田寺は平安時代後期に衰退し、治承四年(一一八〇)、南都焼打後の興福寺復興に際して、文治三年(一一八七)、興福寺東金堂本尊としてこの像が山田寺から奪取され、安置されている(『玉葉』)。その後応永十八年(一四一一)興福寺五重塔の雷火で東金堂も類焼し、像は堂とともに焼失したと考えられてきたが、昭和十二年(一九三七)東金堂修理に際して現本尊(応永二十二年造像)の台座内から、この仏頭が発見され、応永の雷火に際し頭部のみ救出されていたことが判明した流転の仏である。蠟型鋳造による銅像で、豊かに引き緊まる肉付けや明快な目鼻の刻みなどに特色があり、数少ない白鳳彫刻の大作の一つとして、また山田寺講堂旧仏として貴重な存在である。全高九八・三センチ。国宝。

山田寺仏頭

参考文献　『奈良六大寺大観』八
（西川杏太郎）

吉野神宮

よしのじんぐう

奈良県吉野郡吉野町吉野山三三六に鎮座。旧官幣大社。祭神後醍醐天皇。後醍醐天皇は文保二年(一三一八)の践祚《せんそ》以来親政を志し、北条氏を倒して建武中興を成就したが、足利尊氏の反にあい吉野に遷幸、失意の中に崩御《ほうぎょ》、在位二十二年であった。明治二十二年(一八八九)官幣中社吉野宮として創立、同二十五年社殿竣工、後村上天皇作と伝える後醍醐天皇像を吉水《よしみず》神社から遷座し、同三十四年官幣大社、大正七年(一九一八)吉野神宮と改称。昭和七年(一九三二)改築竣工祭。社地は元丈六山一ノ蔵王堂跡。例祭は九月二十七日。摂社は日野《ひの》資朝《すけとも》・俊基《としもと》を祀る御影《みかげ》神社、児島《こじま》範長《のりなが》・高徳《たかのり》、桜《さくら》山茲俊《やまこれとし》を祀る船岡《ふなおか》神社、土居《どい》通増《みちます》・得能《とくのう》通綱《みちつな》を祀る滝《たき》桜《さくら》神社で、境外社北山宮《きたやま》(吉野郡上北山村小橡《ことち》一〇七に後南朝の尊秀王《そんしゅうおう》(北山宮)を祀る。→吉水神社《よしみずじんじゃ》

参考文献 中岡清一『吉野名所誌』、池田末則・横田健一監修『奈良県の地名』(『日本歴史地名大系』三〇)

(宮坂 敏和)

吉野水分神社
よしのみくまりじんじゃ

奈良県吉野郡吉野町吉野山一六三に鎮座する。子守《こもり》明神ともいう。旧村社。延喜式内大社。祭神は正殿に天水分神《あめのみくまりのかみ》、右殿に天万栲幡千々姫命《あめのよろずたくはたちぢひめのみこと》・玉依姫命《たまよりひめのみこと》・天津彦《あまつひこ》火火瓊瓊杵命《ほほのににぎのみこと》、左殿に高皇産霊神《たかみむすびのかみ》・少彦名神《すくなひこなのかみ》・御子神《みこかみ》。水分は「みくまり」と訓み、水配《みずくばり》を意味し、山から流出する水の分岐点や分水嶺に鎮まる神である。創祀は詳かでないが古くは芳野水分峯神として吉野山山頂の青根ヶ峯（八五七・九メートル）に鎮まり、のち吉野山の集落が西北方の尾根上に発達したので、奉拝に便利な今の社地に遷座したと伝える。青根ヶ峯頂上から約一キロ西北山腹の字ヒロノを旧水分神の拝所と伝える。この山は東へ音無《おとなし》川、西へ秋野《あきの》川、南へ丹生《にう》川、北へ象《きさ》川を流す四水流の分水嶺である。『続日本紀《しょくにほんぎ》』文武天皇二年（六九八）四月二十九日条に、馬を芳野水分峯の神に奉って雨を祈ったとあるが、古来祈止雨の神として皇室の崇敬篤く、大同元年（八〇六）牒に神封一戸とみえ

吉野水分神社本殿

（『新抄格勅符抄《しんしょうきゃくちょくふしょう》』）、承和七年（八四〇）従五位下の神階を（『続日本紀』）、貞観元年（八五九）正五位下を（『三代実録』）、延元二年（建武四、一三三七）後醍醐天皇は正二位を奉った。『延喜式』四時祭上では、祈年祭には幣のほかに馬一匹を加え、臨時祭には祈雨神八十五座の一つにあげられた。水分神の神格は万物生産の根源としての水の霊が「水籠《みごもり》」「身ごもり」を意味することから水配の神は子授け子育ての子守の神信仰として発展し、当社を子守明神、ここの地名を子守町と称する。同時に神仏習合の時代相から水分神は地蔵菩薩の垂迹《すいじゃく》とされ（『金峯山秘密伝』）、また金峯山修験の発展とともに当社は大峯山七十五靡《なびき》の靡第七十三番の行場となった。例祭は十月十六日。御田植祭は四月三日で古式に則った農耕行事が行われる。社殿は慶長九年（一六〇四）豊臣秀頼の改築で水分造（重要文化財）。神像玉依姫木像は建長三年（一二五一）宣陽門院寄進など胎内銘あり、鎌倉時代の美術精神あふれる国宝。なお天万栲幡千々姫命像は平安時代初期の作で重要文化財。

参考文献　式内社研究会編『式内社調査報告』二、宮坂敏和「大和の水分の神」（『歴史手帖』一二ノ六）

（宮坂　敏和）

吉水神社

よしみずじんじゃ

奈良県吉野郡吉野町吉野山五七九に鎮座。古来、吉水院《よしみずいん》（「きっすいいん」の読みは誤り）と称し、金峯山寺寺僧派の僧坊として金峯山寺一﨟の住寺であったが、明治時代の神仏分離令で明治八年（一八七五）三月五日廃寺、吉水神社と改称。旧村社。祭神は後醍醐天皇・楠木正成・宗信《そうしん》。吉水院創立は詳かでないが、役小角《えんのおづの》休息の庵室として創立と伝える。『吾妻鏡』文治元年（一一八五）十一月十七日条に源義経吉野入山とあるが、当院に潜居と伝える。元弘三年（一三三三）閏二月一日、大塔宮《おおとうのみや》吉野城に二階堂貞藤《にかいどうさだふじ》の大軍が来襲、全山の堂坊とともに当院も全焼。延元元年（建武三、一三三六）十二月二十八日、当院主宗信穴生が後醍醐天皇を自坊に奉迎、しばしの行宮となる（金剛寺禅恵奥書）。文禄三年（一五九四）二月の豊臣秀吉吉野花見の節、当院がその本陣となった。伝後村上天皇自作の後醍醐天皇木像（『菅笠日記』）は、明治二十三年吉野神宮御神体として遷座した。当院主宗信は真遍《しんぺん》とも号し、元弘元年から正平八年（文和二、一三五三）ごろまで吉野執行《よしのしゆぎよう》として吉野一山の衆徒を率いて大塔宮の吉野城に馳せ参じて北条方の大軍にあたり、後醍醐天皇の行幸を奉迎して南朝建設に尽力したほか、天皇崩御に際し群卿を励まして士気を鼓舞（『太平記』）するなど吉野における南朝の功臣である。皇女を降嫁、一子尊寿丸を産む（『大日本史』列伝九五）。元中七年（明徳元、一三九〇）の尊寿丸宛後亀山天皇綸旨《りんじ》が当社に所蔵されている。例祭は九月二十七日。当社社務所の元僧坊は吉水院の書院で、南北朝時代初期の改造。鎌倉時代の様式を伝えるわが国現存の書院建築中最古の一つ。消息紙本墨書（伝後醍醐天皇宸翰《しんかん》）は女房奉書《にようぼうほうしよ》形式で天皇身辺の消息

を記したもの（ともに重要文化財）。このほか、南朝君臣の遺品はじめ南朝から当院へ下賜の綸旨、伝源義経所用の色々威腹巻（重要文化財）などを所蔵する。前述の綸旨や金峯山寺坊領紛失証文などは『吉水神社文書』と呼ばれ、東京大学史料編纂所に写本がある。↓吉《よし》野神宮《のじんぐう》

参考文献　宮坂敏和「吉野の朝廷」（『吉野町史』所収）

（宮坂　敏和）

吉水神社書院(上)と本殿(下)

霊山寺

りょうぜんじ

奈良市中町三八七九にある寺院。霊山寺真言宗の大本山。通称、「れいざんじ」という。山号鼻高山。寺伝では聖武天皇御願、行基《ぎょうき》菩薩開基とし、宝亀四年（七七三）田三町を勅施入された登美《とみ》院（『続日本紀《しょくにほんぎ》』）にあたるとも考えられる。寺域から奈良時代の古瓦が出土する。本尊は薬師三尊（重要文化財）で、胎内からは治暦二年（一〇六六）十二月の願文が発見されている。中・近世を通じて興福寺末寺であるが、正嘉二年（一二五八）には興福寺領鳥見《とみ》荘内の出田をすべて寄進され、寺内経営に関しても領家・荘家の干渉をうけなかった（『唐招提寺文書』）。近世の寺領は百石。明治以後、高野山真言宗に属したが、昭和二十六年（一九五一）数ヵ寺院とともに分派した。中世より寺勢はあまり衰えず、鎌倉時代の本堂（国宝）、室町時代の三重塔・鐘楼（いずれも重要文化財）などをよく残し、仏像では平安時代前

霊山寺本堂

期の十一面観音像や白鳳時代の塼《せん》製阿弥陀三尊像など重要文化財指定を受けたものが少なくない。境内にバラ庭園、五色の石庭、霊山寺温泉、ゴルフ練習場など時代に即した施設がある。

参考文献 『奈良市史』建築編　（大矢　良哲）

本　堂　桁行五間、梁行六間、入母屋造、本瓦葺で、棟札に弘安六年(一二八三)、本尊の春日厨子に同八年の年紀がある。後ろ四間を内陣、前二間を外陣《げじん》とし、一間の向拝《こうはい》がつく。外陣は正面三間、側面二間に蔀戸《しとみど》を釣り、内部に柱を立てず、内外陣境は格子戸と吹寄菱欄間で区切り、扉はすべて板扉で、内外陣とも折上小組格天井とする京都風の密教本堂である。新様式は頭貫木鼻にしかみられない。棟札にみえる「引頭国重」は薬師寺東院堂の大工国重と同一人であろう。国宝。　（太田博太郎）

璉城寺　れんじょうじ

奈良市西紀寺町㽷にある寺院。正しくは璉城寺と書く。寺伝に行基《ぎょうき》の開基といい、のち紀有常《きのありつね》が再興したので紀寺《きでら》ともいう。また一説に、天智・天武天皇のとき、百済《くだら》や高麗《こうらい》の訳語にたずさわった渡来人がこの地に紀氏を檀越《だんおつ》として一寺を創建したともいう。近世、浄土宗、京都誓願寺末寺で、寺領二十石をうけたが、享保八年(一七二三)法相宗興福寺と浄土宗誓願寺との間にこの寺をめぐる本末争論が生じ、寺領は没収された。以後天台宗に改め、同十四年に本堂を再興。現在浄土真宗遣迎院派に属す。本尊は裸形の阿弥陀如来立像で、鎌倉時代後期の作。ほかに重要文化財指定の観音・勢至両菩薩立像がある。　（大矢　良哲）